Traité
DES SIÉGES
ET DE
L'ATTAQUE DES PLACES.

IMPRIMERIE DE DEMONVILLE,
RUE CHRISTINE, N° 2.

TRAITÉ
DES SIÉGES
ET DE
L'ATTAQUE DES PLACES,

PAR LE MARÉCHAL DE VAUBAN.

NOUVELLE ÉDITION ENTIÈREMENT CONFORME

AU MANUSCRIT PRÉSENTÉ PAR L'AUTEUR AU DUC DE BOURGOGNE;

PUBLIÉE AVEC L'AUTORISATION

DE S. EXC. LE MINISTRE DE LA GUERRE, M. LE VICOMTE DE CAUX,
LIEUTENANT GÉNÉRAL AU CORPS ROYAL DU GÉNIE,

PAR M. AUGOYAT,

CHEF DE BATAILLON DU GÉNIE.

Une belle simplicité, une richesse d'idées, une abondance de moyens, une tournure particulière enfin qui distingue l'homme d'expérience de celui que les livres seuls ont instruit, caractérisent cet ouvrage.

Carnot. ÉLOGE DE VAUBAN.

PARIS,

ANSELIN, SUCCESSEUR DE MAGIMEL,

LIBRAIRE POUR L'ART MILITAIRE, RUE DAUPHINE, N° 9.

1829.

AVERTISSEMENT.

Composé au commencement de la guerre de la succession d'Espagne, lorsque l'art moderne des siéges n'avait encore fait que peu de progrès chez les puissances étrangères, le *Traité de l'Attaque des Places* ne devait pas être publié; l'intention de son illustre auteur, exprimée dans la dédicace au duc de Bourgogne, était même que l'on n'en prît pas de copies. Cependant, suivant l'historien du corps du génie (1), du vivant de Vauban, beaucoup de personnes (2) avaient des copies de ses principaux ouvrages, au nombre desquels on doit compter le *Traité de l'Attaque des Places*, dont le libraire de Hondt donna la première édition, in-4°, en 1737, à la Haye. Cette édition était belle, accompagnée de grandes planches avec des légendes, comme dans l'exemplaire manuscrit qui nous a servi, et dont nous parlerons. De Hondt donna, en 1742, une nouvelle édition, in-8°, du *Traité de l'Attaque des Places*, avec de petites planches. Il n'y a point de différences essentielles [illegible] édi-

(1) [illegible] *Histoire du corps du Génie*, [illegible] partie, *Paris*, 1805, pag. [illegible].

(2) Le général Bacler Dalbe, [illegible], en 18[illegible], [illegible] polonais, un exemplaire manuscrit du *Traité de l'Attaque des Places*, qui paraît être [illegible] que nous avons pu en juger en le parcourant, une des copies les plus fidèles de cet ouvrage. L'écusson aux armes de Mormez de Saint-Hilaire, qui est sur les plats de la couverture, annonce qu'il a appartenu au lieutenant-général d'artillerie de ce nom *, avec qui Vauban a rédigé le Mémoire sur l'artillerie qui paraît pour la première fois à la fin de cette édition. Cet exemplaire appartient actuellement à madame Bacler Dalbe.

* Note de [illegible]

tion et la première. Nul doute que de Hondt n'ait eu une copie fidèle, à quelques passages près qui y manquaient sans doute, du chef-d'œuvre de Vauban. Mais les éditeurs se permirent d'y corriger bien des fautes, disent-ils dans leurs préfaces; de là des erreurs, un texte altéré, une ponctuation fautive en plusieurs endroits; enfin des planches la plupart défectueuses.

Lorsque l'édition de 1737 parut, M. le comte d'Aunay, maréchal-de camp et petit-fils de Vauban, forma le projet de donner en France une édition des *Traités de l'Attaque et de la Défense des Places*, de son aïeul, en faisant des changemens et des interpolations dans ces ouvrages. Les deux volumes (1) de l'édition qu'il avait préparée, ont été compris, sous le n° 38, au nombre des propres manuscrits de Vauban, dans différens inventaires. Nous y avons d'abord été trompé; ce qui a donné lieu à la note de la page 220. Mais M. le marquis Le Peletier Rosanbo, pair de France, dépositaire des manuscrits de Vauban qui furent laissés à M. d'Aunay, (dont la fille unique épousa en 1737 l'aïeul de M. de Rosanbo) (2), ayant bien voulu nous recevoir à sa terre du Ménil, près Mantes, et

---

(1) Ils sont cartonnés et recouverts en papier gauffré. *Bibl. Ros.*

(2) Les manuscrits échus en partage à M. le marquis d'Ussé, autre petit-fils de Vauban, sont dispersés. M. Dez, professeur de mathématiques à l'Ecole militaire, qui avait beaucoup connu le marquis d'Ussé, et qui est auteur d'une note inédite très-curieuse sur Vauban, possédait en 1784 le manuscrit du *Traité de l'Attaque des Places*, sur lequel avait été copié l'exemplaire du duc de Bourgogne. Ce manuscrit, envoyé à cette époque à M. de Villelongue, commandant de l'école de Mézières, est perdu. La bibliothèque de l'Ecole d'artillerie et du génie, où nous avions pensé qu'il pourrait se trouver, ne possède que deux copies du *Traité de*

mettre à notre disposition, avec une extrême obligeance, les manuscrits nécessaires à nos recherches, nous avons trouvé les minutes au net de M. le comte d'Aunay, conformes aux copies cartonnées, cotées 38, une préface de M. d'Aunay, une lettre qu'il écrivît aux maréchaux de France, et la réponse de ces derniers, qui approuvaient son projet : il n'eut pas d'exécution.

En 1740, des libraires de Leyde imprimèrent in-4° le Mémoire, pour servir d'instruction dans la conduite des siéges, que Vauban avait fait en 1669 pour M. de Louvois. Le confondant avec le *Traité de l'Attaque des Places*, ils l'annoncèrent comme ayant été présenté au roi Louis XIV en 1704. Il peut être curieux de connaître le jugement que Vauban portait de ce premier travail vers cette époque ; voici ce qu'on lit, écrit de sa main, sur le verso de la couverture de l'exemplaire que possède M. le marquis de Rosanbo :

« Cet ouvrage est bon et excellent, mais il demande beaucoup de corrections, et j'ai quantité de bonnes choses à y ajouter. »

« Il fut fait en l'année 1669, à l'instante réquisition de M. de Louvois, qui, n'entendant pas les siéges, avait pour lors grande envie de s'en instruire. Comme je n'eus que six semaines de temps pour y travailler (1), cela a été

---

*l'Attaque des Places**, dont une est très-défectueuse, et l'autre est une copie de l'édition de de Hondt. Le Dépôt des fortifications possède aussi une copie de l'édition de de Hondt. Nous ne saurions dire si ces copies sont postérieures ou antérieures à 1737.

(1) M. le comte d'Aunay rapporte dans la préface dont j'ai parlé, que Vauban ne commença le *Traité de l'Attaque des Places* qu'au retour de la campagne de 1703, et deux mois après il eut l'honneur de le présenter au duc de Bourgogne.

* Note de M. le capitaine du génie Bugnot, à Metz.

cause du peu d'ordre qui s'y trouve et de la quantité de fautes dont il est plein. »

Les premiers chapitres, où sont exposées les fautes que l'on commettait alors dans les siéges, renferment des avertissemens que l'on ne doit pas considérer encore comme tout-à fait superflus aujourd'hui. Quelques chapitres ont été transportés dans le Traité de 1704. Quelques idées qui nous semblent bonnes n'ont pas eu la même faveur. L'édition de Leyde, la seule qu'on connaisse, a été retouchée et est incorrecte; mais, à tout prendre, elle est exacte; seulement, la seconde partie, qui a pour titre *Mémoire pour servir d'instruction dans la Défense des Places*, n'est pas dans les exemplaires manuscrits.

L'avis de 1703, sur les attaques de Landau, est, à proprement parler, l'esquisse du *Traité de l'Attaque des Places :* c'est le même ordre, ce sont les mêmes idées moins développées, quelquefois les mêmes expressions. Deux seules choses y sont relatives à Landau : le choix du front d'attaque, et l'attaque des tours bastionnées telle qu'elle est dans le Traité de 1704.

Revenons maintenant aux éditions les plus connues de ce Traité après celles de de Hondt : savoir, celle de Jombert et celle de Foissac; elles sont toutes deux tronquées; il y manque les chapitres sur les mines, que l'on a joints, pour faire un troisième volume, à des fragmens sur le même sujet, attribués à Vauban. Il manque en outre dans celle de Foissac, faite en l'an 3, le chapitre des princes à la tranchée; mais on y trouve des additions utiles à cette époque, et qui lui donnent encore quelque prix aujourd'hui.

Tous ces défauts des anciennes éditions avaient été signalés dès 1805 par M. le chevalier Allent, dans son excellente *Histoire du corps du Génie.* En octobre 1826, nous sûmes que M. le maréchal-de-camp baron Valazé s'occupait d'une nouvelle édition du *Traité de la Défense des Places*, revue sur les manuscrits du Dépôt des fortifications. Un an après, nous pensâmes à faire le même travail sur l'attaque des places, avec l'autorisation de Son Excellence le Ministre de la guerre ; et, examen fait des éditions et des manuscrits de cet ouvrage, nous résolûmes de suivre fidèlement le texte du bel exemplaire manuscrit, que possède le Dépôt des fortifications, et qui paraît être celui que Vauban présenta au duc de Bourgogne, en 1704.

Cet exemplaire, in-folio, est écrit sur beau papier, est doré sur tranches et relié avec luxe en maroquin rouge. Sur les plats de la couverture sont des filets à fleurs de lis en or qui encadrent les armes de France. Le dos présente sept entre-nerfs, dans l'un desquels, le deuxième, est écrit *Traité des Siéges*; dans chacun des autres sont deux *L* couronnés et quatre fleurs de lis en sautoir. Il est le premier de la série in-folio des manuscrits de Vauban. La dédicace est ornée d'une vignette et signée Vauban. Les divisions de l'ouvrage ne sont pas indiquées autrement que par des titres en lettres capitales, reproduits semblablement dans cette édition. Le nombre des pages est de 623, y compris un Mémoire sur l'artillerie et les sapeurs, également adressé au duc de Bourgogne; celui des planches est de 31 ; il y a en outre quelques figures dans le texte. Les planches sont faites avec soin et sont placées à la fin des chapitres auxquels elles se rapportent plus particulièrement. L'écriture est la bâtarde; elle est très-belle et très-lisible. Il y a deux ou trois ratures au plus qui paraissent être de la main de Vauban; mais plusieurs passages ont été grattés et récrits très-proprement. Un certain nombre de mots et de passages sont écrits en ronde : ils ont été imprimés en italique.

On trouve cependant dans ce manuscrit des fautes que l'on peut faire disparaître sans altérer le texte : un mot mal écrit par le copiste, ou par Vauban, mot dont l'orthographe ou le genre a changé; quelquefois un mot omis, facile à restituer; un pluriel pour un singulier, et réciproquement. Dans tous ces cas, nous avons cru devoir faire les corrections nécessaires; mais nous présentons en regard, à la fin de l'ouvrage, sous le titre : *Corrections de l'Editeur*, les mots que nous avons changés et ceux que nous avons mis en place. Nous avons respecté les locutions particulières à Vauban : *à même temps* pour *en même temps*; *à preuve* pour *à l'épreuve*; *où* pour *lorsque* dans quelques cas; *si* comme particule affirmative, la manière *plus* ordinaire, pour la manière *la plus* ordinaire, etc. La ponctuation du manuscrit laisse beaucoup à désirer; on trouvera également à la fin le petit nombre de phrases où elle a subi un changement important. Nous avons eu présent, en revoyant cette édition, ce passage de l'éloge de l'auteur par Carnot : « Le choix des mots, l'arrangement des phrases, les répétitions même apportent dans cet ouvrage une modification et un intérêt qu'on ne trouve plus dans les copistes. »

Les notes marginales, au nombre de sept ou huit,

distinguées par un *V* à la fin, étaient dans le manuscrit; toutes les autres sont plutôt des sommaires que nous avons ajoutés pour aider à faire des recherches dans l'ouvrage. Nous avons mis aussi au bas des pages quelques notes, dont une est tirée du *Mémoire de* 1669, *pour servir d'instruction dans* la conduite *des siéges*, et la plupart des autres de l'*Avis de* 1703 *sur les attaques de Landau* (1).

Les planches 2, 4, 12, 13, 14, 15, 21, 23, 25, 27 et

---

(1) Nous plaçons ici une note sur les *grenades à cuiller*, dont Vauban parle à la page 143; nous la devons à M. le général Bardin, auteur d'un *Dictionnaire d'art militaire*, ouvrage important, encore inédit.

« *Grenade à cuiller*; sorte de grenades qui différaient de la grenade à main, et par le poids et par la manière d'être lancées.

« Vauban en parle; mais les écrivains français qui étaient ses contemporains n'en disent rien, parce que cette mode était surtout espagnole.

« On se servait de grenades à cuiller pour la défense d'un rempart, d'une brèche, ou quand il fallait s'opposer au passage du fossé.

« Des enfans perdus ou des grenadiers se plaçaient sur deux rangs; le premier rang était pourvu d'un instrument de bois de la longueur d'une pelle ordinaire, et de la forme d'une cuiller à pot; chaque enfant perdu plaçait horizontalement cette cuiller sur son épaule droite, et en tenait le manche à deux mains; les grenadiers du second rang logeaient la grenade dans le cuilleron de l'instrument, et y mettaient le feu; les grenadiers tenant la cuiller, la faisaient basculer et lançaient paraboliquement le projectile.

« Cette méthode avait plusieurs avantages; ainsi, au lieu de produire des feux de tirailleurs, elle produisait des salves.

« Si le premier rang était aperçu de l'ennemi, le second rang n'en était pas vu, et même tous les grenadiers pouvaient rester masqués par un épaulement; il suffisait que le chef ou l'officier de fortune qui les commandait, regardât par-dessus le parapet à quel instant il était à propos d'agir; alors, il donnait ordre au second rang de placer la grenade, et lui faisait le commandement : *allumez l'ampoulette*; à un

31, sont entièrement neuves, et ont été, à l'exception de celles 2, 13 et 14, gravées d'après des calques pris sur les feuilles de dessin du manuscrit (1). Toutes les autres ont été corrigées, et en partie gravées de nouveau. Nous avons supprimé les légendes des planches 20, 22, 24, 26 et 30, qui étaient la répétition de celles des planches 13 et 14.

Nous avons revu, après le tirage, le premier exemplaire de cette édition avec M. le capitaine du génie Villeneuve, qui lisait le manuscrit; et nous rapportons à la fin, sous les titres, *corrections de l'éditeur*, *mots de l'ancienne édition restés dans la nouvelle*, et *errata*, toutes les différences que cet examen nous a fait reconnaître entre le texte imprimé et le texte manuscrit.

Enfin, à l'exemple des éditeurs qui nous ont précédé, nous joignons au *Traité de l'Attaque*, l'éloge de Vauban par Fontenelle, et une table des matières par ordre alphabétique.

AUGOYAT,

CHEF DE BATAILLON AU CORPS ROYAL DU GÉNIE.

---

troisième signal, un jet d'ensemble s'exécutait; c'était une espèce de feu de peloton.

« Peut-être était-ce l'homme du second rang, qui donnait lui-même l'ordre du départ du projectile pour prévenir tout accident.

« Les grenades qu'on jetait de cette manière, étaient de l'espèce des bombes, des bombes de fossé, des grenades de rempart, et pesaient de trois à dix kilogrammes. »

(1) Nous avons laissé la légende de la planche 23 telle qu'elle est dans le manuscrit; elle ne contient pas l'explication du signe, etc., placé sur le front d'attaque aux angles des flancs avec la courtine, pour indiquer des chemins ou communications ouvertes dans ces angles par l'assiégeant.

ÉLOGE
DU MARÉCHAL DE VAUBAN,

PAR FONTENELLE.

Sébastien le Prêtre, chevalier, seigneur de Vauban, Bazoches, Pierrepertuis, Pouilly, Cervon, la Chaume, Epiry, le Creuset, et autres lieux, maréchal de France, chevalier des ordres du roi, commissaire général des fortifications, grand'croix de l'ordre de Saint-Louis et gouverneur de la citadelle de Lille, naquit le premier jour de mai 1633, d'Urbain le Prêtre et d'Aimée de Carmagnol. Sa famille est d'une bonne noblesse du Nivernais, et elle possède la seigneurie de Vauban depuis plus de 250 ans.

Son père, qui n'était qu'un cadet, et qui de plus s'était ruiné dans le service, ne lui laissa qu'une bonne éducation (1) et un mousquet. A l'âge de 17 ans, c'est-à-dire en 1651, il entra dans le régiment de Condé, compagnie d'Arcenai. Alors,

(1) Suivant MM. Dez*, Noel**, Allent, orphelin dès l'enfance, et sans ressources, Vauban fut recueilli et élevé par le prieur de St.-Jean, à Semur, petite ville peu éloignée du lieu de sa naissance, qui est Saint-Léger de Foucherel, dans le département de l'Yonne, 4 lieues au sud-est d'Avallon.

* Note citée page ij. ** Auteur d'un éloge de Vauban.

feu M. le Prince était dans le parti des Espagnols.

Les premières places fortifiées qu'il vit le firent ingénieur, par l'envie qu'elles lui donnèrent de le devenir. Il se mit à étudier avec ardeur la géométrie, et principalement la trigonométrie et le toisé, et dès l'an 1652 il fut employé aux fortifications de Clermont en Lorraine. La même année il servit au premier siége de Sainte-Menehould, où il fit quelques logemens, et passa une rivière à la nage sous le feu des ennemis pendant l'assaut, action qui lui attira de ses supérieurs beaucoup de louanges et de caresses.

En 1653, il fut pris par un parti français. M. le cardinal Mazarin le crut digne dès-lors qu'il tâchât de l'engager au service du roi, et il n'eut pas de peine à réussir avec un homme, né le plus fidèle sujet du monde. En cette même année, M. de Vauban servit d'ingénieur en second sous le chevalier de Clerville, au second siége de Sainte-Menehould, qui fut reprise par le roi, et ensuite il fut chargé du soin de faire réparer les fortifications de la place.

Dans les années suivantes, il fit les fonctions d'ingénieur aux siéges de Stenay, de Clermont, de Landrecy, de Condé, de Saint-Guilain, de Valenciennes. Il fut dangereusement blessé à Stenay et à Valenciennes, et n'en servit presque pas moins. Il reçut encore trois blessures au siége de

Montmédy, en 1657; et, comme la Gazette en parla, on apprit dans son pays ce qu'il était devenu; car, depuis six ans qu'il en était parti, il n'y était point retourné, et n'y avait écrit à personne, et ce fut là la seule manière dont il y donna de ses nouvelles.

M. le maréchal de la Ferté, sous qui il servait alors, et qui l'année précédente lui avait fait présent d'une compagnie dans son régiment, lui en donna encore une dans un autre régiment, pour lui tenir lieu de pension, et lui prédit hautement que si la guerre pouvoit l'épargner, il parviendrait aux premières dignités.

En 1658, il conduisit en chef les attaques des siéges de Gravelines, d'Ypres et d'Oudenarde. M. le cardinal Mazarin, qui n'accordait pas les gratifications sans sujet, lui en donna une assez honnête, et l'accompagna de louanges, qui, selon le caractère de M. de Vauban, le payèrent beaucoup mieux.

Il nous suffit d'avoir représenté avec quelque détail ces premiers commencemens, plus remarquables que le reste dans une vie illustre, quand la vertu, dénuée de tout secours étranger, a eu besoin de se faire jour à elle-même. Désormais M. de Vauban est connu, et son histoire devient une partie de l'histoire de France.

Après la paix des Pyrénées, il fut occupé, ou à démolir des places, ou à en construire. Il avait 7 novembre 1659.

déjà quantité d'idées nouvelles sur l'art de fortifier, peu connu jusque là. Ceux qui l'avaient pratiqué, ou qui en avaient écrit, s'étaient attachés servilement à certaines règles établies, quoique peu fondées, et à des espèces de superstitions, qui dominent toujours long-temps en chaque genre, et ne disparaissent qu'à l'arrivée de quelque génie supérieur. D'ailleurs, ils n'avaient point vu de siéges, ou n'en avaient pas assez vu ; leurs méthodes de fortifier n'étaient tournées que par rapport à certains cas particuliers qu'ils connaissaient, et ne s'étendaient point à tout le reste. M. de Vauban avait déjà beaucoup vu et avec de bons yeux; il augmentait sans cesse son expérience par la lecture de tout ce qui avait été écrit sur la guerre; il sentait en lui ce qui produit les heureuses nouveautés, ou plutôt ce qui force à les produire, et enfin il osa se déclarer inventeur dans une matière si périlleuse, et le fut toujours jusqu'à la fin. Nous n'entrerons point dans le détail de ce qu'il inventa ; il serait trop long, et toutes les places fortes du royaume doivent nous l'épargner.

Quand la guerre recommença en 1667, il eut la principale conduite des siéges, que le roi fit en personne. Sa Majesté voulut bien faire voir qu'il était de sa prudence de s'en assurer ainsi le succès. Il reçut au siége de Douay un coup de mousquet à la joue, dont il a toujours porté la marque. Après le siége de Lille, qu'il prit sous les ordres du Roi en neuf jours de tranchée ouverte, il eut une gratification considérable, beaucoup plus nécessaire pour contenter l'inclination du maître que celle du sujet. Il en a reçu encore, en différentes occasions, un grand nombre, et toujours plus fortes; mais pour mieux entrer dans son caractère, nous ne parlerons plus de ces sortes de récompenses, qui n'en étaient presque pas pour lui.

Il fut occupé, en 1668, à faire des projets de fortifications pour les places de la Franche-Comté, de Flandre et d'Artois. Le Roi lui donna le gouvernement de la citadelle de Lille, qu'il venait de construire, et ce fut le premier gouvernement de cette nature en France. Il ne l'avait point demandé, et il importe et à la gloire du Roi et à la sienne, que l'on sache que de toutes les grâces qu'il a jamais reçues, il n'en a demandé aucune, à la réserve de celles qui n'étaient pas pour lui. Il est vrai que le nombre en a été si grand, qu'elles épuisaient le droit qu'il avait de demander.

La paix d'Aix-la-Chapelle étant faite, il n'en fut pas moins occupé. Il fortifia des places en Flandre, en Artois, en Provence, en Roussillon, ou du moins fit des desseins qui ont été depuis exécutés. Il alla même en Piémont avec M. de Louvois, et donna à M. le duc de Savoie des desseins pour Verue, Verceil et Turin. A son départ, S. A. R. lui fit présent de son portrait en- 2 mai 1668.

richi de diamans. Il est le seul homme de guerre pour qui la paix ait toujours été aussi laborieuse que la guerre même.

Quoique son emploi ne l'engageât qu'à travailler à la sûreté des frontières, son amour pour le bien public lui faisait porter ses vues sur les moyens d'augmenter le bonheur du dedans du royaume. Dans tous ses voyages il avait une curiosité dont ceux qui sont en place ne sont communément que trop exempts. Il s'informait avec soin de la valeur des terres, de ce qu'elles rapportaient, de la manière de les cultiver, des facultés des paysans, de leur nombre, de ce qui faisait leur nourriture ordinaire, de ce que leur pouvait valoir en un jour le travail de leurs mains, détails méprisables et abjects en apparence, et qui appartiennent cependant au grand art de gouverner. Il s'occupait ensuite à imaginer ce qui aurait pu rendre le pays meilleur, de grands chemins, des ponts, des navigations nouvelles, projets dont il n'était pas possible qu'il espérât une entière exécution, espèces de songes, si l'on veut, mais qui du moins, comme la plupart des véritables songes, marquaient l'inclination dominante. Je sais tel intendant de province qu'il ne connaissait point, et à qui il a écrit pour le remercier d'un nouvel établissement utile qu'il avait vu en voyageant dans son département. Il devenait le débiteur particulier de quiconque avait obligé le public.

La guerre qui commença en 1672, lui fournit une infinité d'occasions glorieuses, surtout dans ce grand nombre de siéges que le Roi fit en personne, et que M. de Vauban conduisit tous. Ce fut à celui de Mastricht, en 1673, qu'il commença à se servir d'une méthode singulière pour l'attaque des places, qu'il avait imaginée par une longue suite de réflexions, et qu'il a depuis toujours pratiquée. Jusque-là, il n'avait fait que suivre avec plus d'adresse et de conduite les règles déjà établies; mais alors il en suivit d'inconnues, et fit changer de face à cette importante partie de la guerre. Les fameuses parallèles, ou les places d'armes, parurent au jour; depuis ce temps, il a toujours inventé sur ce sujet, tantôt les cavaliers de tranchée, tantôt un nouvel usage des sapes et des demi-sapes, tantôt les batteries à ricochet, et par là il avait porté son art à une telle perfection, que le plus souvent, ce qu'on n'aurait jamais osé espérer, devant les places les mieux défendues il ne perdait pas plus de monde que les assiégés.

C'était là son but principal, la conservation des hommes; non-seulement l'intérêt de la guerre, mais aussi son humanité naturelle, les lui rendait chers. Il leur sacrifiait toujours l'éclat d'une conquête plus prompte et une gloire assez capable de séduire, et, ce qui est encore plus difficile, quelquefois il résistait en leur faveur à l'impatience des généraux, et s'exposait aux redoutables discours du courtisan oisif. Aussi les soldats lui obéissaient-ils avec un entier dévouement, moins animés encore par l'extrême confiance qu'ils avaient à sa capacité, que par la certitude et la reconnaissance d'être ménagés autant qu'il était possible.

Pendant toute la guerre que la paix de Nimègue termina, sa vie fut une action continuelle et très vive; former des desseins de siéges, conduire tous ceux qui furent faits, du moins dès qu'ils étaient de quelque importance, réparer les places qu'il avait prises et les rendre plus fortes, visiter toutes les frontières, fortifier tout ce qui pouvait être exposé aux ennemis, se transporter dans toutes les armées, et souvent d'une extrémité du royaume à l'autre.

Il fut fait brigadier d'infanterie en 1674, maréchal-de-camp en 1676, et en 1678 commissaire général des fortifications de France, charge qui vaquait par la mort de M. le chevalier de Clerville. Il se défendit d'abord de l'accepter; il en craignait ce qui l'aurait fait désirer à tout autre, les grandes relations qu'elle lui donnait avec le ministère. Cependant, le Roi l'obligea d'autorité à prendre la charge, et il faut avouer que, malgré toute sa droiture, il n'eut pas lieu de s'en repentir. La vertu ne laisse pas de réussir quelquefois, mais ce n'est qu'à force de temps et de preuves redoublées.

1678. La paix de Nimègue lui ôta le pénible emploi

de prendre des places, mais elle lui en donna un plus grand nombre à fortifier. Il fit le fameux port de Dunkerque, son chef-d'œuvre, et par conséquent celui de son art. Strasbourg et Casal, qui passèrent en 1681 sous le pouvoir du Roi, furent ensuite ses travaux les plus considérables. Outre les grandes et magnifiques fortifications de Strasbourg, il y fit faire, pour la navigation de la Bruche, des écluses dont l'exécution était si difficile, qu'il n'osa la confier à personne, et la dirigea toujours par lui-même.

La guerre recommença en 1683, et lui valut, l'année suivante, la gloire de prendre Luxembourg, qu'on avait cru jusque-là imprenable, et de le prendre avec fort peu de perte. Mais la guerre naissante ayant été étouffée par la trêve de 1684, il reprit ses fonctions de paix, dont les plus brillantes furent l'aqueduc de Maintenon, de nouveaux travaux qui perfectionnèrent le canal de la communication des mers, Mont-Royal et Landau.

Il semble qu'il aurait dû trahir les secrets de son art par la grande quantité d'ouvrages qui sont sortis de ses mains. Aussi a-t-il paru des livres dont le titre promettait la véritable manière de fortifier selon M. de Vauban; mais il a toujours dit, et il a fait voir par sa pratique, qu'il n'avait point de manière. Chaque place différente lui en fournissait une nouvelle, selon les différentes circonstances de sa grandeur, de sa situation, de son terrain. Les plus difficiles de tous les arts sont ceux dont les objets sont changeans, qui ne permettent point aux esprits bornés l'application commode de certaines règles fixes, et qui demandent à chaque moment les ressources naturelles et imprévues d'un génie heureux.

En 1688, la guerre s'étant rallumée, il fit, sous les ordres de Monseigneur, les siéges de Philisbourg, de Manheim et de Frankendal. Ce grand prince fut si content de ses services, qu'il lui donna quatre pièces de canon à son choix, pour mettre à son château de Bazoches, récompense vraiment militaire, privilége unique, et qui, plus que tout autre, convenait au père de tant de places fortes. La même année, il fut fait lieutenant-général.

L'année suivante, il commanda à Dunkerque, Bergues et Ypres, avec ordre de s'enfermer dans celle de ces places qui serait assiégée; mais son nom les en préserva.

L'année 1690 fut singulière entre toutes celles de sa vie; il n'y fit presque rien, parce qu'il avait pris une grande et dangereuse maladie à faire travailler aux fortifications d'Ypres, qui étaient fort en désordre, et à être toujours présent sur les travaux. Mais cette oisiveté, qu'il se serait presque reprochée, finit en 1691 par la prise de Mons, dont le Roi commanda le siége en personne. Il commanda aussi, l'année d'après, celui de Namur, et M. de Vauban le conduisit; de sorte qu'il prit la place en 30 jours de tranchée ouverte, et n'y perdit que 800 hommes, quoiqu'il s'y fût fait cinq actions de vigueur très-considérables.

Il faut passer par-dessus un grand nombre d'autres exploits, tels que le siége de Charleroy en 1693, la défense de la Basse-Bretagne contre les descentes des ennemis en 1694 et 1695, le siége d'Ath en 1697, et nous hâter de venir à ce qui touche de plus près cette académie. Lorsqu'elle se renouvela, en 1699, elle demanda au Roi M. de Vauban pour être un de ses honoraires, et si la bienséance nous permet de dire qu'une place dans cette compagnie soit la récompense du mérite, après toutes celles qu'il avait reçues du Roi en qualité d'homme de guerre, il fallait qu'il en reçût une d'une société de gens de lettres en qualité de mathématicien. Personne n'avait mieux que lui rappelé du ciel les mathématiques, pour les occuper aux besoins des hommes, et elles avaient pris entre ses mains une utilité aussi glorieuse peut-être que leur plus grande sublimité. De plus, l'académie lui devait une reconnaissance particulière de l'estime qu'il avait toujours eue pour elle; les avantages solides que le public peut tirer de cet établissement avaient touché l'endroit le plus sensible de son âme.

Comme, après la paix de Riswick, il ne fut plus 1697.
employé qu'à visiter les frontières, à faire le tour

du royaume, et à former de nouveaux projets, il eut besoin d'avoir encore quelque autre occupation, et il se la donna selon son cœur. Il commença à mettre en écrit un prodigieux nombre d'idées qu'il avait sur différens sujets qui regardaient le bien de l'Etat, non-seulement sur ceux qui lui étaient les plus familiers, tels que les fortifications, le détail des places, la discipline militaire, les campemens, mais encore sur une infinité d'autres matières qu'on aurait crues plus éloignées de son usage, sur la marine, sur la course par mer en temps de guerre, sur les finances même, sur la culture des forêts, sur le commerce, et sur les colonies françaises en Amérique. Une grande passion songe à tout. De toutes ces différentes vues, il a composé douze gros volumes manuscrits, qu'il a intitulés ses *Oisivetés*. S'il était possible que les idées qu'il y propose s'exécutassent, ses oisivetés seraient plus utiles que tous ses travaux.

La succession d'Espagne ayant fait renaître la guerre, il était à Namur au commencement de l'année 1703, et il y donnait ordre à des réparations nécessaires, lorsqu'il apprit que le Roi l'avait honoré du bâton de maréchal de France. Il s'était opposé lui-même, quelque temps auparavant, à cette suprême élévation, que le Roi lui avait annoncée ; il avait représenté qu'elle empêcherait qu'on ne l'employât avec des généraux du même rang, et ferait naître des embarras contraires au bien du service. Il aimait mieux être plus utile et moins récompensé, et, pour suivre son goût, il n'aurait fallu payer ses premiers travaux que par d'autres encore plus nécessaires.

Vers la fin de la même année, il servit, sous monseigneur le duc de Bourgogne, au siége du Vieux-Brisach, place très-considérable, qui fut réduite à capituler au bout de treize jours et demi de tranchée ouverte, et qui ne coûta pas 300 hommes. C'est par ce siége qu'il a fini, et il y fit voir tout ce que pouvait son art, comme s'il eût voulu le résigner alors tout entier entre les mains du prince qu'il avait pour spectateur et pour chef.

Le titre de maréchal de France produisit les inconvéniens qu'il avait prévus ; il demeura deux ans inutile. Je l'ai entendu souvent s'en plaindre ; il protestait que, pour l'intérêt du Roi et de l'Etat, il aurait foulé aux pieds la dignité avec joie. Il l'aurait fait, et jamais il ne l'eût si bien méritée, jamais même il n'en eût si bien soutenu le véritable éclat.

Il se consolait avec ses savantes *Oisivetés*. Il n'épargnait aucune dépense pour amasser la quantité infinie d'instructions et de mémoires dont il avait besoin, et il occupait sans cesse un grand nombre de secrétaires, de dessinateurs, de calculateurs et de copistes. Il donna au Roi (1), en

(1) Au duc de Bourgogne.

1704, un grand manuscrit qui contenait tout ce qu'il y a de plus fin et de plus secret dans la conduite de l'attaque des places, présent le plus noble qu'un sujet puisse jamais faire à son maître, et que le maître ne pouvait recevoir que de ce seul sujet.

En 1706, après la bataille de Ramillies, M. le maréchal de Vauban fut envoyé pour commander à Dunkerque et sur la côte de Flandre. Il rassura par sa présence les esprits étonnés ; il empêcha la perte d'un pays qu'on voulait noyer pour prévenir le siége de Dunkerque, et le prévint d'ailleurs par un camp retranché qu'il fit entre cette ville et Bergues, de sorte que les ennemis eussent été obligés de faire en même temps l'investiture de Dunkerque, de Bergues et de ce camp, ce qui était absolument impraticable.

Dans cette même campagne, plusieurs de nos places ne s'étant pas défendues comme il aurait souhaité, il voulut défendre par ses conseils toutes celles qui seraient attaquées à l'avenir, et commença sur cette matière un ouvrage qu'il destinait au Roi, et qu'il n'a pu finir entièrement (1). Il mourut le 30 mars 1707, d'une fluxion de poitrine accompagnée d'une grosse fièvre, qui l'emporta en huit jours, quoiqu'il fût d'un tempérament très-robuste et qui semblait lui promettre encore

---

(1) *Le Traité de la Défense des Places.*

plusieurs années de vie. Il avait 74 ans moins un mois.

Il avait épousé Jeanne d'Aunoy, de la famille des barons d'Epiry en Nivernais, morte avant lui. Il en a laissé deux filles, madame la comtesse de Villebertin (1) et madame la marquise d'Ussé.

Si l'on veut voir toute sa vie militaire en abrégé, il a fait travailler à 300 places anciennes, et en a fait 33 neuves; il a conduit 53 siéges, dont 30 ont été faits sous les ordres du Roi en personne, ou de Monseigneur, ou de monseigneur le duc de Bourgogne, et les 23 autres sous différens généraux; il s'est trouvé à 140 actions de vigueur.

Jamais les traits de la simple nature n'ont été mieux marqués qu'en lui, ni plus exempts de tout mélange étranger. Un sens droit et étendu, qui s'attachait au vrai par une espèce de sympathie, et sentait le faux sans le discuter, lui épargnait les longs circuits par où les autres marchent, et d'ailleurs sa vertu était en quelque sorte un instinct heureux, si prompt qu'il prévenait sa raison. Il méprisait cette politesse superficielle dont le monde se contente, et qui couvre souvent tant de barbarie; mais sa bonté, son humanité, sa libéralité lui composaient une autre politesse plus rare, qui était toute dans son cœur. Il seyait bien

---

(1) Marquise de Mesgrigny d'Aunay.

à tant de vertu de négliger des dehors, qui, à la vérité, lui appartiennent naturellement, mais que le vice emprunte avec trop de facilité. Souvent M. le maréchal de Vauban a secouru de sommes assez considérables des officiers qui n'étaient pas en état de soutenir le service, et quand on venait à le savoir, il disait qu'il prétendait leur restituer ce qu'il recevait de trop des bienfaits du Roi. Il en a été comblé pendant tout le cours d'une longue vie, et il a eu la gloire de ne laisser en mourant qu'une fortune médiocre. Il était passionnément attaché au Roi, sujet plein d'une fidélité ardente et zélée, et nullement courtisan ; il aurait infiniment mieux aimé servir que plaire. Personne n'a été si souvent que lui, ni avec tant de courage, l'introducteur de la vérité ; il avait pour elle une passion presque imprudente, et incapable de ménagement. Ses mœurs ont tenu bon contre les dignités les plus brillantes, et n'ont pas même combattu. En un mot, c'était un Romain qu'il semblait que notre siècle eût dérobé aux plus heureux temps de la république.

Sa place d'académicien honoraire a été remplie par M. le maréchal d'Estrées, vice-amiral de France, grand d'Espagne, chevalier des ordres du Roi, gouverneur du comté nantais.

TRAITÉ
DES SIÉGES

ET

DE L'ATTAQUE DES PLACES,

PAR LE MARÉCHAL DE VAUBAN.

1704.

MONSEIGNEUR

LE DUC

DE BOURGOGNE.[1]

Monseigneur,

Ce n'est qu'en tremblant que je prends la liberté de vous dédier cet ouvrage : je l'aurais fait plus hardiment au ROI votre Grand-Père, parce qu'ayant le bonheur d'être connu de lui depuis longues années, sachant quel

(1) Louis, duc de Bourgogne, père de Louis XV; mort en 1712.

est mon génie, et de quoi je suis capable, il aurait la bonté de me pardonner les fautes qui pourraient m'échapper à cet égard, persuadé qu'il est que mon cœur n'y aurait point de part. Je suis si peu connu de vous, Monseigneur, que je n'ose m'en promettre la même grâce; je brûle cependant du désir de vous plaire; et ce que je prends la liberté de vous présenter, en est une preuve évidente. Vous n'en trouverez pas le style fleuri ni éloquent, mais très-simple, et d'un homme qui, n'ayant point d'étude, cherche à se faire entendre du mieux qu'il peut. Trop heureux si je puis me rendre assez intelligible pour que vous ne soyez pas ennuyé de sa lecture. Tel qu'il est, c'est le précis de ce que j'ai pu recueillir et imaginer de mieux depuis cinquante ans et plus, que je pratique la fortification, pendant lequel temps il m'a passé presque autant de siéges par les mains, dont bonne partie sous les yeux du Roi même; une autre sous ceux de Monseigneur[1]; et un seulement[2] sous l'honneur de vos ordres, qui véritablement n'a pas été un des moindres; d'ailleurs, j'espère de n'en pas demeurer là. La grâce que j'ose vous demander, Monseigneur, est de vouloir bien vous donner la peine de lire ce Traité avec attention, et qu'il vous plaise de le garder pour

(1) Louis, Dauphin, père du duc de Bourgogne; mort en 1711.

(2) Celui du Vieux-Brisach, en 1703.

vous, et de n'en faire part à personne, de peur que quelqu'un n'en prenne des copies qui, pouvant passer chez nos ennemis, y seraient peut-être mieux reçues qu'elles ne méritent. Si cet ouvrage ne vous est pas désagréable, je tâcherai dans peu de vous en présenter un autre [1]. Trop heureux encore une fois, Monseigneur, si je puis faire quelque chose qui vous prouve le zèle très-ardent, et le profond respect avec lequel je suis,

Monseigneur,

Votre très-humble et très-obéissant serviteur,

Vauban

(1) Le Traité de la défense des Places.

TRAITÉ

DE

L'ATTAQUE DES PLACES.

UTILITÉ DES PLACES FORTES.

Si les siéges et la prise des places ennemies nous rendent maîtres de leurs pays, la fortification nous en assure la possession, et peut garantir nos frontières des suites fâcheuses de la perte d'une bataille qui, sans ces précautions, pourrait donner lieu à l'ennemi d'étendre bien loin les fruits de sa victoire : c'est de quoi nous avons de grands exemples en France, aux Pays-Bas, en Italie, en Allemagne, et même en Espagne, tous pays dont les frontières sont fortifiées par quantité de bonnes places, notamment les Pays-Bas, où il y a peu de villes qui ne le soient. Tout le monde sait assez le temps qu'il y a qu'on y fait la guerre, sans qu'on ait jamais pu les conquérir totalement; et qui voudrait faire attention sur ce qui s'y est passé depuis deux cents ans, trouverait qu'on y a donné plus de soixante batailles, fait plus de deux cents siéges de places en attaquant et défendant, sans qu'on ait pu les réduire entièrement. La raison est, que les places fortes arrêtent la poursuite des armées victorieuses, servent d'asile très-sûr à celles des ennemis qui ont été battues, et donnent moyen de tirer la guerre en longueur; pendant quoi il arrive des conjonctures bizarres, et des changemens d'intérêt dans les états voisins (naturellement ennemis des prospérités l'un de l'autre), qui font que vos amis devenant vos envieux, cessent de vous assister, ou ne le font pas de bonne foi, ou changent ouvertement de parti; ce qui est arrivé si fréquemment dans ces derniers temps, que l'on a souvent vu les progrès des conquérans arrêtés par de telles et semblables conduites, et eux contraints de passer de l'offensive à la défensive, dans le temps que le bonheur de leurs armes semblait leur promettre le plus d'avantages; d'où s'est ensuivi des retours de prospérité qui ont produit des paix à des conditions onéreuses qui les ont obligés à restituer tout, ou la meilleure partie de ce qu'ils avaient conquis, après des consommations immenses d'hommes et d'argent, et beaucoup de pays ruinés. Qui voudrait pousser cette digression plus loin, et repasser sur ce qui est arrivé dans le monde connu, depuis que les hommes ont commencé à rédiger par écrit les démêlés qu'ils ont eus entre eux, trouverait qu'il a bien moins fallu de temps et d'efforts pour se rendre maître de l'Asie, et de beaucoup d'autres pays d'une étendue immense, qu'il n'en a fallu pour conquérir une partie des Pays-Bas, qui ne contiennent pas la centième partie près, l'étendue de ceux-là. La raison en est évidente : c'est qu'une bataille perdue dans ces pays-ci n'a pour l'ordinaire que peu de suite. La poursuite d'une armée battue ne s'étend pas à plus de deux, trois ou quatre lieues au plus; parce que les places voisines des ennemis arrêtent les victorieux, donnent retraite aux vaincus; les empêchent d'être totalement ruinés, et font qu'à l'abri de leur protection ils se raccommodent en peu de temps, et obligent l'armée victorieuse à se contenter de la supériorité le reste de la campagne, ou au plus, de la prise d'une place qui lui coûte beaucoup, l'affaiblit considérablement, et donne temps à l'armée battue de se mettre en état de reprendre la campagne, et de se saisir des postes qui fixent les progrès de son ennemie; au lieu que, dans ces vastes pays où il n'y a point ou peu de places fortes, l'armée du vainqueur pousse l'armée vaincue jusqu'à son entière dissipation, qui est ordinairement suivie d'un saccagement de pays, qui le force à recevoir la loi du vainqueur. C'est ce qui arriva à Alexandre, qui, en trois batailles, se rendit maître de ce prodigieux empire des Perses; et ce qui est arrivé à César après la conquête des Gaules, car il assu-

La poursuite d'une armée battue dans un pays fortifié, ne s'étend pas à plus de 2, 3 ou 4 lieues.

Après une bataille perdue, dans un pays ouvert, le vaincu est obligé de recevoir la loi du vainqueur.

jétit tous les pays où il porta la guerre, après le gain d'une ou de deux batailles; et pour ne pas remonter si haut, l'Espagne ne fut-elle pas conquise par les Maures, après la perte d'une bataille? Teimurlangt, ce fameux conquérant de l'Asie, ne se rendit-il pas maître de la Perse, de l'Arménie, de l'Indostan et de beaucoup d'autres états, après le gain de trois ou quatre batailles? S'il y avait eu de bonnes places dans ces grands pays, il est certain qu'il n'en serait pas venu si facilement à bout, puisque trois ou quatre villes que César trouva dans les Gaules en état de lui résister, lui firent tant de peine, qu'elles l'obligèrent à y employer onze années pour les réduire : pareille chose est arrivée à tous les conquérans qui se sont trouvés dans ce cas : ce qui prouve aux souverains la nécessité des places fortes pour posséder leurs états en sûreté contre le dedans et le dehors, et à même temps celle de se former un art de prendre les places de leurs ennemis qui peuvent les inquiéter, et s'opposer à leurs desseins. C'est ce qui va faire le sujet de ce Traité.

RÉSOLUTION DES SIÉGES.

La résolution des siéges s'agite et se prend dans le cabinet; mais l'exécution qui s'en fait en campagne étant une des plus sérieuses parties de la guerre, est celle qui demande le plus de mesure et de circonspection; car elle dépend :

1° Du secret, sans quoi rien ne réussit.

2° Des forces que l'on a sur pied pour attaquer et défendre; car ce n'est pas tout de faire des siéges, il faut se mettre en état d'empêcher que l'ennemi n'en fasse dans votre pays.

3° De la disposition des ennemis; car s'ils sont réunis et aussi forts que nous, ils peuvent nous empêcher d'en faire.

4° De l'état des magasins les plus à portée des lieux sur lesquels on peut entreprendre.

5° De la conjoncture des temps, car tous ne sont pas propres aux siéges : rien n'étant plus ruineux pour les armées que ceux d'hiver, on doit les éviter tant que l'on peut.

Considérations sur la résolution des siéges.

Et 6° des fonds nécessaires à leur dépense, car l'argent étant le nerf de la guerre, sans lui on ne saurait réussir à rien.

Ce sont toutes mesures à prendre de longue main, qui doivent être digérées à loisir : et après tout cela, quand on croit les avoir bien prises, souvent tout échappe, car l'ennemi qui n'est jamais d'accord avec vous, pourra vous interrompre, parce qu'il sera aussi fort ou plus fort que vous, et qu'il vous observera de près; ou qu'il aura aussi dessein d'entreprendre de son côté sur des places à la conservation desquelles il vous importe de veiller par préférence à celles sur lesquelles vous pourriez entreprendre, ou de vous tenir en état de l'empêcher de courir sur votre pays et d'y porter la désolation, pendant que vous serez occupé au siége d'une place dont la prise, qui peut être incertaine, ne vous dédommagerait pas des pertes que vous en pourriez souffrir : ou enfin, parce qu'il pourrait se mettre à portée de vous combattre avant que vous puissiez être établi devant la place que vous voulez attaquer : toutes considérations qu'il faut bien peser avant que de se déterminer, et toujours prendre si bien son temps, qu'il ne puisse vous tomber sur les bras avant votre établissement. Dans l'un et l'autre cas, le mieux est d'être le plus fort, et d'avoir deux armées, quand on le peut; savoir, une qui assiége, et l'autre qui observe. Celle qui assiége se renferme dans ses lignes, comme nous dirons ci-après, et celle qui observe ne fait que rôder et occuper les avenues par où l'ennemi peut se présenter, ou prendre des postes et s'y retrancher, ou le suivre s'il s'éloigne en le côtoyant, et se postant toujours entre lui et l'armée assiégeante le plus avantageusement qu'il sera possible, afin de n'être pas obligé à combattre contre sa volonté : quand on peut gagner quelques jours, c'est un grand avantage.

Ces deux armées doivent toujours se tenir à portée l'une de l'autre, surtout dans les commencemens, afin de se pouvoir entre-secourir et tenir l'ennemi éloigné, qui doit de son côté appréhender de les approcher de trop près, crainte que les deux ensemble, si elles sont les plus fortes, ne tombent sur lui, et ne le prennent à leur avantage.

Utilité d'une armée d'observation dans les commencemens d'un siége.

L'armée d'observation est encore d'un grand secours à l'assiégeante dans les commencemens du siége, parce qu'elle veille à sa conservation, la peut fortifier, escorter ses convois, lui fournir des fascines, et faire plusieurs autres corvées. Réciproquement l'armée assiégeante la peut renforcer dans le besoin, après les six ou sept premiers jours de tranchée, quand elle a bien pris ses avantages contre la place : c'en est encore un bien considérable, de pouvoir attaquer avant que l'ennemi se puisse mettre en campagne avec toutes ses forces, ou dans l'arrière-saison, après qu'une partie de ses troupes s'étant retirée, il n'est plus assez fort pour s'opposer à nos entreprises. Pour pouvoir exécuter le premier, il est nécessaire d'avoir de grands magasins de vivres et de fourrages secs à portée des lieux sur lesquels on veut entreprendre, et toujours une armée d'observation s'il est possible.

MAGASINS.

On doit compter sur un mois au moins de tranchée ouverte.

Nous avons dit qu'il était nécessaire d'avoir ses magasins prêts et à portée des places sur lesquelles l'on a dessein : mais nous n'avons pas dit quels, ni combien de chaque espèce; cela est difficile, et ne se peut guère régler que par rapport aux places qu'on attaque; on ne saurait toutefois manquer de compter sur un mois de tranchée ouverte, parce qu'il n'y a guère de place qui ne puisse tenir ce temps-là quand elle est un peu raisonnable et défendue par gens intelligens qui veulent faire leur devoir. Le plus de munitions ne saurait jamais rien gâter, mais si ferait bien le moins.

Quantité de poudre nécessaire.

Nous compterons donc pour les poudres, huit à neuf cents milliers, selon que la place est plus ou moins forte.

Soixante mille gros boulets.

Vingt mille de huit et douze.

Quatre-vingts pièces de gros canon bien sain et en bon état.

Trente à trente-cinq de huit et de douze livres de balle.

Dix-huit ou vingt, de quatre, pour les lignes.

Quinze à seize mille bombes.

Quarante mille grenades.

Dix milliers de mèche.

Et cent quatre-vingts milliers de plomb.

Cent mille pierres à fusil, fortes et bien choisies.

Cinquante mille sacs à terre. Sacs à terre.

Trente mille petites charges de bois à mettre dans la poche à poudre.

Cent plates-formes de canon complètes.

Soixante de mortiers.

Vingt-quatre mortiers à bombes, et autant à pierres.

Soixante affûts de rechange.

Trente pour les mortiers.

Plusieurs crics, chèvres, triqueballes et traîneaux.

Des escoupes pour jeter de l'eau sur le feu, semblables à celles dont les blanchisseuses se servent en Flandre.

Et quantité de bois de charronnage, des madriers de réserve, et de menue charpenterie.

Deux cents brouettes.

Autant de hottes avec les bretelles.

Quarante mille outils bien emmanchés pour la tranchée et les lignes : car rarement les paysans en apportent-ils de tels qu'il les faut; on est toujours obligé de leur en fournir de l'artillerie. Il y a plusieurs autres choses, dont il faut se pourvoir, comme d'outils de mineurs, de bois à mantelets, de plusieurs forges et forgerons, quantité de charpentiers et de charrons; et surtout d'un gros équipage de chevaux d'artillerie. On se

Des paysans commandés pour faire les lignes.

sert encore de chariots et de paysans commandés. Si c'est une place un peu considérable, dont la circonvallation puisse avoir quatre ou cinq lieues de tour, compris les bossillemens qu'on lui fait faire, il en faudra au moins commander quinze à dix-huit mille, et deux à trois mille chariots, même quatre mille, selon que la place est grande, et que la circonvallation doit avoir d'étendue, parce qu'il y aura toujours beaucoup des uns et des autres qui manqueront. Il faut avoir de la rigidité pour cela, et châtier sévèrement les défaillans, et ceux qui déserteront; autrement plus de la moitié vous abandonnera dès les premiers jours. Quand les lignes sont achevées, on congédie les paysans; mais il est bon de retenir cent chariots pour voiturer les gabions et fascines à la queue de la tranchée, et les blessés à l'hôpital, et cinq à six cents paysans pour faire des fascines et gabions, et pour entretenir les ponts et les chemins. On fait donner le pain double aux paysans, et rien de plus, tout ce qu'on leur fait faire étant ouvrages de corvée, qui ne sont payés que par leurs villages, avec qui ils ont accoutumé de s'accommoder.

J'estime toutefois qu'il serait raisonnable de payer ceux qu'on retient, à raison de six sous par jour, et le pain double; cela leur fera prendre patience, et les empêchera de déserter.

INVESTITURE.

Supposons présentement qu'on puisse éluder tous les inconvéniens dont nous venons de parler; que toutes les mesures soient bien prises, les résolutions d'un siége arrêtées, et enfin les armées en campagne en état d'agir, toutes choses étant préparées, le général, par ses mouvemens, doit faire son possible pour éloigner les soupçons que l'ennemi peut avoir de ses desseins, et les détourner autant qu'il pourra. Quelquefois cela va jusqu'à investir une place qu'on ne veut pas attaquer, pour lui faire prendre le change, et lui donner lieu d'affaiblir la garnison de celle sur qui on a dessein; ou bien on pousse l'ennemi pendant quelques jours pour l'éloigner de la place à qui l'on en veut, après quoi, et quand les affaires sont réduites au point qu'on les désire, la première chose qu'on doit faire est l'investiture de la place; ce qui se fait ordinairement par un détachement de quatre ou cinq mille chevaux, plus ou moins, selon que la garnison est forte, commandés par un lieutenant-général, et deux ou trois maréchaux-de-camp, qui pour bien faire doivent marcher jour et nuit, avec toute la diligence possible, jusqu'à ce qu'ils soient à une lieue ou deux de la place, où faisant halte, ils

Manœuvres de l'armée assiégeante pour faire prendre le change à l'ennemi.

règlent leurs détachemens particuliers, et les dispositions de l'investiture, en sorte qu'ils puissent arriver tous à la même heure à un peu plus de la portée du canon de la place, à laquelle on ne se doit montrer que par des détachemens qui, poussant de tous côtés jusqu'aux portes de la ville, enlèvent tout ce qui se trouve dehors, hommes et bestiaux. Ces détachemens doivent être soutenus par quelques escadrons qu'on fera avancer autant qu'il sera nécessaire; il sera même bon d'essuyer quelques volées de canon pour avoir lieu d'en remarquer la portée. Pendant que cette petite expédition se fait, on doit se saisir de toutes les avenues favorables au secours qui pourrait se jeter dans la place. En un mot, bien investir la place, la serrant le plus près que l'on peut par les postes que l'on prend tout autour. Le jour on se tient hors la portée du canon, et toujours en état de se donner la main les uns aux autres. De nuit on s'approche à la portée du mousquet pour pouvoir former autour de la place un cercle garni de troupes, en sorte qu'il n'y reste point ou peu de vide qui n'en soit rempli. En cet état on tourne le dos à la place, et on dispose des petites gardes devant et derrière pour n'être pas surpris; on fait enfin tête à l'ennemi de quelque côté qu'il se puisse présenter, tenant toujours moitié de la cavalerie à cheval, pendant que l'autre met pied à terre, pour un peu reposer les

Positions variables des postes d'investissement.

chevaux et les hommes. Le matin on se retire peu à peu avec le jour, faisant souvent halte, jusqu'à ce que le lever du soleil donne lieu de se retirer au quartier, posant des gardes ordinaires qui font tête à la place, et d'autres plus fortes sur les avenues du côté des secours; après quoi, les escadrons qui ne sont pas de garde, se retirent au camp pour prendre un peu de repos, sans se déshabiller ni desseller les chevaux, qu'autant de temps qu'il est nécessaire pour les panser.

Pendant ce temps-là, celui qui commande envoie des partis à la guerre pour apprendre des nouvelles des ennemis, et continue de s'arranger et de régler ses gardes. On commence aussi à reconnaître la situation plus convenable pour asseoir les camps et les lignes quand l'armée sera arrivée; et c'est à quoi les ingénieurs qu'on suppose devoir être arrivés aussitôt que le détachement, se doivent particulièrement appliquer. Quand ceux qui investissent ont quelques troupes d'infanterie avec eux, on les dispose par petites gardes sur les principales avenues de la place, soutenues par de plus grandes, que l'on poste derrière elles; au défaut d'infanterie, on y emploie des dragons.

Dès le jour même que la place est investie, tout se met en mouvement, l'artillerie et sa suite; les vivres et tous les caissons; les paysans commandés, et les chariots; enfin tout charge dans les places voisines, et se met en marche pour se rendre devant la place investie; ce qui se fait à la diligence de l'intendant de l'armée qui a ses correspondances avec ceux des provinces voisines, et qui a fait les envois dans les pays voisins quelques jours avant l'investiture, et à celle du lieutenant-général de l'artillerie, qui de sa part tire les munitions de tous les magasins où il a fait ses amas : il emploie à cet effet les chevaux d'artillerie, et les chariots que l'intendant lui fait fournir; le tout en conséquence des ordres du général, qui a, pour l'ordinaire, le commandement supérieur sur les provinces voisines, et à portée de la place dont il s'agit.

Arrivée de l'armée devant la place.

Pendant que les dispositions de l'investiture se font, l'armée marche à grandes journées, et arrive devant la place, pour l'ordinaire deux, trois, quatre ou cinq jours après l'investiture; le lieutenant-général qui l'a faite, va au-devant d'elle, une demi-lieue ou environ, pour rendre compte au général de ses diligences; lequel général fait ensuite sa première disposition pour le campement de l'armée autour de la place, le lendemain il le rectifie, et fait avec les officiers généraux, et les principaux ingénieurs, le tour de ladite place pour en déterminer la circonvallation; et après avoir résolu la figure et le circuit des lignes, qui est toujours celui qui doit être la règle du campement, toutes les troupes se placent selon les quartiers qui leur sont destinés, et le général distribue aux officiers généraux chacun le leur. On règle à même temps le quartier du roi; celui des vivres, et le parc de l'artillerie; ce qui se rectifie les jours suivans, et, autant qu'il est possible, par rapport aux attaques de la place, dont on doit déjà avoir quelque notion. On doit cependant disposer des petites gardes avancées aux environs de la place, soutenues par de plus fortes pour la resserrer autant que l'on peut, et les poster le plus avantageusement qu'il sera possible, pour empêcher la garnison de sortir et de fourrager. Après quoi les ingénieurs tracent les lignes à la perche et aux piquets, afin que les troupes puissent régler leurs camps à demeure; ce qui se fait en établissant le front de bandière, parallèle aux lignes, à la distance de 60, 80, 100 ou 120 toises au plus; on les trace après cela au cordeau avec un peu plus de loisir et de rectitude.

LES PONTS A FAIRE POUR SERVIR A LA COMMUNICATION DES QUARTIERS.

Si les quartiers sont séparés par des rivières grandes ou petites, il y faudra faire des ponts sur chevalets, si l'on peut, ou sur bateaux; mais plutôt sur chevalets, parce qu'ils sont ordinairement plus sûrs et plus fermes, notamment si la place était en état de donner quelque grande éclusée d'eau, qui fût capable de rompre ceux de bateaux, comme cela nous arriva à la levée du premier siége de Valenciennes.

1656.

Nombre de ponts à chaque passage.

Le mieux qu'on puisse faire, est d'en faire trois ou quatre à chaque passage, de quatre ou cinq toises de largeur chacun, à quelques cinquante ou soixante toises les uns des autres, et de les renfermer tous dans la ligne; en fortifier les avenues par quelques redans; et après cela accommoder les accès, les rendre commodes et aisés, et y mettre des gardes pour s'en mieux assurer, et empêcher qu'on n'y gâte rien.

Voir la 1re pl. à l'endroit marqué A.

Ce que l'on doit observer dans la disposition des lignes, est :

1° D'occuper le terrain le plus avantageux des environs de la place, soit qu'il se trouve un peu plus près ou un peu plus loin ; cela ne doit pas faire un scrupule ; Pl. 1re.

2° De se poster de manière que la queue des camps ne soit pas sous la portée du canon de la place ;

3° De ne se point trop jeter à la campagne, mais d'occuper précisément le terrain nécessaire à la sûreté des camps ;

4° Celui qui leur peut être le plus avantageux, évitant de se mettre sous les commandemens qui pourront incommoder le dedans des camps et de la ligne par leur supériorité, ou par leurs revers. Où ces défauts se rencontreront, il vaut mieux les occuper, soit en étendant les lignes jusque-là, ou en y faisant de bonnes redoutes ou fortins, que de s'y soumettre ; observant aussi de faire servir à la circonvallation les hauteurs, ruisseaux, ravines, escarpemens, abatis de bois et buissons, et généralement tout ce qui approche de son circuit et qui la peut avantager. A mesure qu'on les trace, on en distribue le terrain aux troupes (si on est en pays où on ne puisse avoir de paysans), ce qui se fait également à la cavalerie comme à l'infanterie, personne n'étant exempt de cette corvée ; mais quand on peut avoir des paysans, c'est à eux qu'on le distribue à mesure qu'ils se présentent, à raison de cinq ou six pieds courans chaque homme.

Tracé des lignes à redans.

Pl. 1re.

Fig. 1re.

La mesure commune des lignes, quant au plan, doit être de cent vingt toises d'une pointe de redan à l'autre ; dix à douze de plus ou de moins ne doivent pas faire une affaire ; on doit observer de les placer toujours sur les lieux les plus éminens, et jamais dans les fonds, et que les angles des redans soient toujours moins ouverts que le droit ou carré. On donne pour l'ordinaire dix-huit, vingt à vingt-cinq toises de face à ces mêmes redans, sur quatre-vingt-dix à cent toises de courtine ; du surplus on accommode le circuit de la ligne à l'irrégularité du terrain : pourvu qu'elle se flanque bien, il suffit.

L'ouverture du fossé des lignes doit être de quinze, seize à dix-huit pieds, un peu plus, un peu moins, sur six à sept pieds et demi de profondeur, talutant du tiers de la largeur.

Pl. 2.
Tâche d'un terrassier, mauvais ouvrier.

De cette façon, leur fossé aura dix-huit pieds de large à l'ouverture ; sa largeur au fond sera de six pieds ; ce qui donne douze pieds de commune largeur, et sept pieds et demi de profondeur, revenant par toise courante à deux toises et demie cubes, qui est l'ouvrage qu'un paysan peut faire en sept jours à ne pas beaucoup travailler ; car je compte qu'il n'y a pas d'homme qui ne puisse aisément remuer un tiers de toise par jour à la jeter à la main, quelque mauvais ouvrier qu'il puisse être.

Sur ce pied-là, nous proposerons les mesures des six profils suivans, dont on pourra se servir pour régler toutes sortes de circonvallations, n'estimant pas qu'il soit nécessaire d'en employer de plus forts, ni qu'on doive se servir de plus faibles.

TABLE

CONTENANT LES MESURES DES SIX PROFILS SUR LESQUELS ON PEUT RÉGLER LES LIGNES.

PREMIER PROFIL.

	Pieds.	Pouc.	
Largeur du fossé à l'ouverture.	18	0	Pl. 2. Fig. 1re.
Largeur du même sur le fond.	6	0	
Sa profondeur.	7	6	
Contenu solide de son excavation par toise courante.	15	0	
Le temps nécessaire à ses façons.	7 jours.		

SECOND PROFIL.

	Pieds.	Pouc.	
Largeur du fossé à l'ouverture.	16	0	Fig. 2.
Largeur du même sur le fond.	5	4	
Sa profondeur.	7	0	
Contenu solide de son excavation par toise courante.	12	5	
Le temps nécessaire à ses façons.	6 jours.		

Pl. 2.

TROISIÈME PROFIL.

Fig. 3		Pieds.	Pouc.
	Largeur du fossé à l'ouverture.	14	0
	Largeur du même sur le fond.	4	8
	Sa profondeur.	6	6
	Contenu solide de l'excavation.	10	1
	Le temps nécessaire à ses façons.	5 jours.	

QUATRIÈME PROFIL.

Fig. 4.		Pieds.	Pouc.
	Largeur du fossé à l'ouverture.	12	0
	Largeur du même sur le fond.	4	0
	Sa profondeur.	6	0
	Contenu solide de l'excavation par toise courante.	8	0
	Le temps nécessaire à ses façons.	4 jours.	

CINQUIÈME PROFIL.

Fig. 5.		Pieds.	Pouc.
	Largeur du fossé à l'ouverture.	10	0
	Largeur du même sur le fond.	3	4
	Sa profondeur.	5	6
	Contenu solide de l'excavation par toise courante.	6	1
	Le temps nécessaire à ses façons.	3 jours.	

SIXIÈME PROFIL.

Fig 6.		Pieds.	Pouc.
	Largeur du fossé à l'ouverture.	8	0
	Largeur du même sur le fond.	2	8
	Sa profondeur.	5	0
	Contenu solide de l'excavation.	4	6
	Le temps nécessaire à ses façons.	2 jours.	

Nota. Que la solidité des parapets doit égaler celle des fossés des lignes, y compris un rebord à peu près tel que le figuré *a*, qui doit être formé des terres provenantes de l'achèvement des talus.

FAÇONS DES LIGNES.

Temps que l'on emploie aux préparatifs du siége devant la place.

On emploie ordinairement huit, neuf ou dix jours à la façon des lignes pour les bien faire : aux apprêts du parc ; à l'arrivée des paysans et des munitions, et à se préparer pour l'ouverture de la tranchée. Pendant ce temps les ingénieurs sont distribués le long des lignes, qu'ils se partagent entre eux, pour avoir soin que les mesures y soient observées, et qu'elles se fassent bien. La diligence avec laquelle elles se font, ne permet pas qu'on y puisse apporter grande façon. Il faut cependant faire exactement observer les talus des fossés et les profondeurs demandées par les profils ; autrement, soit que ce travail se fasse par des paysans ou par des soldats, ils en feront les talus gras ou renflés, et ne donneront jamais la profondeur nécessaire au fossé, ni la largeur requise à son fond. Le principal soin de ces ouvrages est l'affaire des officiers généraux, chacun à son quartier ; et celui des ingénieurs, quant aux mesures et façons qu'il faut leur donner. Il faut aussi donner quelque forme au devant et au derrière des parapets de la ligne, ce qui se peut faire, quant au devant, en piétonnant et foulant bien les terres par lits de demi-pied d'épais sur deux ou trois de large, les tapant aussi en talus avec la pelle et le plat de la pioche. La finesse de l'œil est ce qui doit régler le talus extérieur des terres, qui ne devant servir que peu de temps, on n'y fait pas grande façon. Il faut cependant recouper les terres du talus intérieur, les fouler et piétonner, même fasciner si l'on peut de fougère, de balais, d'épines, de paille, d'éteules, de grandes herbes, de menus branchages, et enfin de tout ce qu'on peut, même de gazons grossièrement coupés sur le lieu, afin de soutenir les terres de derrière sur un moindre talus que celui du devant, et que les soldats puissent au besoin joindre le parapet et faire feu par dessus. Il y faut aussi faire une banquette, et, pour conclusion, il faut rendre l'élévation des lignes, à très-peu de chose près, conforme à celles des profils qu'on aura choisis; les ingénieurs subalternes doivent assidûment prendre ce soin, pendant que celui qui les dirige en chef s'occupe avec les principaux à reconnaître le fort et le faible de la place, pour, après en avoir rendu compte au général, former le dessein des attaques.

Matériaux pour revêtir le talus intérieur des lignes.

Epaulemens que l'on faisait autrefois.

On faisait autrefois des épaulemens dans l'intervalle des lignes et de la tête des camps, à quelques vingt toises de ces dernières, et de trente-cinq à quarante de long, notamment dans les parties exposées à quelque commandement des dehors; rarement sur les autres. Ils étaient disposés par alignemens et parallèles à la tête des camps, et de neuf pieds de haut sur dix à douze d'épais, mesurés au sommet; je me souviens d'en avoir vu dans les lignes d'Arras : la cavalerie des assiégeans se met derrière à couvert quand on attaque les lignes, et ne les quitte que quand il faut charger; cela la met à l'abri du canon. Je n'en ai point vu depuis ce temps-là, qui était fort voisin de celui où l'on fortifiait les lignes par des forts et redoutes palissadées de distance en distance; on retranchait même la plupart des quartiers tout autour, ce qui ne se fait plus présentement; la promptitude avec laquelle on expédie les siéges ne le permettant pas.

1654.

PORTES ET BARRIÈRES DES LIGNES.

Pl. 3.

On fait les portes et barrières des lignes sur les avenues et grands chemins ordinaires, par préférence aux autres, et après cela de deux courtines l'une; on y fait aussi une porte de 22 pieds de large, qui ferme par une barrière à fléau, tournante sur un poteau, dont le sommet taillé en pivot et planté sur le milieu, où il partage l'ouverture en deux passages égaux; lequel fléau bat contre deux autres poteaux plantés aux deux extrémités des passages avec des entailles pattées, auxquelles il s'accroche et se ferme avec une cheville plate ou chaînon de bois, comme la représentée à la troisième feuille à l'endroit marqué *B*.

On doit observer de les placer toutes à peu près

sur le milieu des courtines, et de les couvrir de redans en forme de demi-lune; l'un et l'autre faits comme les représentés à la même feuille, à l'endroit *A*.

CONTREVALLATIONS.

Les contrevallations sont de même qualité que les lignes, hors que le profil n'en est pas si fort. Elles ne sont pas à négliger, notamment aux siéges des places dont la garnison est forte et l'armée assiégeante faible. Le circuit de celles-ci doit passer par le derrière de la queue des camps, en distance à peu près double de la tête des mêmes camps à la circonvallation, serrant la place le plus près qu'on pourra, sans les trop exposer au canon. On doit profiter de tous les avantages du terrain qui s'y rencontrent comme aux autres; on y fait aussi des passages et issues fermés de barrières de même, hors qu'il n'est pas nécessaire qu'elles soient si fréquentes, ni de les couvrir par des ouvrages détachés.

On les flanque de redans, mais petits et moins fréquens que ceux de la circonvallation. Du surplus, le profil de celles-ci doit être à peu près comme le sixième de la planche 2.

En voilà assez pour toutes les espèces de lignes dont on se pourra servir, lesquelles se doivent toujours régler selon les besoins; c'est-à-dire que si on est résolu d'attendre l'ennemi dans les lignes, il faut les faire bonnes comme au premier profil; si on prend le parti d'aller au-devant de lui, on les peut faire comme on voudra; mais le plus sûr est de les faire bonnes. Les deux profils suivans pour les médiocres, et les derniers pour les lignes des petits siéges, où on ne laisse pas d'être obligé à prendre des précautions contre les secours.

PRÉPARATIFS DES ATTAQUES.

Dès le commencement du siége, on doit faire provision de gabions, et tenir la main à ce qu'ils soient bien faits, de bonne assiette et tous égaux, de huit, neuf ou dix piquets, chacun de quatre à cinq pouces de tour, lacés, serrés et bien bridés haut et bas avec de menus brins de fascines en partie élagués. On leur donne deux pieds et demi de haut sur autant de diamètre (1), afin de les rendre plus maniables; et trois ou quatre jours avant l'ouverture de la tranchée, à peu près dans le temps que les troupes ont achevé de camper et se munir de fourrages, on commande des fascines et piquets à tant par bataillon et tant par escadron, ce qui va à deux ou trois mille pour les premiers, et douze ou quinze cents pour les derniers. La lon-

Dimensions des gabions.

Pl. 4.

(1) Pour rendre les gabions de sape encore plus maniables, depuis Vauban on a réduit leur diamètre à deux pieds hors-œuvre.

Fascines et piquets.

Pl. 4.

gueur des fascines doit être de six pieds, sur vingt-quatre pouces de tour aux reliures qui seront doubles, et lesdites fascines bien faites, les gros et petits brins recroisant également l'un sur l'autre par liaison alternative. Les piquets doivent avoir trois pieds de long, sur cinq à six pouces de tour mesuré par le milieu; remarquant que des fascines et piquets sont des ouvrages de corvée, de même que les lignes; mais les gabions se paient ordinairement à cinq sous pièce, à cause de la difficulté de leur facture, qui demande du soin et de l'adresse. Tous les corps font amas de ces fascines à la tête de leurs camps, où chacun d'eux fait son magasin près des sentinelles. Quant aux gabions, c'est un ouvrage de sapeurs et de mineurs bien instruits, et d'un détachement de Suisses qu'on demande pour cet effet; ceux-ci parce qu'ils sont pour l'ordinaire plus adroits que les Français à ces sortes d'ouvrages. On doit aussi faire amas de toutes les chapes et barriques vides de l'artillerie, de même que celles qu'on peut trouver chez les vivandiers et à la campagne, desquelles on payera la même chose que des gabions.

PRÉPARATIFS DU PARC.

Pendant qu'on travaille aux lignes et aux préparatifs de la tranchée, l'artillerie de son côté travaille à fermer son parc et son magasin à poudre; à monter les pièces sur leurs affûts; préparer les plates-formes du canon et des mortiers; les séparer, ranger les bombes, boulets, grenades; les outils à radouber ce qui en a besoin; faire des portières et fronteaux de mire. On travaille à même temps à faire des blindes de bois rond ou carré, de trois ou quatre pouces carrés, larges de deux pieds et demi à trois pieds, entre deux poteaux pointus par les deux bouts, longues de cinq à six pieds, entre deux traverses, et de 15 pouces de pointe à chaque bout.

Pl. 4.

Dimensions des blindes,

A l'égard des chandeliers et berceaux, je ne m'en suis jamais servi, les blindes pouvant être employées au même usage quand elles sont fortes et bien faites.

préférables aux chandeliers et aux berceaux.

On doit aussi faire amas de roulettes de charrue et de madriers pour les mantelets roulans à l'usage des sapes.

Idem de crocs, fourches de fer et gros maillets à longs manches, de même que de pioches et pelles de fer choisies, emmanchées long pour les sapes; des brouettes; sacs à terre et paniers, dont il faut toujours avoir bonne quantité.

FAÇON DES MANTELETS.

Suite des préparatifs du Parc (1).

Les mantelets propres aux sapeurs, sont des machines roulantes qui ne conviennent qu'à la sape.

Pour les faire, on cherche des roulettes de charrue à la campagne, auxquelles on met un essieu de quatre à cinq pouces de diamètre, sur quatre à cinq pieds de long entre les moyeux, au milieu duquel on assemble une queue fourchue de sept à huit pieds de long, à tenons et mortaises passantes, les bouts de la fourche entaillés dans l'essieu où on les arrête ferme par des chevilles ou des clous, les deux bouts traversant sur l'essieu, passant au travers du mantelet, qui est

---

(1) Vauban ne fait pas mention ici des gabions farcis pour la sape pleine, mais ailleurs, dans ce Traité, au chapitre qui a pour titre, *Prise du chemin couvert*, il en parle. Dans l'*Instruction de 1669, pour la conduite des Siéges*, et dans l'*Avis de 1703 sur les attaques de Landau*, il suppose qu'on en fait usage. Suivant Leblond, les mantelets sont plus avantageux, mais la facilité de la construction des gabions farcis engage à leur donner la préférence sur les mantelets.

un assemblage de madriers de deux pieds huit pouces de haut sur cinq pieds de large et sur quatre pouces d'épais, penchant un peu sur l'essieu du côté de la queue, pour l'empêcher de culbuter en avant. Les madriers qui composent le mantelet sont goujonnés l'un à l'autre, et tenus ensemble par deux traverses de quatre pouces de large et deux d'épais, auxquelles ils sont cloués ou chevillés, et tout le corps du mantelet appuyé sur une ou deux contre-fiches, assemblées dans les traverses du mantelet par un bout d'une part, et sur la queue du même de l'autre, auquel elles sont fortement chevillées. Les plans et profils de la pl. 4 représentant cette machine, achèveront de faire entendre sa construction. Comme le transport en est incommode à cause de sa figure et pesanteur, le mieux sera, après que toutes les pièces auront été préparées et présentées l'une à l'autre, de les marquer et faire porter toutes démontées à la tête des sapes, et de les monter là, il y aura bien moins d'embarras.

Le transport des mantelets est incommode.

LES OUTILS.

Les outils dont on se sert dans les siéges sont : pics à hoyaux, pics à roc, pioches simples, pelles de fer, bêches communes, feuilles de sauge, pelles de bois ferrées et non ferrées, et louchets de Flandre. Ces derniers sont les meilleurs de tous en bon terrain comme celui des Pays-Bas, rarement sont-ils propres ailleurs, parce que le plus souvent les terres sont dures et mêlées de tuf, cailloux et pierrailles, où ils ne sont pas d'un bon usage. Les pics à hoyau qui ont une pioche d'un côté et une pointe de l'autre, sont bons, mêlés parmi les tranches ou pioches communes. Les pelles de fer appelées escoupes, ne sont pas mauvaises quand elles ont une bonne douille, et qu'elles sont bien emmanchées. Les bêches un peu longues, qui s'enfoncent dans terre avec les pieds ne sont pas mauvaises, parce qu'elles enlèvent la terre et font excavation d'un même coup. Les pelles de bois ferrées sont bonnes, parce qu'elles prennent beaucoup de terre à la fois, mais elles se cassent facilement ; les moindres de toutes sont les pelles de bois non ferrées, parce qu'elles sont très-cassantes et de peu de durée. Toutes ces espèces d'outils sont à terre et à rocailles. Les suivans sont pour le bois, savoir : serpes, haches communes, scies de toutes espèces, ciseaux, fermoirs, tarrières

Pl. 4.

Louchets.

Pioches.

Pelles diverses.

de toutes grandeurs, hachettes, doloires, herminettes, etc., et tous autres outils appartenant à la charpenterie, ferronnerie et serrurerie, desquelles il doit y avoir plusieurs boutiques complètes dans le parc; même à tourneurs pour faire les porte-feux de bombes et de grenades, plateaux de bois pour les pierriers, tampons pour les mortiers et le canon. Il y doit avoir de plus des outils de mineurs pour la terre franche, le roc, le tuf, les murs, etc. Toutes ces sortes d'outils qui doivent être bien emmanchés se tirent des magasins du roi, où il y en a pour l'ordinaire de grands amas de longue main assemblés et à loisir. Pour être bons, ils doivent être du poids de quatre à cinq livres, fabriqués de très-bon fer, de bonne trempe, et bien acérés sur les tranchans, les pointes bien renforcées, et de bonnes et fortes douilles à la tête; ce qui se voit rarement, parce que tout cela se prend à des prix faits, dont les exécutions sont peu surveillées, eu égard à l'exactitude telle qu'il la faudrait avoir.

Poids des outils.

J'ai cru devoir expliquer la qualité des outils plus nécessaires aux siéges, parce que souvent ceux qu'on tire des magasins du roi se trouvent fort mauvais.

OBSERVATIONS A FAIRE SUR LA RECONNAISSANCE DES PLACES.

Il y a présentement peu de places dans l'Europe, à notre portée, dont nous n'ayons des plans; la plupart même sont imprimés et se vendent dans les boutiques des graveurs et libraires de Paris, avec privilége, notamment les nôtres. Pour peu qu'on en fasse rechercher, il se trouve toujours quelqu'un qui en a de celles des ennemis. Bien que la plupart soient fautifs et peu exacts, on ne laisse pas de s'en aider, et d'en tirer des lumières qui ne sont pas inutiles; c'est pourquoi je suis d'avis de ne les pas négliger, non plus que les cartes des environs.

Utilité des plans des places, même fautifs.

On trouve encore moyen d'apprendre quelque chose de l'état des places par des gens du pays; notamment par des ouvriers un peu intelligens, comme maçons, tailleurs de pierre, appareilleurs, terrassiers, entrepreneurs, etc. avec quelques libéralités. On peut encore introduire quelqu'un dedans qui, après y avoir demeuré quelque temps, vous apporte des nouvelles de ce que vous avez envie de savoir.

A tout ce qu'on peut apprendre de la sorte, *à quoi il ne se faut pas trop fier*, on doit y ajouter ce que l'on en peut découvrir par soi-même. C'est pourquoi il faut les reconnaître en personne, ou faire reconnaître par gens sûrs et intelligens; ce qui se doit faire à petit bruit, de jour et de nuit.

De jour, on n'a pas la liberté de s'approcher de bien près, à moins qu'on ne le fasse presque seul, parce que les gardes avancées de la place, et le canon vous inquiètent quand vous êtes accompagné, et vous empêchent d'approcher.

Comment Vauban reconnaissait une place.

Le mieux est d'avoir de petites gardes avancées derrière soi, cachées dans des haies ou dans quelque fossé, soutenues par d'autres un peu plus éloignées, à la faveur desquelles on s'avance seul ou très-peu accompagné; c'est ce que j'ai presque toujours fait, et ce qui m'a bien réussi.

Ce sont de ces sortes de choses qu'il faut dérober comme on peut, et les revoir plusieurs fois.

Ces manières de reconnaître, n'instruisent guère que du chemin à tenir pour les attaques, du nombre et grandeur des bastions, cavaliers, demi-lunes, ouvrages à corne, redans, chemins couverts, etc., qui est toujours beaucoup. Mais s'il y a des fonds près de la place, et autres couverts qui vous puissent être bons à quelque chose, on a peine à les bien démêler, et d'ordinaire on ne les reconnaît que fort imparfaitement, non plus que les eaux dormantes et courantes qui sont près de la place.

Pour bien démêler tout ceci, il faut les reconnaître de nuit, bien accompagné, afin de les pouvoir approcher et toucher, comme on dit, du bout

Instant le plus favorable pour découvrir ce qu'on veut voir.

du doigt, ce qui ne se fait pas sans péril, et si on ne voit pas grand'chose; mais le matin en se retirant peu à peu avec le jour, on découvre ce qu'on voulait voir d'une manière plus parfaite.

C'est en quoi il ne faut rien négliger, car d'une place bien reconnue vous en tirez de grands avantages.

Au surplus, ce n'est pas une chose aisée que de bien démêler le fort et le faible d'une place; vous avez beau la reconnaître de jour et de nuit, vous ne verrez pas ce qu'elle renferme dans soi, si vous ne l'apprenez par d'autres; c'est sur quoi il ne faut encore rien négliger.

L'ignorance de la nation sur l'attaque des places a été autrefois si grande, que j'ai vu mettre en question fort sérieusement, s'il n'était pas plus à propos d'attaquer une place par son fort que par son faible, et sur cela disputer du pour et du contre avec chaleur.

Il n'y a point de place qui n'ait son fort et son faible, à moins qu'elle ne soit d'une construction régulière, dont les pièces de même qualité soient toutes égales entre elles, et situées au milieu d'une plaine rase qui l'environne à perte de vue, et qui n'avantage en rien une partie plus que l'autre. Pour lors, on la peut dire également forte et faible partout; et en ce cas il n'est plus question que d'en résoudre les attaques par rapport aux commodités, c'est-à-dire par le côté le plus à portée du quartier du roi, du parc de l'artillerie, des lieux dont on peut tirer des fascines et gabions, et des accès plus commodes. Mais comme il se trouve peu de places fortifiées de la sorte, et que presque toutes sont régulières en des parties, et irrégulières en d'autres par rapport à leurs fortifications presque toujours composées de vieilles et de nouvelles pièces, ou à quelque défaut ou avantage de la situation plus grand à un côté qu'à l'autre, ou de la campagne des environs, cela fait une diversité qui vous oblige à autant de différentes observations.

Développons ceci le mieux que nous pourrons, la chose en vaut bien la peine.

Si la fortification d'une place a quelque côté situé sur un rocher de 25, 30, 40, 50 ou 60 pieds de haut, que ce rocher soit sain et bien escarpé, nous la dirons inaccessible par ce côté. Si ce rocher est battu au pied d'une rivière, ou d'eau courante ou dormante, ce sera encore pis. Si quelque côté en plein terrain est bordé par une rivière qui ne soit pas guéable et qui ne puisse se détourner, que ladite rivière soit bordée du côté de la place d'une bonne fortification capable d'en défendre le passage, on pourra la dire inattaquable par ce côté; que si son cours est accompagné de prairies basses et marécageuses en tout

Fronts inattaquables.

temps, elle le sera encore davantage. Si ladite place est environnée d'eau et de marais qui ne se puissent dessécher, et si elle est en partie accessible par des terrains secs qui bordent lesdits marais; que ces avenues accessibles soient bien fortifiées, et qu'il y ait des pièces dans les marais qui ne soient pas abordables, et qui puissent voir à revers les attaques du terrain ferme qui les joint, ce ne doit pas être là un lieu avantageux aux attaques, attendu ces pièces inaccessibles, et qu'il faut pouvoir embrasser ce que l'on attaque. Si ladite place est toute environnée de terres basses et de marais, comme il s'en trouve aux Pays-Bas, et qu'elle ne soit abordable que par des chaussées, *il faut:*

Pièces à revers inaccessibles; sont à éviter.

Place environnée de terres basses et de marais. Objets à considérer.

1° Considérer si on ne peut point dessécher les marais, et s'il n'y a point de temps dans l'année qu'ils se dessèchent d'eux-mêmes, et en quelle saison? En un mot, si on ne peut pas les faire écouler et mettre à sec.

2° Si les chaussées sont droites ou tortues, enfilées en tout ou en partie de la place, et de quelle étendue est la partie qui ne l'est pas, et à quelle distance de ladite place? quelle en est la largeur, et si on peut y tournoyer une tranchée en la défilant?

3° Si on peut asseoir des batteries dessus ou à côté sur quelque terrain moins bas que les autres, qui puissent croiser sur les parties attaquées de la place?

4° Voir si elles sont si fort enfilées qu'il n'y ait point de transversale un peu considérable qui fasse front à la place d'assez près, et par quelqu'endroit qui puisse faire un couvert considérable contre, en relevant une partie de leur épaisseur sur l'autre, et à quelle distance de la place elle se trouve?

5° Si des chaussées voisines l'une de l'autre, qui aboutissent à ladite place, se joignent, et en quel endroit? et si étant occupées par les attaques, elles se peuvent entre-secourir par des vues de canon croisées, ou en revers sur les pièces attaquées?

Et 6° de quelle nature est le rempart de la place et de ses dehors? si elle a des chemins couverts? si les chaussées qui les abordent y sont jointes? et s'il n'y a point quelque avant-fossé plein d'eau courante ou dormante qui les sépare? Où cela se rencontre, nous concluons qu'il ne faut jamais attaquer par là, pour peu qu'il y ait d'apparence d'approcher de la place par ailleurs, attendu qu'on est presque toujours enfilé et continuellement écharpé du canon, sans moyen de s'en pouvoir défendre, ni de s'en rendre maître, ni d'embrasser les parties attaquées de la place.

A l'égard de la Plaine, il faut:

1° Examiner par où on peut embrasser les fronts de l'attaque, parce que ceux-là sont toujours à préférer aux autres.

2° La quantité de pièces à prendre, avant de pouvoir arriver au corps de la place; leur qualité, et celle du terrain sur lequel elles sont situées.

3° Si la place est bastionnée et revêtue.

4° Si la fortification en est régulière, ou à peu près équivalente.

5° Si elle est couverte par quantité de dehors, quels et combien? parce qu'il faut s'attendre à autant d'affaires qu'il y aura de pièces à prendre.

6° Si les chemins couverts sont bien faits, contre-minés et palissadés? et si les glacis en sont roides, et non commandés des pièces supérieures de la place.

7° S'il y a des avant-fossés, et quels?

8° Si les fossés sont revêtus et profonds? secs ou pleins d'eau? de quelle profondeur? si elle est dormante ou courante? et s'il y a des écluses, et la pente qu'il y peut avoir de l'entrée des eaux à leur sortie?

Fossés les plus mauvais.

9° S'ils sont secs, et quelle en est la profondeur? et compter que les plus mauvais de tous sont les pleins d'eau quand elle est dormante, si les bords en sont bas et non revêtus.

Après cela, ceux qui sont secs, profonds et revêtus sont bons; mais les meilleurs sont ceux qui étant secs, peuvent être inondés d'une grosse eau dormante et courante quand on le veut; parce qu'on peut les défendre secs, et ensuite les inonder, et y exciter des torrens qui en rendent les trajets impossibles. Tels sont les fossés de Valenciennes du côté du Quesnoy qui sont secs, mais dans lesquels on peut mettre telle quantité d'eau dormante ou courante qu'on voudra, sans qu'on le puisse empêcher. Tels sont encore les fossés de Landau, place moderne, dont le mérite n'est pas encore bien connu des médiocrement intelligens, bien que toute neuve et sans être achevée, elle ait déjà soutenu deux grands siéges.

Fossés les meilleurs. Ceux de Landau sont de cette nature. (V.)

1702, 82 jours. 1703, 28 jours.

Les places qui ont de tels fossés avec des réservoirs d'eau qu'on ne leur peut ôter, sont très-difficiles à forcer, quand ceux qui les défendent savent en faire usage.

Les fossés revêtus dès qu'ils ont 10, 12, 15, 20 et 25 pieds de profondeur, sont aussi fort bons, parce que les bombes ni le canon ne peuvent rien contre ces revêtemens, et qu'on n'y peut entrer que par les descentes, c'est-à-dire en défilant un à un, ou deux à deux au plus, ce qui est sujet à bien des inconvéniens; car on vous chicane par de fréquentes sorties sur votre passage et vos logemens de mineurs, ce qui cause beaucoup de retardement et de perte; outre que quand il s'agit d'une attaque, on ne le peut que faiblement, parce qu'il faut que tout passe par un trou ou deux, et toujours en défilant avec beaucoup d'incommodité.

Difficultés du passage des fossés taillés dans le roc.

Il faut encore examiner si les fossés sont taillés dans le roc; si ce roc est continu et dur : car s'il est dur et malaisé à miner, vous serez obligé à combler ces fossés jusqu'au rez du chemin couvert pour faire votre passage, qui est un travail long et difficile, notamment s'il est profond, car ces manœuvres demandent beaucoup d'ordre et de temps; pendant quoi l'ennemi qui songe à se défendre vous fait beaucoup souffrir par ses chicanes, en ce qu'il détourne les matériaux, arrache les fascines, y met le feu, vous inquiète par ses sorties, et par le feu de son canon, de ses bombes et de sa mousqueterie, contre lequel vous êtes obligé de prendre de grandes précautions, parce qu'un grand feu de près est fort dangereux; c'est pourquoi il faut de nécessité l'éteindre par un plus grand bien disposé.

Reconnaissance du terrain environnant.

Après s'être bien instruit de la qualité des fortifications auxquelles on doit avoir affaire, il faut examiner les accès, et voir si quelque rideau, chemin creux ou bossillement de pays peut favoriser vos approches et vous épargner quelque bout de tranchée.

S'il n'y a point de commandement qui puisse vous servir?

Si le terrain par où se doivent conduire les attaques est doux et aisé à remuer?

S'il est dur et mêlé de pierres, cailloux et rocailles, ou de rocher pelé dans lequel on ne puisse que peu ou point s'enfoncer?

Toutes ces différences sont considérables, car si c'est un terrain aisé à manier, il sera aisé d'y faire de bonnes tranchées en peu de temps, et on y court bien moins de risque.

S'il est mêlé de pierres et de cailloux, il sera beaucoup plus difficile, et les éclats de canon y sont dangereux.

Difficultés des cheminemens sur un roc dur et pelé.

Que si c'est un roc dur et pelé, dans lequel on ne puisse s'enfoncer, il faut compter d'y apporter toutes les terres et matériaux dont on aura besoin, de faire les trois quarts de la tranchée de fascines et de gabions, même de ballots de bourre et de laine, ce qui produit un long et mauvais travail qui n'est jamais à preuve du canon, et rarement du mousquet, et dont on ne vient à bout qu'avec du temps, du péril et beaucoup de dépense; c'est pourquoi il faut éviter d'attaquer par de telles avenues, tant que l'on peut.

A front de place et terrain égal, il faut examiner et compter le nombre des pièces à prendre; car celui qui en aura le moins ou de plus mauvaises, doit être considéré comme le plus faible, si la qualité des fossés ne s'y oppose.

Il y a beaucoup de places situées sur les rivières qui n'en occupent que l'un des côtés, ou si elles occupent l'autre, ce n'est que par de petits forts, ou des dehors peu considérables avec lesquels on communique par un pont et par des bateaux au défaut du pont.

Telle était autrefois Stenay, et telles sont encore Sedan, Mézières, Charlemont et Namur sur la Meuse, Metz et Thionville sur la Moselle, le Vieux-Brisach, Strasbourg et Philisbourg sur le Rhin, et plusieurs autres.

Manière d'attaquer les places situées sur des rivières, dans le cas où l'une des rives n'est pas occupée ou ne l'est que par un petit fort ou un dehors peu considérable.

Où cela se rencontre, il est plus avantageux d'attaquer le long des rivières, au-dessus ou au-dessous, appuyant la droite ou la gauche sur l'un de leurs bords et poussant une autre tranchée vis-à-vis, le long de l'autre bord, tendant à se rendre maître de ce dehors, ou d'occuper une situation propre à placer des batteries de revers sur l'opposé aux grandes attaques.

Comme à la 22e pl. (V.)

Comme les batteries de cette petite attaque peuvent aussi voir le pont servant de communication de la place à ce dehors, les grandes attaques de leur côté en pourraient faire autant, moyennant quoi il serait difficile que la place y pût communiquer long-temps; d'où s'ensuivrait que pour peu que ce dehors fût pressé, l'ennemi l'abandonnerait ou n'y ferait pas grande résistance, notamment s'il est petit et peu contenant. Mais ce ne serait pas la même chose, si c'était une partie de ville ou quelque grand dehors, à peu près de la capacité de Wick, qui fait partie de la ville de Mastrick. *Tout cela mérite d'être bien démêlé, et qu'on y fasse de bonnes et sérieuses réflexions;* car il est certain qu'on en peut tirer de grands avantages.

Après cela il faut encore avoir égard aux rivières et ruisseaux qui traversent la ville, et aux marais ou prairies qui accompagnent leur cours; car quand les terrains propres aux attaques aboutissent contre ou les avoisinent de près, soit par la droite ou la gauche, cela donne moyen, en prolongeant les places d'armes jusque sur les bords, de barrer les sorties de ce côté-là, et encore moyen de mettre toute la cavalerie ensemble sur le côté des attaques qui n'est point favorisé de cet avantage; ce qui en est un autre bien considérable, parce que se trouvant en état de se pouvoir porter toute ensemble à l'action, elle doit produire un bien plus grand effet que quand elle est séparée en deux parties éloignées l'une de l'autre.

Outre ce que dessus, je suis encore d'avis de commander journellement un piquet de cavalerie et dragons dans les quartiers plus voisins des attaques, les pousser de ce côté-là s'il arrivait quelque sortie extraordinaire qui bouleversât la tranchée.

Conclusion.

Pour conclusion, on doit toujours chercher le faible des places, et l'attaquer par préférence à tous autres endroits ; à moins que quelque considération extraordinaire ne vous oblige d'en user autrement.

Agir de concert avec l'artillerie.

Quand on a bien reconnu la place, on doit faire un petit recueil de ces remarques avec un plan, et le proposer au général et à celui qui commande l'artillerie, avec qui il faut agir de concert ; convenir après cela du nombre des attaques qu'on peut faire ; cela dépend de la force de l'armée et de l'abondance des munitions.

Opinion de Vauban sur les attaques fausses, séparées, doubles.

Pour moi, je ne suis pas d'avis d'en faire de fausses, parce que l'ennemi s'apercevant de la fausseté dès le trois ou quatrième jour de l'ouverture de la tranchée, il n'en fait plus de cas et les méprise.

Je ne suis point d'avis non plus des attaques séparées, à moins que la garnison ne soit très-faible, ou l'armée très-forte ; parce qu'elles vous obligent à monter aussi fort à une seule qu'à toutes les deux quand elles sont jointes, et que la séparation les rend plus faibles et plus difficiles à servir.

Mais je suis pour les attaques doubles qui sont liées, parce qu'elles peuvent s'entre-secourir, sont plus aisées à servir, se concertent mieux et plus facilement pour tout ce qu'elles entreprennent, et ne laissent pas de faire diversion des forces de la garnison.

Il n'y a donc que dans certains cas extraordinaires et nécessités, pour lesquels je pourrais être d'avis de n'en faire qu'une, qui sont quand les fronts attaqués sont si étroits qu'il n'y a pas assez d'espace pour y en pouvoir développer deux. Comme à la 29e pl. (V.)

Il faut encore faire entrer dans la reconnaissance des places celle des couverts pour l'établissement d'un petit parc, d'un petit hôpital et du champ de bataille pour l'assemblée des troupes qui doivent monter la tranchée, et des endroits les plus propres à placer les gardes de cavalerie.

Position du petit parc.

Le petit parc se place en quelque lieu couvert, à la queue des tranchées de chaque attaque; il doit être garni d'une certaine quantité de poudre, de balles, grenades, mèches, pierres à fusil, serpes, haches, blindes, mantelets, outils, etc., pour les cas survenans et pressans, afin qu'on n'ait pas la peine de les aller chercher au grand parc quand on en a besoin.

Position du petit hôpital.

Près de lui se range le petit hôpital, c'est-à-dire les chirurgiens et aumôniers avec des tentes, paillasses, matelas, et des remèdes pour les premiers appareils des blessures. Outre quoi, chaque bataillon mène avec soi ses aumônier, chirurgien-major et fraters qui ne doivent point quitter la queue de leurs troupes.

Champ de bataille pour l'assemblée des gardes.

A l'égard du champ de bataille pour l'assemblée des gardes de tranchée qui doivent monter, comme il leur faut beaucoup de terrain, on les assemble pour l'ordinaire hors la portée du canon de la place, et les gardes de cavalerie, de même; celles-ci sont placées ensuite sur la droite et la gauche des attaques le plus à couvert que l'on peut du canon; et quand il ne s'y trouve point de couvert, on leur fait des épaulemens à quatre ou cinq cents toises de la place pour les gardes avancées, pendant que le gros se tient plus reculé et hors la portée du canon.

Quand il se trouve quelque ruisseau ou fontaine près de la queue des tranchées ou sur leur chemin, ils sont d'un grand secours pour les soldats de la garde; c'est pourquoi il faut les garder pour empêcher qu'on ne les gâte; et quand il serait nécessaire d'en assurer le chemin par un bout de tranchée fait exprès, on n'y doit pas hésiter.

Chemins des troupes aux attaques.

On doit aussi examiner le chemin des troupes aux attaques, qu'il faut toujours accommoder et régler par les endroits les plus secs et les plus couverts du canon.

Quartier du roi.

Quand le quartier du roi s'en trouve à portée, elles en sont plus commodes, mais cela ne doit pas faire une sujétion considérable.

Position du parc d'artillerie.

Il est bien plus important que le parc d'artillerie en soit le plus près qu'il sera possible.

Quartier des ingénieurs et des troupes du génie.

C'est encore une espèce de nécessité de loger les ingénieurs, mineurs et sapeurs le plus près des attaques que l'on peut, afin d'éviter les incommodités des éloignemens.

Force de la garde de tranchée.

Les attaques étant donc résolues, on règle les gardes de la tranchée, savoir, l'infanterie sur le pied d'être du moins aussi forte que les trois quarts de la garnison, et la cavalerie d'un tiers plus nombreuse que celle de la place; de sorte que si la garnison était de quatre mille hommes de pied, la garde de la tranchée doit être au moins de trois mille; et si la cavalerie de la place était de 400 chevaux, il faudrait que celle de la tranchée fût de 600.

Force de l'armée assiégeante.

Autrefois nos auteurs estimaient que pour bien faire le siége d'une place, il fallait que l'armée assiégeante fût dix fois plus forte que la garnison; c'est-à-dire que si celle-ci était de 1000 hommes, l'armée devait être de 10,000; si 2000, l'assiégeante doit être de 20,000; et si de 3000, il fallait que l'armée, à peu de chose près, fût de 30,000 hommes, selon leur estimation : en quoi ils n'avaient pas grand tort; et qui examinera bien toutes les manœuvres à quoi les troupes sont obligées pendant un siége, n'en sera pas surpris. Car il faut tous les jours monter et descendre la tranchée, fournir aux travailleurs de jour et de nuit, à la garde des lignes, à celle des camps particuliers et des généraux, à l'escorte des convois, des fourrages; faire des fascines, aller en commandement, au pain, à la guerre, etc. De sorte qu'elles sont toujours en mouvement, quelque grosse que puisse être une armée. Ce qui était bien plus fatigant autrefois qu'à présent, parce que les siéges duraient le double et le triple de ce qu'ils font aujourd'hui, et qu'on y faisait de bien plus grandes pertes. On n'y regarde plus de si près, et on n'hésite pas d'attaquer une place à six ou sept contre un, parce que les attaques d'aujourd'hui sont bien plus savantes qu'elles n'étaient autrefois.

Il y a toutefois une chose à remarquer sur la vieille hypothèse de l'attaque des places, *qui est* que je ne conseillerais pas à une armée de dix mille hommes d'attaquer une place où il y en aurait mille, qu'on serait obligé de circonvaller; la raison est que toute circonvallation devant se régler sur la portée du canon de la place, et sur les défauts et avantages de la campagne des environs, on est obligé de la faire aussi grande pour les petites armées que pour les grandes.

Développement de la circonvallation d'une petite place.

Or il est bien certain qu'une armée de dix mille hommes circonvallerait très-mal une place, si on voulait l'attaquer dans les formes ordinaires, et qu'une de vingt mille ne la circonvallerait même que faiblement; par la raison qu'il n'y en a point, si petite soit-elle, qui n'ait du moins trois ou quatre cents toises de diamètre avec ses fortifications; de là aux lignes il doit encore y avoir quatorze ou quinze cents toises, pour n'avoir pas le canon dans le derrière des camps, ce qui fait 3000 toises; joignez-y les 400 de diamètre, viendra 3400; triplez cette somme, et y ajoutez un septième, vous aurez 10,686 toises pour la circonférence d'un cercle égal au circuit de vos lignes, auxquelles ajoutant pour les redans et sinuosités de la ligne 1314, on trouvera qu'il n'y a guère de circonvallation, si petite soit-elle qui n'ait au moins 12,000 toises de circuit, c'est-à-dire, près de cinq lieues de 2500 toises chacune, qui sont à peu près les communes de France.

Or il est certain que des lignes de cette étendue seraient très-faiblement gardées par une armée de 10 à 12,000 hommes, qui serait chargée de l'attaque d'une place, et de toutes les autres corvées indispensables des siéges; ce qui prouve évidemment qu'une armée de cette force ne serait pas en état de soutenir l'attaque d'une armée de secours, qui se présenterait à ses lignes; c'est ce qui fait que cette proportion qui serait fort bonne pour les armées au-dessus de 20,000 hommes, ne le serait pas pour celles qui sont au-dessous, à moins qu'elles ne fussent épaulées par une armée d'observation capable de tenir l'ennemi en respect, et de l'empêcher de tenter un grand secours.

Pour les petits, comme ils se font à la dérobée,

quand les lignes sont faites, il n'en passe que rarement, et même l'ennemi ne le tente pas.

Revenons à la disposition des *attaques.*

Sur les ingénieurs.

C'est ici où les ingénieurs doivent faire paraître ce qu'ils sont.

Il n'y avait autrefois rien de plus rare en France que les gens de cette profession, et le peu qu'il y en avait, subsistait si peu de temps, qu'il était encore plus rare d'en voir qui eussent vu cinq ou six siéges, et encore plus, qui en eussent tant vu sans y avoir reçu beaucoup de blessures qui, les mettant hors de service dès le commencement ou le milieu d'un siége, les empêchaient d'en voir la fin, et par conséquent de s'y rendre savans; cela joint à bien d'autres défauts dans lesquels on tombait journellement, ne contribuait pas peu à la longueur des siéges, et aux pertes considérables qu'on y faisait.

Siége de Montmédy; pertes considérables que l'on y fit. 1657.

Je me souviens qu'à celui de Montmédy où il n'y avait que 700 hommes de garnison qui furent assiégés par une armée de 10,000 hommes, que de quatre que nous étions au commencement du siége, destinés à la conduite des travaux, je me trouvai le seul, cinq à six jours après l'ouverture de la tranchée, qui en dura quarante-six; pendant lesquels nous eûmes plus de 1300 hommes de tués et 1800 blessés, de compte fait à l'hôpital, sans y comprendre plus de 200 qui n'y furent pas; car dans ces temps-là, les hôpitaux étant fort mal administrés, il n'y allait que ceux qui ne pouvaient faire autrement, et pas un de ceux qui n'étaient que légèrement bléssés; *il faut avouer que c'était acheter les places bien cher.*

Quelques années avant cela nous prîmes Stenay, avec une perte à peu de chose près égale; la vérité est qu'on n'y entendait pas grande finesse : aussi notre infanterie était-elle absolument ruinée. Mais depuis que le roi a commencé à faire la guerre en personne, sa présence a inspiré plus d'esprit et de conduite aux armées : et Sa Majesté ayant reconnu par elle-même combien il lui était nécessaire d'avoir des gens éclairés capables de la servir dans les siéges et dans les places, elle a mis sur pied et entretenu un bon nombre d'ingénieurs; quantité de gens s'étant jetés dans cette profession, attirés par ses bienfaits et par la distinction qu'ils y ont trouvée; de sorte que bien qu'on en tue et estropie beaucoup encore, le roi n'en manque pas, et on ne fait point de siége depuis long-temps, qu'il ne s'y en trouve des trente-six ou quarante, qu'on sépare ordinairement en six brigades de six ou sept chacune, afin que chaque attaque en puisse avoir trois, qui se relèvent alternativement toutes les vingt-quatre heures; ce qui fait que jamais la tranchée n'est sans ingénieurs, lesquels se partageant les soins du travail, font qu'il va toujours, et qu'il n'y a pas une heure de temps perdue.

1654.

Force des brigades d'ingénieurs.

Comme il faut de la subordination dans tous les corps, celui-ci en a plus besoin qu'aucun autre, parce que tout ce qu'il fait, doit être concerté et dirigé par un supérieur très-intelligent, qui distribue à chacun d'eux ce qu'il a à faire, et auquel tous répondent. Il y a autant de brigadiers que de brigades; lesquels ont chacun leur sous-brigadier, qui commande aux autres en second, et qui, avec le brigadier, distribue le travail à toute la brigade. Tous se doivent relayer tour à tour, parce qu'il n'y a guère d'hommes, si robustes soient-ils, qui puissent soutenir un aussi grand travail que le leur trente heures durant; car pour bien s'acquitter de leurs fonctions, le jour qu'ils relèvent, ils doivent aller dès les 10 à 11 heures du matin à la tranchée avec les principaux reconnaître ce qu'ils auront à faire, et régler leurs dispositions, pour ensuite distribuer les travailleurs qui leur sont donnés, selon les besoins qu'ils ont reconnu en avoir : après quoi ils vont les recevoir au rendez-vous, où ils les séparent suivant les dispositions qu'ils ont faites; ils peuvent bien se partager et se relayer la nuit et le jour; mais ils ne doivent jamais quitter la tranchée, que ceux qui les relèvent ne soient arrivés et qu'ils ne leur aient consigné le travail.

Service pénible des ingénieurs.

OUVERTURE DE LA TRANCHÉE.

Toute l'instruction suivante est relative aux 13e, 14e, et 15e pl. (V.)

Quand tout est bien disposé, que tous les paysans sont établis, les lignes à peu près avancées aux deux tiers ou trois quarts de leur façon; qu'il y a de bons amas de fascines à la tête des camps (1), que l'artillerie est en état de pouvoir mettre du canon en batterie dans trois ou quatre jours; la place étant bien reconnue, et ne paraissant rien au dehors qui puisse vous traverser, et les attaques enfin résolues, on prend jour pour l'ouverture de la tranchée; on résout à même temps les lieux les plus propres à ladite ouverture, où on met des marques. On reconnaît les alignemens prolongés, ainsi qu'ils sont marqués *A D*, *B D*, *C E*, des capitales des pièces qu'on doit attaquer, le long desquels on se doit conduire, et qu'il faut marquer par des piquets bouchonnés de paille et marqués *F* aux mêmes feuilles; le prolongement des capitales se reconnaît et se dirige en alignant la pointe des pièces qu'on doit attaquer, par celle du chemin couvert qui les enve-

Pl. 13 et 14.

Manière de prendre les prolongemens des capitales des ouvrages.

(1) On établit aujourd'hui des dépôts, dits de tranchée, où se trouvent les outils et les matériaux nécessaires pour les travaux du siége, et où sont conduits les travailleurs commandés pour la tranchée.

loppe, ce qui donne deux points : le troisième marqué par un piquet en alignement des deux premiers en lieu sûr, où vous pouvez approcher commodément; le quatrième se prend encore en alignement des trois premiers; après quoi on n'a qu'à continuer sur les deux derniers, et tournant le dos à la place, poursuivre le prolongement à mesure qu'on s'approche, par autant de piquets qu'on en a besoin (1).

---

(1) Quand l'on veut déterminer d'une manière plus exacte, en général, le prolongement de la capitale d'un ouvrage, on prend les prolongemens de ses faces, et l'on mesure au moyen d'une boussole les angles que font ces prolongemens avec la ligne nord-sud; de ces angles, on conclut celui que fait la capitale avec la même ligne; puis l'on cherche, en faisant quelques stations, un point où la boussole marquant cet angle, son alidade se trouve dirigée sur le saillant de l'ouvrage; ce qui peut se faire facilement et à la dérobée, sans attirer l'attention de l'ennemi.

La plupart des moyens ingénieux qu'enseigne la géométrie, quoique très-simples, sont peu praticables devant une place, pour peu que le terrain soit montueux ou couvert, à la grande distance où l'on est obligé de se tenir des fortifications.

Moyen de mesurer la distance de l'ouverture de la tranchée au chemin couvert.

Importance de connaître les distances de la tranchée à la place.

On ne saurait trop prendre de connaissances de la qualité des places que l'on veut attaquer. Celle de savoir leur éloignement jusqu'à l'ouverture des tranchées n'est pas la moins nécessaire, puisqu'elle peut donner moyen aux assiégeans de savoir à point nommé l'éloignement où l'on se trouve journellement de ses dehors les plus avancés, pendant le cours des attaques; ce qui donnera moyen à même temps de bien placer les places d'armes, servira pour diriger le chemin des tranchées, parce qu'on sait toujours où l'on est, et combien il vous en reste à faire pour arriver aux ouvrages de la place.

Supposé donc le lieu pris dans le prolongement de l'une des capitales marquées pour l'ouverture de la tranchée; si l'on veut savoir précisément la distance qu'il y a de là à l'angle plus avancé du chemin couvert, il n'y a qu'à se servir d'un peu de *trigonométrie* pour réussir; mais comme on n'a pas toujours des *sinus* ou *logarithmes*, à la poche, voici un moyen simple, qui n'est pas moins géométrique que les autres.

Pl. 13. Capitale du bastion A.

Soit donc la capitale prolongée, *ab*, l'angle du chemin couvert, *a*, et le lieu d'où l'on veut ouvrir la tranchée, *b*, après avoir pris garde à se mettre en lieu où l'on puisse avoir l'espace nécessaire à l'opération, il n'y a qu'à former l'angle droit *b*, et tirer la ligne *bc*, avec des piquets, ladite ligne terminée à 60, 80 ou 100 toises, plus ou moins, que vous couperez en trois ou quatre parties égales, voire six. Cela fait, sur son extrémité *c*, formez un autre angle droit alterne au premier, et tirez la ligne *cd*, indéterminément, alignez l'un des piquets de la transversale *bc*, comme *e*, avec l'angle du chemin couvert *a*, vous aurez deux points qu'il faut marquer avec des piquets ou jalons sur la ligne de ces piquets en reculant jusqu'à ce que vous tombiez dans la ligne *cd*, que vous couperez au point *f*; mesurez ensuite *cf* avec une toise pour connaître sa longueur; ensuite si *ce* est le tiers de *be*, prenez trois fois la longueur *cf*, vous aurez la distance *ab*, connue en toises.

Car les deux triangles *abe*, *ecf*, étant semblables, le côté *ab* est au côté *cf*, comme *be* est à *ec*; mais *be* est triple de *ce*, donc *ab* sera triple de *cf*, et par conséquent pour avoir *ab*, il faut prendre trois fois la longueur de *cf* (1).

---

(1) Les deux lignes *ac* et *cd*, dont la rencontre détermine le point *f* faisant entre elles un angle très-aigu, il est difficile de marquer ce point avec précision. Pour y parvenir, l'au-

Il faudra en faire autant aux autres attaques pour être sûr de toutes vos distances.

Son usage est que toutes et quantes fois qu'on

---

teur des *Solutions peu connues de différens problèmes de géométrie-pratique*, M. Servois, recommande la correction suivante : ayant fixé un point où les quatre rayons visuels portés aux jalons (a, e, c, g) qui déterminent les lignes, commencent à se réduire à deux, on recule ou bien on avance jusqu'à un second point où les deux rayons commencent à se diviser en quatre; puis on place un jalon au milieu de l'intervalle entre ces deux points : il sera assez exactement au point du concours des deux lignes.

Le même auteur propose, en place de la méthode de Vauban, celle qui suit, indiquée par Carnot (*de la Corrélation des figures de géométrie*, *n*° 191, *p.* 135).

Soit, pl. 13, capitale du bastion B, mn, la distance à mesurer. On place à volonté deux jalons p et q, dans un même alignement avec le point n : on place un nouveau jalon à volonté sur mn en o; on marque par un jalon r le point d'intersection de po et mq, par un jalon s le point d'intersection de qo et mp, enfin par un jalon t l'intersection de rs et mn. On mesure la longueur nt en notant, en passant, les longueurs no, ot, et l'on a celle de mn par l'équation $mn = \frac{nt \, . \, no}{no - to}$.

Cette méthode ne suppose pas la construction d'angles droits et ne requiert pas un chaînage long.

Au reste, par l'organisation actuelle du corps du génie, on a presque toujours dans les siéges les instrumens nécessaires pour mesurer, en suivant les méthodes ordinaires, au moyen d'une base, la distance d'un point accessible à un point qui ne l'est pas.

veut savoir le chemin qui vous reste à faire, il n'y a qu'à faire mesurer ce que l'on a fait, le reste sera ce qui vous reste à faire; ce qui vous marquera la distance la plus propre à placer vos places d'armes, batteries, logemens, etc.

Service; nombre de jours francs.

Pendant que tout cela se dispose, le général règle l'état des gardes d'infanterie et de cavalerie, sur le pied d'avoir cinq ou six jours de francs.

On règle à même temps la cavalerie qui doit porter la fascine, et les travailleurs de jour et de nuit, qui doivent être fort nombreux les première et seconde gardes; ce qui se fait un jour ou deux à l'avance, à la diligence du major général et du maréchal général des logis de la cavalerie, qui ont soin d'avertir les troupes, et de bien reconnaître la situation des gardes.

Ces deux officiers doivent s'entendre avec le directeur général de la tranchée, recevoir de lui les demandes journalières qu'il est obligé de leur faire sur les besoins de ladite tranchée, et avoir soin de les y faire fournir très-exactement.

Tout cela préparé, le directeur règle son détail avec les ingénieurs, de même que les endroits par où il veut ouvrir la tranchée, et a soin de leur faire prendre de la mèche (1), des piquets et

---

(1) Pour tracer et servir de cordeau, les tranchées réglées à la fascine produisant toujours des ouvrages malpropres et fautifs. (*Vauban, Avis de 1703 sur les attaques de Landau.*)

des maillets pour la tracer; ce qu'on fait porter en paquets par des soldats qui sont ordinairement des sapeurs, lesquels ont soin de les tenir prêts.

Tout cela étant réglé, on pose une petite garde près des lieux destinés aux ouvertures, pour empêcher qu'on n'y dérange rien, et qu'on ne les fréquente pas trop : *car il est bon de cacher son dessein tant qu'on peut.*

Ouverture de la tranchée.

Le jour de l'ouverture étant venu, les gardes s'assemblent sur les deux ou trois heures après-midi, et se mettent en bataille, après quoi on fait la prière; le général les voit défiler, si bon lui semble. Les travailleurs s'assemblent aussi près de là, tous munis de fascines, de piquets, et chacun d'une pelle et d'une pioche (1); et quand la nuit approche, et que le jour commence à tomber, les gardes se mettent en marche, chaque soldat portant une fascine avec ses armes; ce qui doit être répété à toutes les gardes. A l'égard des outils, il suffit d'en faire prendre aux travailleurs les deux premières gardes, et de les faire laisser à la tranchée où on les retrouve.

Remarque sur les outils.

La garde de cavalerie va dans le même temps prendre les postes qui lui ont été marqués sur la droite et la gauche des attaques, ou sur l'une des deux, selon qu'il a été jugé convenable. Tout cela

(1) *Voy.* la note de la page 59.

se fait le premier jour en silence, et sans tambour ni trompette; les grenadiers et autres détachemens marchent à la tête de tout, suivis des bataillons, et ceux-ci des travailleurs, lesquels sont tous disposés par divisions de cinquante en cinquante, chaque division commandée par un capitaine, un lieutenant et deux sergens (1); on les fait marcher par quatre ou par six de front, jusque près de l'ouverture de la tranchée, où quand la tête des troupes est arrivée, le brigadier ingénieur de jour, qui a son dessein réglé, va poser les grenadiers en avant par où se doit conduire la tranchée, pendant que les bataillons se rangent à droite et à gauche de l'ouverture de ladite tranchée, derrière les couverts qui s'y trouvent, sinon aux endroits qui auront été marqués à leurs majors, où ils déchargent leurs fascines; quoi fait, ils se tiennent sur leurs armes en silence, toujours prêts à exécuter les ordres qui leur sont donnés. Pendant cet arrangement, le brigadier de jour qui a posté ces détachemens, donne le premier coup de cordeau et montre ce qu'il y a à faire au sous-brigadier pour continuer le tracé; il fait ensuite défiler les travailleurs un à un, portant la fascine sous le bras

---

(1) Le lieutenant à la tête, le capitaine à la queue, les sergens sur les ailes pour empêcher les travailleurs de s'écarter, et les faire serrer, de peur de perdre la file dans l'obscurité. (*Vauban, Avis cité de* 1703.)

droit, si la place est à droite, et sous le bras gauche, quand on la laisse à gauche, et commence lui-même par poser le premier des travailleurs, et puis le deux, trois, quatre, cinq, etc., l'un après l'autre, leur recommandant :

Premièrement, le silence ;

Secondement, de se coucher sur leur fascine ;

Troisièmement, de ne point travailler qu'on ne leur commande.

Quand il en a posé quelque nombre, il cède la place au premier ingénieur, qui continue à poser et à faire poser (1), pendant que lui brigadier va prendre garde au tracé; tout cela se continue de la sorte jusqu'à tant qu'on ait tout posé, observant bien,

1° Tous les replis et retours (2) de la tranchée ;

2° De faire avancer les gens détachés, à mesure qu'on avance la pose ;

3° De couvrir toujours les brisures des retours par un prolongement de 2 à 3 toises en arrière pour couvrir les enfilades ; ce qui se fait aux dépens de la ligne en retour, et ainsi de toutes les autres ; 9e pl. Aux endroits marqués B.

(1) Les ingénieurs qui posent les fascines doivent être aidés, chacun, par deux sergens forts et robustes, bien payés, la manœuvre de poser les fascines étant très-fatigante. (*Vauban, Avis cité de* 1703.)

(2) Retours, boyaux, zigzags ou cheminemens, « sur quoi on remarquera que les plus courts, comme de 10 à 12 toises, sont toujours les meilleurs et les moins embarrassans, » entre les parallèles. (*Avis cité.*)

Règle sur la direction des cheminemens.

4° De faire toujours jeter la terre du côté de la place ;

5° De prendre bien garde de ne pas s'enfiler, ni aussi de se trop écarter ; mais de raser les parties plus avancées des dehors de la place, à quelques 10 ou 12 toises près ; ce qui se fait plutôt par estime qu'autrement, à moins qu'on n'ait commencé à tracer avant que le jour soit tout-à-fait tombé, ce que je suis toujours d'avis de faire ;

Usage de Vauban, de tracer avant que le jour soit tout-à-fait tombé.

Pl. 13 et 14.

6° De ne se pas éloigner des capitales prolongées *AD*, *BD*, dont il faut renouveler les piquets *F*, de temps en temps, et les coiffer d'un bouchon de paille, afin de les reconnaître, même de quelque bout de mèche allumée pendant la nuit ; parce qu'il se faut faire une loi de ne s'en pas éloigner et de les fréquemment croiser, et par conséquent les reconnaître de temps en temps pour toujours se pouvoir diriger selon elles, afin d'éviter les écarts et retours inutiles, parce que ce sont les vrais guides qui doivent nous mener à la place.

Pour mieux faire, il faut poser les retours à fascines comptées, afin d'en savoir toujours les mesures. Si la situation des ouvertures est favorable, il ne sera pas impossible qu'on puisse parvenir jusqu'à la première place d'armes dès la première nuit ; mais si on est obligé d'ouvrir de fort loin, cela sera moins aisé, et il faudra employer beaucoup plus de travail.

Il est à présumer que le directeur général aura

fait son projet sur le pied d'avancer jusque-là ; à quoi j'ajoute, si cela se peut, de la commencer en retour, ne fut-ce que par une cinquantaine de travailleurs.

Ce qui est dit ici pour l'attaque de la droite, se doit aussi entendre pour celle de la gauche, chacune d'elles devant aller le même train, et toujours marcher de concert ; de sorte que quand l'une trouve quelque difficulté qui la retarde, l'autre doit l'attendre pour éviter les inconvéniens auxquels sont sujets ceux qui, allant trop vite, ne se précautionnent pas assez.

Suite de l'ouverture de la tranchée.

Quand le travail est disposé, on fait *haut les bras*, et tout le monde travaille, avertissant toujours les travailleurs de jeter la terre du côté de la place. On se diligente tant que l'on peut, jusqu'au grand jour ; pour lors on fait mettre les détachemens à couvert sur le revers de ce qu'il y a de fait de la place d'armes, et derrière les plus proches replis de la tête des tranchées, où on les fait coucher sur le ventre, car elles sont encore bien faibles au matin ; après cela on congédie les travailleurs de la nuit, et on les relève par un pareil nombre de jour, commençant par la tête, au contraire de ceux de la nuit qu'on a commencés par la queue (1).

(1) Les travailleurs de jour mettent la main à l'œuvre dès

Il est rare que cette première journée puisse bien achever les ouvrages qu'on a commencés, quelque soin qu'on se puisse donner pour cela, parce que d'ordinaire on entreprend beaucoup.

On ne doit pas cependant congédier les travailleurs de jour, qu'ils n'aient à peu près achevé l'ouvrage de la largeur et profondeur qu'on le veut mettre, ce qui est bien difficile d'obtenir des ouvriers qui ont toujours grande envie de s'en retourner et très-peu d'achever.

C'est pourquoi je suis d'avis de faire parcourir le deuxième jour, le travail de la première nuit, par un détachement de cent ou deux cents hommes à chaque attaque, qui ne feront autre chose que d'achever et parer ce qui a été commencé la première nuit.

La deuxième garde, *le masque étant levé*, on monte la tranchée tambour battant, et on pose encore à découvert ; mais il s'en faut bien qu'on entreprenne autant de travail que la première nuit.

Donner toute l'étendue nécessaire à la première place d'armes.

Celle-ci doit s'employer par préférence à la continuation de la première place d'armes, à qui il faut donner toute l'étendue nécessaire ; et cepen-

---

qu'on les place, ceux de la tête les premiers. Les travailleurs de nuit attendent le commandement qui vient de la queue de la colonne, dont les travailleurs sont posés les derniers, mais commencent les premiers à travailler.

dant pousser ce qu'on pourra en avant, en croisant toujours les capitales, dont il faut avoir soin de marquer les prolongemens à mesure qu'on s'avancera vers la ville, et les piqueter à chaque fois qu'on les croise, afin de les rendre toujours plus remarquables.

Elle doit être achevée sur toute sa longueur à la fin de la troisième nuit.

La place d'armes entreprise sur toute sa longueur, doit être achevée dans toute la perfection qu'on pourra lui donner à la fin de la troisième garde; parce qu'elle doit être la demeure fixe des bataillons, jusqu'à ce que la deuxième soit faite.

Outre la première place d'armes, que je considère comme l'ouvrage de la deuxième et de la troisième nuit, quoique commencée dès la première, je suppose que les deux tranchées auront marché encore en avant considérablement, mais non jusqu'à la deuxième place d'armes : il ne serait pas prudent de se tant avancer.

Les travailleurs de jour de cette garde doivent être fournis en nombre égal à ceux de la nuit, et le travail de jour commencer par la tête, comme celui de nuit par la queue.

Tout le monde doit contribuer à presser et perfectionner le travail de jour tant que l'on peut; après quoi, et quand il est en état, il faut faire avancer les premiers bataillons dans la place d'armes, et ne mettre que des détachemens dans les ouvrages de la tête, avec ordre de ne point tenir ferme si l'ennemi vient à eux.

Le troisième jour il faudra encore monter fort de travailleurs, afin d'en pouvoir employer trois ou quatre cents à perfectionner ce qui manquera des jours précédens, et arriver à la deuxième ligne ou place d'armes, à laquelle il faudra aussi travailler avec la même vivacité.

Deuxième place d'armes.

Comme le feu doit commencer à devenir dangereux, il faudra employer *les sapes;* non que je renonce tout-à-fait à poser encore à découvert quelque partie de la troisième nuit, mais il faut le faire discrètement, et pour cela trouver quelque terrain favorable qui fournisse un demi-couvert, ou prendre le temps que le feu de la place est fort ralenti, comme il arrive souvent après les deux ou trois premières heures que les gens sont las de tirer; pour lors on peut dérober une pose de 100 ou 120 travailleurs et plus, si le feu continue à mollir; mais c'est de quoi il ne faut pas abuser, parce qu'il faut tenir pour maxime de ne jamais exposer son monde mal à propos et sans grande raison; ce qui se fait bien moins souvent qu'il ne serait à désirer parmi nous, sans que cela nous avance beaucoup; bien au contraire, je ne vois rien plus capable de nous retarder : c'est pourquoi, tout bien considéré, après la seconde nuit, je ne voudrais plus poser à découvert.

Emploi des sapes.

Maxime importante.

LA SAPE.

La sape faisant une partie considérable de la tranchée, j'estime qu'il est à propos d'instruire sa conduite avant que de passer outre.

Nous entendons par sape, la tête d'une tranchée poussée pied à pied, qui chemine jour et nuit également. Quoiqu'elle avance peu en apparence, elle fait beaucoup de chemin en effet, parce qu'elle marche toujours. C'est un métier qui demande une espèce d'apprentissage pour s'y rendre habile, auquel on est bientôt fait quand le courage et le désir du gain sont de la partie. Définition de la sape.

Voici comme elle se conduit.

L'ouvrage étant tracé, et les sapeurs instruits du chemin qu'ils doivent tenir, on commence par faire garnir la tête de gabions, fascines, sacs à terre, fourches de fer, crocs, gros maillets, mantelets, etc.

Cela fait, on perce la tranchée par une ouverture que les sapeurs font dans l'épaisseur de son parapet, à l'endroit qui leur est montré.

Après quoi le sapeur qui mène la tête, commence par faire place pour son premier gabion qu'il pose sur son assiette, et l'arrange de la Tout ceci est représenté à la 5e pl. (V)

Exécution de la sape pleine.

main, du croc et de la fourche du mieux qu'il peut, posant le dessus dessous, afin que la pointe des piquets des gabions débordant le sommet, puisse servir à tenir les fascines dont on le charge. Cela fait, il le remplit de terre en la jetant de biais en avant, et se tenant un peu en arrière pour ne pas se découvrir. A mesure qu'il remplit le premier gabion, il frappe de temps en temps de son maillet ou de sa pioche contre, pour faire entasser la terre.

Ce premier rempli, il en pose un deuxième sur le même alignement, qu'il arrange et remplit comme le précédent; et après, un troisième avec les mêmes précautions, qu'il remplit de même; après ce troisième, un quatrième, se tenant toujours à couvert et courbé derrière ceux qui sont remplis, ce qui se continue toujours de la sorte; mais parce que les joints des gabions sont fort dangereux avant que la sape soit achevée, il les faudra fermer de deux à trois sacs à terre posés bout sur bout sur chaque joint, que le deuxième sapeur arrange, après que le troisième et le quatrième les lui ont fait passer.

Au vingtième ou trentième gabion posé et rempli, on reprend les sacs de la queue pour les reposer en avant, afin de les épargner : de sorte qu'une centaine de sacs à terre bien ménagés, peuvent suffire à conduire une sape depuis le commencement du siége jusqu'à la fin.

A l'égard de l'excavation de la sape, *voici comme elle se doit conduire.*

Tâche du premier sapeur,

Le premier sapeur creuse 1 pied et 1/2 de large sur autant de profondeur, laissant une berme (1) de 6 pouces au pied du gabion, et talutant un peu du même côté.

Du deuxième,

Le deuxième élargit de 6 pouces et approfondit d'autant; ce qui fait 2 pieds de large et autant de profondeur.

Du troisième,

Le troisième creuse 6 pouces de plus et élargit d'autres 6 pouces; ce qui donne 2 pieds 1/2 de large et autant de profondeur.

Du quatrième.

Le quatrième creuse encore un demi-pied et élargit d'autant, fait les talus et réduit la sape à 3 pieds de profondeur et autant de large par le haut, revenant à 2 et 1/2 sur le fond, les talus parés; qui est la mesure que nous demandons pour la rendre parfaite. Reste quatre hommes à employer de la même escouade, qui, se tenant en repos derrière les autres, font rouler les gabions et fascines aux quatre de la tête, afin que les premiers sapeurs les trouvent sous la main; ils leur font aussi glisser des fascines pour garnir le dessus des gabions quand ils sont pleins; savoir deux sur les bords et une dans le milieu,

Emploi des quatre hommes restans de l'escouade.

(1) Aujourd'hui un pied, même un pied et demi dans les terres légères.

qu'on a soin de faire entrer dans les piquets pointus des gabions, qui surmontent le sommet, afin de les tenir ferme; après quoi on les charge de terre. L'excavation de ces trois pieds de profondeur, fournit les terres nécessaires à remplir les gabions, et une masse de parapet formant un talus à terre courante du côté de la place, rempli de haut en bas, qui ne peut plus être percé que par le canon.

Quand les quatre premiers sapeurs sont las et qu'ils ont travaillé une heure ou deux de force, ils appellent les quatre autres, lesquels prennent la place des premiers et travaillent de même force, jusqu'à ce que la lassitude les oblige à rappeler les autres; observant que celui qui a mené la tête, prend la queue des quatre, à la première reprise du travail; car chacun d'eux doit mener la tête à son tour, et poser une pareille quantité de gabions, afin d'égaler le péril et le travail. De cette façon, on fait une grande diligence à la continue, quand la sape est bien fournie.

Au surplus, on marche à la sape non-seulement en avant, mais aussi à côté, sur les prolongemens de la droite et de la gauche; et pour l'ordinaire, on voit des quatre, cinq et six sapes dans une seule tranchée, qui toutes cheminent à leur fin.

Dans le même temps celui qui dirige les sapeurs doit avoir soin de faire servir des gabions et fascines à la tête des sapes; ce qui se fait par l'intervention de celui qui commande la tranchée, qui lui fait fournir le monde dont il a besoin.

Le moyen d'être bien servi serait de donner six deniers de chaque fascine portée de la queue des tranchées à la tête des sapes, sur-le-champ à la fin des voyages, ou d'une certaine quantité; chaque soldat en peut aisément porter trois, et faire trois ou quatre voyages. Il faudrait par la même raison donner un sou des gabions; en observant cette petite libéralité, les sapes seraient toujours bien et aisément servies.

Si l'on ne peut cheminer de jour, on s'en dédommage pendant la nuit.

Il est encore à remarquer que quand on a affaire à des ennemis un peu éveillés, ils canonnent la tête des sapes avant que votre canon tire, de manière que souvent on est obligé de les abandonner; mais si on le fait de jour, on s'en dédommage pendant la nuit (1).

A mesure que la sape avance, on fait garnir celle qui est faite par les travailleurs de la tranchée qui l'élargissent, jusqu'à ce qu'elle ait dix à douze pieds de large sur trois de profondeur; pour lors elle change de nom, et s'appelle *tranchée*, si elle sert de chemin pour aller à la place; mais on

(1) En posant quelques gabions à découvert dans le temps que le feu est lent.

la nomme *place d'armes*, si elle lui fait face, et qu'elle soit disposée pour y poser des troupes.

Prix de la sape.

Le prix plus raisonnable de la sape, doit être de 40 sols la toise courante au commencement, savoir tout le long du travail de la seconde place d'armes, et ce qui s'en trouve entre elle et la troisième.

2 liv. 10 s. pour la troisième place d'armes et le travail jusqu'au pied du glacis.

3 liv. pour celle qui se fait sur le plat du glacis.

3 liv. 10 s. pour celle qu'on fait sur le haut du chemin couvert.

5 liv. pour celle qui entre dans ledit chemin couvert.

10 liv. pour celle qu'on fait au passage des fossés secs.

20 liv. s'ils sont pleins d'eau.

Et quand elle sera double, comme cela arrive quelquefois, il faudra la payer double, selon les endroits où on la fera. A l'égard de celle qui se fera dans les brèches des bastions et demi-lunes, elle n'a point de prix réglé, parce qu'elle est exposée à tout ce que la place a de plus dangereux. C'est pourquoi selon le péril auquel ils seront exposés, il faudra donner ce qu'on jugera à propos.

Le toisé se doit faire par un seul ingénieur préposé pour cela à chacune des attaques. Le même fait le compte des brigades en présence des officiers et sergens, qui ont soin après de faire distribuer aux escouades ce qui leur revient; c'est pourquoi ils doivent contrôler tous les jours ce que chacune aura fait d'ouvrage, de concert avec l'ingénieur qui fera les toisés, sur le prix desquels je suis d'avis de retenir un dixième pour les officiers et sergens, afin de les rendre plus exacts à relever et faire servir les sapes.

Retenue sur le prix des toisés.

En observant cet ordre, comme tous seront intéressés à ce travail, il ne faut pas douter qu'il ne se pousse avec toute la diligence possible, car tout le monde veut gagner.

Au surplus l'ingénieur qui les toisera, le doit faire toutes les 24 heures, et toujours laisser des marques sensibles à la fin de chaque toisé, et tenir registre du tout, afin que quand on voudra le vérifier, on le puisse faire sans confusion.

Je considère le dixième retenu sur le travail des sapeurs comme l'argent le mieux employé de tout, si les officiers et sergens font bien leur devoir.

Si ces derniers sont doubles des officiers, la moitié du dixième doit rester pour eux; s'ils sont égaux, les officiers en doivent avoir les deux tiers, et les sergens l'autre. Les sapeurs ne laisseront pas de faire un gain considérable, car supposé la sape bien menée, et qu'il n'y ait pas de temps perdu, ils doivent faire 80 toises toutes les vingt-quatre heures (1).

Progrès de la sape en 24 heures, à la 2e parallèle, et entre la 2e parallèle et la 3e.

(1) Partie à la sape pleine, et partie à la sape volante, po-

Or 80 toises à 2 liv. la toise, font 160 liv., d'où ôtant le dixième, montant à 16 liv., restera pour les sapeurs 144 liv. qui, distribuées à 24 hommes, font 6 liv. pour chacun, qui est un gain raisonna-

---

sant de nuit, à découvert, quelques gabions; car, en cheminant à la sape pleine, continûment, les sapeurs ne peuvent faire que 40 toises en vingt-quatre heures, à raison de 10 pieds, quatre gabions, par heure. (*Manuel pratique du Sapeur pour les travaux de siége*, par le capitaine du génie Villeneuve, aide-de-camp de M. le lieutenant-général, vicomte Rogniat; Paris, 1828.) Vauban ne suppose pas en effet l'exécution de la sape pleine bien régulière, ni sa vitesse uniforme, comme le prouvent les passages suivans tirés du *Mémoire de* 1669, pour servir *d'Instruction dans la conduite des siéges.* « L'ingénieur pourra quelquefois prendre son temps, pendant l'obscurité de la nuit, pour faire poser les gabions qu'il croira pouvoir être remplis pendant le jour, et cela par deux ou trois hommes armés, pris de la demi-brigade de repos, sans que celle qui travaille discontinue son ouvrage. Cet expédient est praticable par toute la tranchée, mais plus utilement à celles qui cheminent en avant qu'aux places d'armes.

» Par les épreuves que j'en ai faites, une sape peut cheminer 96 toises en 24 heures, mais à cause des sorties, de l'embarras et du péril qu'il y aura à la tête, j'estime qu'elle n'en fera guère plus de 60. — Il est à remarquer que je ne parle ici que de la seule sape qui chemine en avant, et non de celles qui vont de côté. Car si on veut y comprendre celles qui s'étendront à droite et à gauche, comme les places d'armes, batteries et redoutes, le chemin en redoublera pour le moins de moitié, c'est-à-dire, qu'au lieu de 60 toises par chaque garde, on en pourra bien compter 120 et même jusqu'à 150,

ble; ils ne gagneront guère davantage dans le courant du siége, bien que le prix de la sape augmente à mesure qu'ils approchent de la place, parce que le péril augmente aussi, et qu'il est sûr que plus ils en approcheront, moins d'ouvrage ils feront.

On a accoutumé de leur payer quelque chose de plus que le prix de la toise courante pour chaque coupure qu'ils font dans la tranchée, par la raison qu'il y a là plus d'ouvrage qu'ailleurs; cela se peut réduire à doubler le prix de la première toise, et rien plus.

Empêcher les sapeurs de s'enivrer à la tête des sapes.

Au reste, il y a une chose à quoi ces officiers doivent bien prendre garde, c'est que souvent les sapeurs s'enivrent à la tête de leur sape; après quoi ils se font tuer comme des bêtes, sans prendre garde à ce qu'ils font; c'est de quoi il faut les empêcher, en ne leur permettant pas d'y porter du vin qu'il ne soit mêlé de beaucoup d'eau.

Comme rien n'est plus convenable à la sûreté, diligence et bonne façon des tranchées, que cette manière d'en conduire les têtes et de les ébaucher,

---

parce qu'il y aura des temps, où pour une sape qui marchera en avant, il y en aura des 2 ou 3 qui s'étendront par les côtés; or, 150 toises valent 450 pas communs, on ne trouvera point de siége tant soit peu défendu où l'on en ait fait 200, une nuit portant l'autre. J'ai vu des siéges où on cheminait presque toujours avec la même vitesse, et d'autres, où on n'avançait pas 50 pas par nuit, quand on était proche. »

rien n'est aussi plus nécessaire que d'en régler la conduite; car outre que la diligence s'y trouvera, il est certain qu'on préviendra beaucoup de friponneries qui s'y font par la précipitation confuse avec laquelle elles se conduisent, qui font qu'il y a toujours de l'embrouillement, et quelqu'un qui en profite.

PLACES D'ARMES.

Après avoir décrit la sape, sa conduite et le moyen de l'employer utilement, nous la laisserons pour un temps se diriger à droite et à gauche des capitales, et faire son chemin vers la place, pendant que nous expliquerons la façon, l'usage et les propriétés des places d'armes, que nous nommerons ci-après, *lignes* (1), *première, deuxième,* et *troisième*, pour éviter la confusion que la ressemblance de leur nom à celui de la place pourrait causer.

Distance de la première parallèle aux

Soit donc qu'on ouvre la tranchée de près ou de loin, *la première* s'établit à 300 toises ou en-

(1) L'usage a consacré le nom de *parallèles*, en place de celui de *lignes*, employé constamment par Vauban pour désigner les places d'armes. Nous ne trouvons le mot *parallèle* signifiant place d'armes que dans le chapitre, *avant-fossés*, et même là il n'est pas appliqué à une parallèle proprement dite, il l'est à un logement sur les bords d'un avant-fossé.

viron des dehors plus avancés de la place; *quand on peut l'établir plus près, il n'en est que mieux.* dehors les plus avancés.

Cette distance doit être observée dans toute la circulation qu'on lui fait faire, et considérée comme le plus grand éloignement où les sorties des ennemis puissent donner atteinte; c'est pourquoi on n'en propose l'établissement qu'à cette distance.

Comme on n'a point donné de règles certaines jusque ici pour la façon et situation des places d'armes, cela a fait qu'il y a toujours eu quelque confusion, et qu'elles n'ont pas toujours été fort bien situées.

Je pourrais même dire que depuis le siége de Mastrick, qui est la première fois que je m'en suis servi, elles n'ont été bien régulièrement observées qu'au siége d'Ath, encore y a-t-il eu quelque chose à dire.

Premier usage des parallèles. 1673.

1697.

La figure de la première doit être circulaire (1), un peu aplatie sur le milieu; elle doit aussi embrasser toutes les attaques par son étendue, qui sera fort grande, et déborder la deuxième ligne de 25 à 30 toises de chaque bout. Quant à ses autres mesures, on peut lui donner depuis 12 jusqu'à 15 pieds

Pl. 13.

Etendue, largeur et profondeur de la première parallèle.

(1) La première et la seconde parallèle, tracées au cordeau au moyen d'un petit nombre de points (*Voy.* les Planches), sont loin d'être circulaires, dans l'acception exacte de ce mot.

Pl. 6. Profil A.

de large sur 3 de profondeur; remarquant que dans les endroits où on ne pourrait pas creuser 3 pieds, à cause du roc ou des marais qui peuvent se rencontrer dans le terrain qu'elle doit occuper, il faudra l'élargir davantage, afin d'avoir les terres nécessaires à son parapet. Jusqu'à ce qu'elle soit achevée, on n'y doit pas faire entrer les bataillons, mais seulement des détachemens à mesure qu'elle se perfectionnera.

Propriétés de la première parallèle.

L'usage de cette ligne sera,

1° De protéger les tranchées qui se poussent en avant jusqu'à la deuxième;

2° De flanquer et dégager la tranchée;

3° De garder les premières batteries;

4° De contenir tous les bataillons de la garde sans en embarrasser la tranchée;

5° De leur faire toujours faire front à la place sur deux ou trois rangs de hauteur;

6° De communiquer les attaques de l'une à l'autre, jusqu'à ce que la seconde ligne soit établie;

7° Elle fait encore l'effet d'une excellente contrevallation contre la place, de qui elle resserre et contient la garnison.

Pl. 13.

Position de la deuxième parallèle.

La *deuxième ligne* doit être parallèle à la *première* et figurée de même, mais moins étendue de 25 à 30 toises de chaque bout, et plus avancée vers la place de 120, 140, ou 145 toises; ses largeurs et profondeurs doivent être égales à celles de la *première*. Il faut faire des banquettes à l'une et à l'autre (1), et border leur sommet de rouleaux de fascines piquetées pour leur tenir lieu de sacs à terre ou de paniers. Jusqu'à ce qu'elle soit achevée, on n'y fait entrer que des détachemens. Pendant qu'on y travaille, la tranchée continue toujours son chemin, jusqu'à ce qu'elle soit parvenue à la distance marquée pour la *troisième ligne :* de sorte que la *deuxième* n'est pas plutôt achevée, qu'on commence la *troisième*, et avant même qu'elle le soit totalement. Pour lors on y fait entrer les bataillons de la *première* ligne, et on ne laisse dans celle-ci que la réserve qui est environ le tiers de la garde ; pendant quoi le travail de la tranchée fait son chemin de l'une à l'autre jusqu'à la *troisième*.

Voir le profil A. Pl. 6.

Les propriétés de la *deuxième* ligne sont les mêmes que celles de la *première ;* il n'y a point d'autre différence, si ce n'est qu'elle approche la place de beaucoup plus près.

Tracé de la troisième parallèle. Pl. 13.

A 120, 140 ou 145 toises, un peu plus, ou un peu moins, au-delà de la *deuxième ligne*, on établit la *troisième ligne* plus courte et moins circu-

(1) Et un relais dans le bord extérieur pour asseoir les soldats, le tout aligné au cordeau; le parapet bordé par le haut, non de sacs à terre qu'il vaut mieux ménager, mais de grosses fascines redoublées, trois ou quatre ensemble, liées en deux endroits, bien serrées, et ensuite arrangées sur le haut où elles seront arrêtées par des piquets après que leur assiette aura été préparée dans les terres avec la pioche. (*Avis cité de* 1703.)

Pl. 6. Profil C.

Sa distance aux saillans du chemin couvert.

laire que les *deux premières ;* ce que l'on fait pour approcher le chemin couvert, le plus près que l'on peut, et éviter les enfilades qui sont là fort dangereuses.

De sorte que si la *première* est à 300 toises des angles plus avancés du chemin couvert, la *deuxième* n'en est plus qu'à 160, et la *troisième* à 15 ou 20 toises (1) seulement; ce qui suffit à l'aide des demi-places d'armes, dont nous parlerons tantôt, pour soutenir toutes les tranchées que l'on pousse en avant, quand les batteries ont tellement pris l'ascendant sur les ouvrages de la place, que le feu en est éteint ou si fort affaibli, qu'on le peut impunément mépriser.

Mais si la garnison est forte et entreprenante, et les ricochets empêchés, il faut s'approcher jusqu'à la portée de la grenade, c'est-à-dire à 13 ou 14 toises près des angles saillans.

Importance de bien perfectionner la troisième parallèle.

Comme les sorties sont bien plus dangereuses de près que de loin, il faut aussi plus perfectionner cette ligne que les deux autres, lui donner plus de largeur et la mettre en état de faire un grand feu, et qu'on puisse passer par dessus en poussant les sacs à terre, ou les rouleaux de fascines devant

(1) Sur les planches, les troisièmes parallèles sont toutes tracées à 25 toises, même 30 toises, des saillans des chemins couverts; mais en plusieurs endroits du texte, Vauban recommande d'établir la troisième parallèle à la portée de la grenade du chemin couvert, si l'on doit en faire l'attaque de vive force.

soi ; ce qui se fait en lui faisant un grand talus intérieur (1), avec une banquette au plus, dans le haut dudit talus.

C'est sur le revers de cette *dernière* qu'il faut faire amas d'outils, de sacs à terre, piquets, gabions et fascines, fort abondamment, pour fournir au logement du chemin couvert, et les ranger en tas séparés, près des débouchemens, avant que de rien entreprendre sur le chemin couvert.

Sur quoi il y a une chose bien sérieuse à remarquer ;

C'est que comme les places de guerre sont presque toutes irrégulières et différemment situées, il s'en trouve sur des hauteurs où le ricochet ayant peu de prise ne pourrait pas dominer avec assez d'avantage, soit parce que les angles des chemins couverts en sont trop élevés, ou qu'on ne trouve pas de situation propre à placer ces batteries ; *telle est, par exemple,* la tête du Terranova du château de Namur, celle du fort Saint-Pierre à Fribourg en Brisgaw, le fort Saint-André de Salins, la citadelle de Perpignan, celle de Bayonne, celle de Montmédy, quelques têtes de Philisbourg, et plusieurs autres de pareille nature.

Forts sur lesquels le ricochet a peu de prise.

Il y a encore celles où les situations qui pourraient convenir au ricochet, sont en marais ou cou-

(1) Les profils B et C, planche 6, représentent des gradins et non une rampe.

pées de rivières qui empêchent l'emplacement des batteries; et celles enfin où les glacis élevés par leur situation, sont si roides, qu'on ne peut plonger le chemin couvert par les logemens élevés en cavaliers, qu'on peut faire à mi-glacis. Où cela se rencontrera, il se pourra qu'on sera obligé d'attaquer le chemin couvert de vive force; en ce cas, il faudra approcher la *troisième ligne* à la portée de la grenade, comme il a été dit, sinon en faire une quatrième, afin de n'avoir pas de longues marches à faire pour joindre l'ennemi, et toujours la faire large et spacieuse, afin qu'on s'y puisse manier aisément, et qu'elle puisse contenir beaucoup de monde et une grande quantité de matériaux sur ses revers.

Des cas où l'on est obligé d'attaquer le chemin couvert de vive force.

Cas d'une quatrième parallèle.

Cette *ligne* achevée, on y fera entrer le gros de la garde, ou les gens commandés, et la réserve dans la *deuxième ligne*, la *première* demeurant vide et ne servant plus que de couvert au petit parc, à l'hôpital de la tranchée qu'on fait avancer jusque-là, et aux fascines de provision que la cavalerie décharge dans les commencemens le long de ses bords; et quand il s'agit d'un renfort extraordinaire de la garde ou de travailleurs (ce qui n'arrive que quand on veut attaquer le chemin couvert, ou quelqu'autre pièce considérable des dehors), on les y peut mettre en attendant qu'on les emploie.

Au surplus, si le travail de la première et de la seconde nuit de tranchée peut se poser à découvert, celui des deux premières places d'armes se pourra poser de même, parce qu'on est assez loin de la place, pour que le feu n'en soit pas encore fort dangereux; et ce n'est guère que depuis la *deuxième ligne* qu'on commence à marcher à la sape; mais pour ne point perdre de temps et pouvoir faire chemin de jour et de nuit, on peut employer la sape à la façon de la *deuxième*.

Pourquoi on emploie la sape à la façon de la seconde parallèle.

Outre les propriétés que la *troisième* a, communes avec les deux *premières*, elle a encore celle de *contenir* les gens commandés qui doivent attaquer, et tous les matériaux nécessaires sur ses revers.

C'est enfin là où l'on délibère et résout l'attaque du chemin couvert, où l'on fait les dispositions, où l'on range les troupes qui doivent attaquer, et d'où l'on part pour l'insulte dudit chemin couvert.

Cheminemens contre la demi-lune d'attaque.

Pl. 13.

Nota. Que c'est de la *deuxième ligne* qu'on doit ouvrir une tranchée contre la demi-lune *C*, qui se conduit comme les autres, c'est-à-dire à la sape, et le long de sa capitale prolongée *CE*, et quand les trois têtes de tranchée seront parvenues à la distance demandée pour l'établissement de la *troisième ligne*, on y pourra employer six sapes à même temps, savoir deux à chacune, qui prenant les unes à droite et les autres à gauche, se seront bientôt jointes; pendant quoi comme les parties plus voisines de la tranchée se perfectionnent les premières, on pourra y faire entrer les détachemens à mesure qu'elle s'avancera, lesquels on fortifiera plus ou moins, selon que les sorties seront plus ou moins à appréhender.

DEMI-PLACES D'ARMES.

Ne sont bien nécessaires qu'entre la deuxième et la troisième parallèle.

Quand la garnison est nombreuse et entreprenante, et que les intervalles des grandes lignes sont de 140 ou de 145 toises (comme il faudrait qu'ils fussent pour être bons), on pourra couper ces mêmes intervalles en deux parties à peu près égales par des crochets ou demi-lignes de 40 à 50 toises de long, figurées comme les marquées

Pl. 13.

R; elles serviront à placer les détachemens qui doivent escorter le travail; ceux-ci ne sont bien nécessaires qu'entre la *deuxième* et la *troisième ligne*, pour pouvoir soutenir de près les têtes avancées de la tranchée jusqu'à ce que cette dernière soit achevée : leurs largeurs et profondeurs doivent être comme celles des tranchées, et encore mieux, comme celles des *grandes lignes*.

PROPRIÉTÉS GÉNÉRALES DES TROIS PLACES D'ARMES.

Conclusion. Propriétés générales des parallèles.

Pour conclusion, ces trois grandes pièces relient et communiquent les attaques les unes aux autres par tous les endroits où il est besoin. *C'est* sur leur revers que se font tous les amas des matériaux. *Elles* dégagent les tranchées et les débarrassent des troupes, laissant le chemin libre aux allans et venans. *C'est chez elles* que se rangent les détachemens commandés pour les attaques, et que se règlent toutes les dispositions quand on veut entreprendre quelque chose de considérable, soit de vive force ou autrement. *Elles* ont enfin pour propriétés singulières et très-estimables, d'*empêcher* les sorties, ou de les rendre inutiles, et de vous mettre à portée de ne point manquer le chemin couvert.

DES SORTIES.

Maximes générales qui leur peuvent convenir.

Faire trois places d'armes.

I. La première et plus importante de toutes, est de bien faire et perfectionner les trois places d'armes, les mettre en état de servir de même que les autres logemens à feu que nous appelons demi-places d'armes.

II. De ne faire aucun ouvrage qui n'en soit flanqué à bonne portée.

III. De n'en point pousser en avant, que ceux qui les doivent soutenir, ne soient en état.

Se ménager une réserve.

IV. De bien disposer les troupes dans les places d'armes; tenir les ailes et le milieu toujours plus forts que les autres parties, et destiner le gros de la garde pour faire feu, et les grenadiers et gens détachés pour marcher aux ennemis, quand il sera temps, n'oubliant pas de se ménager une réserve qui sera forte du tiers ou du quart de la garde, et qui tiendra lieu de troisième ligne.

V. Instruire journellement la garde de cavalerie de ce qu'elle aura à faire en cas de sortie, et l'obliger d'envoyer au lieutenant-général de tranchée, quelqu'officier intelligent pour recevoir ses ordres.

VI. Renouveler tous les jours la disposition des gardes, à cause de l'avancement des tranchées, et les régler comme si on était assuré que l'ennemi dût faire sortie; en conséquence de quoi, bien instruire les postes de ce qu'ils auront à faire.

VII. Ne jamais s'opiniâtrer au soutien des ouvrages imparfaits, mais céder et faire retirer les gens armés et les travailleurs sur le revers des places d'armes prochaines, laissant agir le feu de la tranchée, qui fera beaucoup plus de mal à l'ennemi que la résistance qu'on pourrait lui faire en s'opiniâtrant à tenir tête dans des lieux désavantageux, qui ne seraient pas en état.

Ne pas tenir ferme dans les ouvrages imparfaits.

VIII. Par la même raison, ne se presser point d'aller au-devant de lui, mais l'attendre; le laisser engager et essuyer le feu des places d'armes, tant et si longuement qu'il trouvera à propos de s'y exposer; et quand il sera affaibli et bien engagé, le faire charger par les grenadiers et gens détachés; comptant que la garde de cavalerie qui aura eu le temps de venir, tombera sur lui de son côté, soit en le coupant ou le prenant par les flancs.

IX. Après avoir battu la sortie, ne la point poursuivre avec trop d'opiniâtreté, mais se contenter de la pousser et renfermer chez elle; après quoi se jeter promptement dans la tranchée, pour ne pas demeurer exposé au feu de la place, qui étant préparé, sera pour lors fort dangereux.

X. Tenir encore une fois pour maxime très-certaine, de ne se jamais trop presser, mais de laisser agir votre feu quand il est bien disposé, et

Maxime certaine.

ne revenir sur l'ennemi que quand on le verra en désordre et fort engagé; et pour conclusion, ne se pas faire une affaire de lui voir renverser une douzaine ou deux de gabions, et mettre le feu à quelque bout de travail imparfait; attendu que si votre feu est bien conduit, il le paiera très-chèrement.

On est à portée, par les places d'armes, de repousser les sorties, et, par les batteries à ricochet, de les empêcher de s'assembler dans les chemins couverts du front d'attaque.

Ces maximes suffiraient pour indiquer les dispositions nécessaires à se pouvoir opposer aux sorties avec beaucoup d'avantage, et même pour empêcher l'ennemi d'entreprendre rien de considérable; car il est certain que si on établit des places d'armes, comme il est proposé dans ces Mémoires, que la disposition des troupes y soit bien appropriée, l'ennemi ne pourra faire de sorties qu'il ne rencontre tête pour tête toute la garde de la tranchée; et que si d'autre côté les batteries à ricochets sont bien servies, il ne pourra s'assembler en nul endroit des chemins couverts opposés aux attaques. *Ainsi, peu ou point de sorties.*

Je pourrais donc en demeurer là, et finir ce chapitre; mais comme on pourrait ne le pas trouver assez détaillé, je m'étendrai davantage dans ce qui suit, au hasard de me rendre un peu ennuyeux.

CONTINUATION DU CHAPITRE CONTRE LES SORTIES.

Objets divers des sorties.

Les sorties ont toujours pour objet de faire du mal aux assiégeans, soit pour *battre la tranchée*, en tout ou en partie; ou *raser* quelque bout considérable et mal protégé de ses logemens; *retarder* le progrès des attaques; *attirer* l'assiégeant sous le feu de la place, pour lors très-bien préparé; *reprendre* quelque partie de chemin couvert nouvellement perdue, et où l'assiégeant ne sera pas bien établi; *le chasser* d'une brèche où il sera encore mal affermi, soit dans les demi-lunes, contre-gardes, ouvrages à corne, ou dans l'enclos de la place même; de *chicaner* le passage du fossé; et enfin *chasser ou tuer* le mineur dans son trou. Voilà en général les objets de toutes les sorties.

Nous les diviserons en extérieures et intérieures. Les extérieures sont toutes celles qui se font hors des chemins couverts. Les intérieures sont celles qui se font dans l'enclos des mêmes.

Des sorties extérieures.

On peut encore diviser les extérieures, en générales et particulières. Les générales ne s'entreprennent que quand une garnison est bien forte, ou que la place a reçu quelque renfort considérable, qui la met en état de braver les assiégeans, et de pouvoir faire impunément de grandes entreprises sur eux.

Sorties extérieures générales.

Ces sorties se peuvent réduire à celle *de battre la tranchée*, ou *d'enlever* quelque quartier des plus à portée; ce dernier ne se peut que quand l'assiégeant est trop faible par rapport à la garnison; pour lors c'est à lui à se sentir et à voir s'il est en état de continuer le siége; s'il ne l'est pas, il doit lever le piquet le plus promptement qu'il lui sera possible. S'il se trouve en état de le continuer, il est à présumer qu'il ne se laissera pas surprendre, qu'il sera précautionné d'une bonne contrevallation, que les quartiers les plus exposés à la place seront bien retranchés, qu'on y fera bonne garde de nuit et de jour, que pendant la nuit ils auront des batteurs d'estrade entr'eux et la place pour les avertir, que tous les jours ils renforceront leurs gardes; et enfin qu'ils se mettront en état de n'avoir rien à craindre de ce côté-là, et que de plus ils y auront toujours un piquet commandé, de cavalerie et d'infanterie, pour en tous événemens s'en pouvoir servir au besoin; moyennant ces précautions (1), il est moralement impossible qu'une sortie, quelque grande et bien concertée qu'elle puisse être, réussisse.

Précautions pour les empêcher de réussir.

Si la sortie se fait sur la tranchée, l'ennemi

(1) A ces précautions, Vauban ajoute, dans l'*Avis* plusieurs fois cité, celle d'établir des batteries, armées de pièces de petit calibre, sur les extrémités de la droite et de la gauche des attaques.

ouvrira toutes les barrières du chemin couvert opposé aux attaques, et même celles de la droite et de la gauche qui les débordent à même temps, afin de pouvoir sortir plusieurs corps à la fois. Tous ensemble attaqueront tout le front des tranchées. Si cela arrive à la première ou à la deuxième garde de tranchée, cette sortie pourrait échouer et s'exposer à souffrir une grande perte, parce qu'elle s'éloignerait trop de la place, et qu'elle essuierait long-temps le feu de la tranchée, avant que d'en pouvoir venir aux mains, sans que de sa part elle puisse lui rendre la pareille; et que de plus elle se mettrait en état d'être coupée par la cavalerie, tant de la garde que du piquet, et chargée à même temps par les grenadiers et gens détachés de la tranchée, soutenus des bataillons, ce qui serait très-capable de la battre et défaire entièrement; c'est pourquoi, quelque forte que puisse être une garnison, je ne crois pas qu'elle se commette jamais à de pareilles aventures, les deux ou trois premiers jours de tranchée, si fait bien quelque galopade de cavalerie de peu d'effet et incapable de rien déranger aux attaques.

Les deux ou trois premiers jours, les sorties se réduisent à quelques galopades de cavalerie.

Les quatre ou cinq premiers jours de la tranchée, on sera encore loin du chemin couvert; mais comme la deuxième place d'armes pourrait bien n'être pas achevée, il ne serait pas impossible que l'ennemi, dans le désir de profiter de cette imperfection, ne pût hasarder une sortie, s'il était bien fort. Il est à présumer que la première place d'armes sera pour lors achevée et occupée par la garde, et la deuxième commencée mais non tout-à-fait achevée; en ce cas, la disposition suivante pourra servir à repousser la sortie et rendre ses efforts inutiles.

Disposition pour repousser une sortie sur la deuxième parallèle.

1° Bien garnir les deux extrémités de la première place d'armes, et le milieu par les grenadiers et gens commandés, et le surplus de la même, bordé par les bataillons.

2° Si la deuxième place d'armes est bien avancée, quoique non achevée, y faire tenir deux ou trois bataillons avec des détachemens et des grenadiers à l'extrémité des ailes.

3° Une compagnie de grenadiers à la queue des travailleurs les plus avancés, et quelques détachemens pour les soutenir, avec des sentinelles à la tête du travail, bien averties de ce qu'elles auront à faire; et le surplus de la garde posté de manière qu'elle puisse border les places d'armes, et tous les logemens à feu qui seront en état.

Instructions à donner aux postes de la tranchée, à cet effet.

Cela bien disposé, et toutes les gardes faisant front à la place, il faudra encore bien avertir tous les postes des choses qu'ils auront à faire, dont la première est de ne se pas laisser surprendre.

La deuxième, de ne point *tenir* dans les parties imparfaites du travail, mais de céder, et faire retirer les travailleurs et gens armés de la tête, dans les revers marqués des places d'armes prochaines, et laisser agir le feu de la tranchée.

La troisième, de ne se pas presser d'aller aux ennemis, mais d'attendre qu'ils soient à quinze pas de la tranchée, avant que de faire sortir les grenadiers et gens commandés pour aller sur eux.

La quatrième, de faire faire tout le feu possible des logemens et places d'armes pendant tout le temps qu'ils seront en marche pour venir à nous : cela bien observé, donnera un grand avantage à l'assiégeant.

Pendant ce temps, la garde de cavalerie, qui doit être avertie dès en montant la tranchée, de ce qu'elle aura à faire en cas de sortie, aura vraisemblablement disposé devant elle deux ou trois petites troupes de trente ou quarante maîtres chacune, commandées par de bons lieutenans, qui, observant la marche des ennemis, attendront qu'ils soient bien engagés, et le signal qui leur sera fait de la tranchée avant que de partir; et quand ils se verront à quelques trente ou quarante pas près, pour lors ces petites troupes doivent partir et prendre aussitôt le galop, pour aller charger par les flancs ou en les coupant tout-à-fait, pendant que les grenadiers sortant des places d'armes les attaqueront par la tête. Le gros de la garde de cavalerie, divisé en plusieurs escadrons, doit suivre au trot pour soutenir ces détachemens, et faire son possible pour couper la sortie. Si elle est soutenue par la cavalerie de la place, comme il n'en faut pas douter, il ne faudra pas manquer de la faire charger par quelques-uns de nos escadrons, pendant que d'autres soutiendront les petites troupes, et se joindront avec elles pour achever de rompre le gros de la sortie, qu'il faudra poursuivre tant que l'on pourra se mêler avec elle, et s'en épauler contre les feux de la place; mais dès aussitôt que les ennemis seront recoignés dans leur chemin couvert, il faut que toute l'infanterie qui aura chargé, se rejette aussitôt dans la tranchée, et que la cavalerie s'éloigne promptement; car le feu de la place, qui sans doute sera bien préparé, deviendra fort dangereux.

Voilà de quelle manière on peut repousser les grandes sorties sans grande perte, les quatre ou cinq premiers jours de l'ouverture de la tranchée. Quand la première et la seconde place d'armes seront achevées de tous points, et garnies des troupes qui leur conviennent, les ennemis n'en entreprendront plus de semblables.

L'ennemi peut encore faire une grande sortie avant l'achèvement

Mais comme la troisième place d'armes se fait pour l'ordinaire fort près de la place, et qu'elle est assez éloignée de la deuxième, il se pourrait bien que l'ennemi entreprendrait encore dessus, avant qu'elle fût achevée. Cependant les première et deuxième places d'armes étant pour lors bien de la troisième place d'armes.

garnies, l'ennemi sera moins en état de réussir que ci-devant, car il sera beaucoup resserré; cependant jusqu'à ce que la troisième soit en état de recevoir du monde, il pourra bien être tenté d'entreprendre; c'est pourquoi quand la tranchée sera poussée jusqu'à l'endroit de sa situation, il faudra la diligenter avec application; la garnir et border de troupes à mesure que quelque partie s'achèvera, avant que de pousser la tranchée plus avant; et enfin la mettre en état de recevoir quelques bataillons.

Quoi fait, et cette place d'armes une fois remplie des troupes qui lui conviennent, il n'y aura plus d'autres sorties à craindre, que celles qui se feront à la dérobée, qui sont toujours petites, et ne s'entreprennent guère que de nuit; supposé cependant que l'ennemi en entreprît quelqu'une de considérable avant qu'elle fût achevée, il ne faudra pour les repousser, que tenir la conduite ci-devant proposée pour les quatre ou cinq premières gardes.

Objet des sorties entre la troisième parallèle et l chemin couvert.

Toutes les sorties à faire entre la troisième place d'armes et le chemin couvert, ne se font que pour tâcher de *surprendre* quelque bout de sape imparfait, *renverser* le travail, y mettre le feu, et *obliger* les postes avancés de la tranchée, à se découvrir.

Ces sorties se font ordinairement par dix, vingt, trente et quarante hommes, appuyés de beaucoup de feu préparé contre ceux de la tranchée qui se découvriront pour les charger, ce qui ne saurait manquer d'être fort sanglant, vu la proximité du chemin couvert.

C'est pourquoi il ne s'y faut pas exposer, mais bien apprêter le feu de la troisième place d'armes, et le laisser agir; après quoi quand il sera temps d'y faire marcher quelque compagnie de grenadiers, se servir des couverts de la tranchée tant qu'on pourra; et surtout ne se point presser d'aller au-devant de ces sorties, mais céder et leur donner lieu de s'engager pour les attirer sous notre feu; ensuite de quoi, et quand ils seront bien en désordre, les faire pousser par nos grenadiers sans poursuivre trop loin, mais se contenter de les recoigner chez eux, et puis se retirer dans nos couverts.

Comme ces sorties ne peuvent avoir pour objet que de surprendre quelque tête de tranchée imparfaite, obliger votre monde à s'exposer au feu apprêté pour cela; il faut, pour ne s'y point commettre, donner ordre aux sapes et à ceux qui les soutiendront, de se retirer promptement sur les revers de la place d'armes sitôt qu'on verra paraître les premières têtes de la sortie, laisser agir quelque temps le feu de la même, et revenir sur eux quand on les verra assez engagés, sans se faire une affaire de leur voir renverser une douzaine ou deux de gabions et y mettre le feu, pourvu qu'on leur fasse bien acheter. Une heure de réparation bien employée, fera qu'il n'y paraîtra plus.

Ceci est une répétition de ce qui a été déjà dit, je l'avoue; mais l'importance de la chose mérite bien qu'on la répète plusieurs fois, plutôt que de manquer à la bien éclaircir.

SORTIES INTÉRIEURES.

Des sorties intérieures, entre le corps de place et le chemin couvert.

Si après être logé sur le parapet du chemin couvert, les ennemis s'avisaient d'y revenir, avant que le logement fût bien établi, mon avis est de ne se point opiniâtrer à le soutenir, mais de retirer les travailleurs et gens armés à l'abri des cavaliers, et de leur laisser jeter leur feu, qui se réduira peut-être à faire jouer quelques fougasses, pendant quoi il faut faire servir les ricochets, et remonter sur les cavaliers pour leur faire feu; il est sûr qu'ils ne sortiront pas de leur chemin couvert pour défaire ce logement; c'est pourquoi ils n'y feront pas grand mal : leur laisser donc quelque temps jeter leur première fougue, après quoi les mêmes gens qui étaient à la garde du logement, ayant repris haleine, ou d'autres gens frais bien munis de grenades et de ce qui leur fera besoin, reviendront sur la sortie et achèveront de leur faire quitter le logement, qu'il faudra réparer et mettre en état de se pouvoir soutenir lui-même, le plus tôt qu'il sera possible.

Sorties sur le couronnement du chemin couvert.

Si après qu'on aura pris les premières traverses plus prochaines, l'ennemi fait mine d'y revenir : vraisemblablement il ne le fera que pour avoir le temps de faire jouer quelques fougasses, et attirer ce qu'il pourra de notre monde dessus ; c'est pourquoi sans avoir d'empressement de s'y mettre, il faudra céder d'abord, et quelques momens après le faire brusquement attaquer par une compagnie de grenadiers, qui le pousse et déloge de là, et à même temps en faire entrer trois ou quatre dans le chemin couvert pour chercher le trou de la mine, en tirer la saucisse, la rompre ou l'enterrer, si on ne peut l'arracher.

Que si pendant toute la bagarre que cette action causera, la fougasse joue, il faudra se loger dans le trou qu'elle fera, et s'y couvrir aussitôt ; après quoi s'étendre et achever de s'y établir.

Quand on se sera rendu maître des places d'armes des angles rentrans, si avant d'avoir mis les logemens en état, les ennemis s'avisaient d'y revenir par une sortie ; il faudrait procéder comme ci-devant, sans se presser ni se mettre en peine de les soutenir de vive force, parce que le feu de la place d'armes et celui des ricochets, des bombes, et l'effet des pierres nous en feront raison dans peu.

Après quoi, s'ils ne l'abandonnent pas d'eux-mêmes, la moindre charge qu'on leur fera les déterminera à s'en aller : ce qui doit être suivi d'une réparation et d'un achèvement parfait, qui nous mette hors de la portée de pareilles entreprises.

Si l'ennemi fait sortie dans le fossé, ce ne pourra être que dans ceux qui seront secs, pour tâcher d'en traverser le passage, y apporter du retardement, et nuire à l'attachement du mineur.

Précautions à prendre contre les sorties dans les fossés.

Les précautions à prendre contre ces sorties qui sont ordinairement faibles, sont de bien faire plonger les logemens du chemin couvert dans le fossé, le plus près que l'on pourra, même les batteries contre les flancs où il sera bon d'avoir quelques gargouches chargées à balles de mousquet, pour, en cas de besoin, en charger promptement quelques pièces.

Outre ce que dessus, dès en débouchant dans le fossé, il faudra débuter par établir des logemens adossés contre son bord extérieur, qui flanqueront le passage des deux côtés, lesquels soient assez étendus pour pouvoir y mettre à couvert vingt-cinq à trente grenadiers.

Après cela et quand on travaillera à l'épaulement, le charger de terre le plus qu'on pourra, afin qu'il soit moins facile à brûler, car si les ennemis l'attaquent, ce ne sera que dans cette vue; c'est pourquoi, supposé que l'eau fût près de la superficie du fond, il y faudrait faire des trous, et se pourvoir d'escoupes pour en jeter de temps en temps sur l'épaulement et le mouiller. Il sera bon aussi de percer dans ledit fossé par plusieurs descentes, et d'avoir dans le logement plus prochain quelque compagnie de grenadiers pour accourir au secours dudit épaulement.

Quant au mineur, si on fait brèche avec le canon, il ne sera pas question de sorties sur lui; et si après l'éboulis dudit canon, on juge qu'il soit nécessaire d'y en attacher un, l'épaulement qui sera pour lors achevé, et le logement fait pour le soutenir, l'un et l'autre munis du monde nécessaire, seront suffisans pour le protéger, sans se mettre en peine d'y faire autre chose.

Retours offensifs sur les brèches.

A l'égard du retour des ennemis sur des logemens en brèche, sur lesquels on ne serait que faiblement établi, c'est une chose assez commune aux gens qui veulent se défendre, quand on se presse trop.

Nous dirons de quelle manière on doit se procurer cet établissement, au chapitre de la *Prise de la demi-lune*, qui est un moyen sûr de prévenir les retours, et de faire du moins qu'ils ne soient pas dangereux : et attendu que ce qui se fait pour une demi-lune en cas pareil, se peut faire pour une contre-garde, ouvrage à corne, bastions et toutes autres pièces revêtues; nous finirons ici le chapitre *des Sorties* qui sont très-peu fréquentes depuis l'usage des places d'armes et des ricochets, du moins les grandes.

Les grandes sorties sont très-peu fréquentes aujourd'hui.

BATTERIES DE CANON.

Si on s'en rapporte à l'opinion commune de la plupart des gens, et notamment des officiers d'artillerie, il faut mettre du canon en batterie dès le premier jour de la tranchée; *manœuvre qui, dans le fond, n'est bonne qu'à faire du bruit,* et consommer des munitions très-inutilement; parce que du canon tiré de cinq ou six cents toises n'a point de force contre des parapets à preuve, et n'ajuste que par le plus grand hasard du monde. C'est pourquoi je ne puis être de ce sentiment, et jamais je ne conseillerais d'y en mettre, à moins que quelque bossillement extraordinaire des avenues ne nous approche à raisonnable portée.

Il faut de nécessité avancer jusqu'à la première ligne, même jusqu'à la deuxième, pour faire des batteries qui puissent faire l'effet qu'on se propose, qui doit être de démonter le canon ennemi, et le chasser de ses défenses.

Au premier cas, on peut travailler aux batteries le troisième jour pour tirer le cinquième.

Avantages des batteries, à la seconde parallèle.

Au second, on ne doit pas espérer d'en pouvoir tirer avant le sixième; ce qui n'empêche pas de prendre le parti du second par préférence au premier, parce que si l'on attend jusque-là, il ne tiendra qu'à vous de le bien placer, et on ne sera pas obligé de le changer de place, tant que le siége durera, qui est un grand bien et un ménage considérable en ce qu'on bat de plus près, et qu'on ne consomme point tant de munitions mal à propos.

Objet des premières batteries

L'objet de ces batteries doit être double, savoir de démonter le canon qui est devant vous, et d'éteindre le feu de l'ennemi en le chassant de ses défenses. Pour cet effet, il n'est pas nécessaire de placer vos batteries différemment, si elles se trouvent bien pour l'un, elles seront bien pour l'autre.

Pl. 13.

Soit donc le front de place attaqué *AB*, ayant pour dehors la demi-lune *C*, il faut chercher le long des places d'armes où les prolongemens des faces attaquées tant de la demi-lune que des bastions, viendront les couper et le marquer; rendre ces lignes sensibles par des piquets, comme *S*, et à même temps résoudre la situation des batteries qui doivent toujours se placer en avant, et hors la place d'armes, comme en *G*, *H*, *I*, *K*, *L*.

Quoi fait, ouvrir des sapes en conséquence pour y communiquer par un bout de tranchée qu'on fait exprès : après quoi on en distribue le terrain à l'artillerie qui fait incessamment ses préparatifs pour cet effet.

Quand la nuit commence à brunir, on achève de les disposer; sur quoi on doit observer :

Tracé des mêmes.

I. De faire front direct à ce qu'on veut battre.

II. De porter tellement les découvertes sur l'intérieur des pièces attaquées, que les deux tiers des canons puissent enfiler directement et par plongées les faces des pièces opposées aux attaques.

III. D'ouvrir les embrasures, de manière que des mêmes on puisse écharper en revers sur les chemins couverts, qui font face aux attaques.

IV. D'établir les plates-formes de ces batteries aussi haut que le niveau de la campagne, et plus, si l'on peut; mais parce qu'il est impossible de bien ajuster quand les plates-formes sont pliantes et mal faites, comme le sont d'ordinaire toutes celles de nos batteries; je *mettrai ici* le détail d'une, telle qu'il faudrait qu'elle fût pour être de la qualité requise.

Construction d'une batterie de canons.

Pl. 7.

Il serait à souhaiter que le lit du canon fût élevé de cinq ou six pieds au-dessus de la terre ferme pour être à raisonnable hauteur; mais cela nous ferait perdre plus de temps qu'il ne nous en pourrait rendre; et les Français ne sont pas gens à se donner tant de patience.

Il faut donc se réduire à l'usage ordinaire, qui est de les élever jusqu'au niveau de la campagne, et quelques pieds de plus s'il est possible, mais jamais moins.

Disposer l'espace sur le pied de 18 à 20 pieds du milieu d'une embrasure à l'autre, sur la largeur de 18 à 20 pieds de plate-forme.

Faire les parapets de trois toises d'épais, sur la hauteur de sept pieds et demi au moins. La matière de ces parapets, que l'artillerie appelle *épaulemens*, doit être de la même terre du lieu, prise en avant, battue à la demoiselle, foulée de lit en lit, et fascinée en boutisses et paremens proprement reliés et bien piquetés, ce qui doit faire liaison avec les lits posés en boutisses, afin que ledit parement se soutienne et ne surplombe pas; remarquant que celui des embrasures doit être aussi fait de même.

Embrasures. Les mêmes embrasures doivent avoir deux pieds et demi à trois pieds d'ouverture à la gorge au plus étroit, et huit à neuf au plus large, sur deux pieds et demi à trois pieds de genouillère.

Plates-formes. Les plates-formes doivent être composées de cinq à six gîtes par embrasure, de bois carré de cinq à six pouces sur dix-huit à vingt pieds de long, d'un heurtoir de six à sept pouces carrés, et de six à sept pieds de long; de dix-huit madriers d'un pied de large, deux pouces et demi d'épais, sur sept pieds et demi de long près du heurtoir, revenant à treize et demi sur le derrière des plates-formes.

Les gîtes de ces plates-formes doivent être posés sur la terre battue et bien également aplanie, assemblés par entailles avec leurs heurtoirs en égale distance, ouvrant également sur le derrière, comme il est figuré à leur plan particulier. (Pl. 7.) Ces gîtes proprement arrêtés par des piquets, et l'entre-deux rempli de menue terre battue et bien pressée, sur laquelle on pose après les madriers.

Toute la plate-forme d'une pièce, doit avoir dix-huit à vingt pieds de long, sur sept et demi de large au heurtoir, revenant à treize et demi sur le derrière, avec pente de quatre à six pouces du derrière au devant, et non plus; observant de la tenir toujours la plus élevée qu'il sera possible.

Il faut de plus, border l'intérieur de chaque embrasure d'un cordon de fascines, et les blinder avec de gros rouleaux bien liés, les armer de portières, et que chaque pièce soit munie d'un fronteau de mire, l'un et l'autre à preuve du mousquet.

Comme les représentés. Pl. 4.

Les batteries achevées, on y mène le canon et ce qu'il faut pour l'exploiter. Au surplus, pour bien faire une batterie, il y faut du moins employer deux jours et une nuit, ou deux nuits et un jour, et relayer souvent d'ouvriers : j'aimerais mieux plus que moins, et qu'elles fussent bien faites.

Temps nécessaire à la construction des batteries.

Tant qu'il s'agira de démonter le canon ennemi, on pourra battre à pleine charge, mais aussitôt qu'il sera démonté, il faut battre en ricochet; et pour cet effet, mettre les pièces sur la semelle, c'est-à-dire à toute volée, et charger avec des mesures remplies et raclées avec autant d'exactitude que les sauniers en apportent à mesurer le sel, versant la charge dans la lanterne, la conduire doucement au fond de la pièce, sur laquelle on coule la bourre, appuyant dessus du refouloir, sans battre; ladite pièce chargée de la sorte, poin-

On peut d'abord tirer de plein fouet pour démonter le canon de la place, mais ensuite il faut tirer à ricochet.

tée et abattue sur la semelle, comme il est dit ci-dessus, il n'y aura plus que le trop, ou le trop peu de charge qui puisse empêcher le coup d'aller où on veut; mais on a bientôt trouvé la véritable charge qu'il lui faut, quand chargeant toujours de même poudre et de mesure, on l'augmente et diminue jusqu'à ce qu'on voie le boulet entrer dans l'ouvrage, effleurant le sommet du parapet; ce qui se voit aisément, parce qu'on conduit le boulet de l'œil.

Quand on a une fois trouvé la vraie charge, il n'y a qu'à continuer : comme la pièce ne recule pas, tant que la même poudre dure, le boulet se porte toujours où il doit aller.

Observer aussi que quand on change de poudre, il faut prendre garde au ricochet et le régler de nouveau; et quand il est trop fort, c'est-à-dire quand il élève considérablement, il sera bon de l'abaisser et d'employer pour cet effet le coin de mire, et en augmenter la charge afin de le roidir un peu davantage; il en devient plus dangereux, mais il faut prendre garde à deux choses : l'*une*, de ne pas trop le roidir, parce qu'il pourrait passer sans plonger; et l'*autre*, qu'il rase toujours les paniers; et quand il en abat quelqu'un, il n'est que meilleur, car c'est la perfection du bien tirer que de raser le sommet du parapet le plus près qu'il est possible sans le toucher; un peu d'exercice et de bon sens l'ont bientôt réglé.

Attentions à avoir lorsqu'on roidit un peu le ricochet.

Il faut encore bien prendre garde à une chose, c'est que le ricochet ne doit pas faire bond sur le parapet des faces prolongées, mais sur le rempart qui est derrière; c'est pourquoi il faut toujours laisser quatre toises ou environ depuis le devant des pièces que l'on bat, jusqu'à l'endroit où l'on pointe.

Quand il y a lieu de changer d'objet, et de battre en revers sur le chemin couvert ou dans le fossé, ou sur l'arrière des bastions, il n'y a qu'à donner un peu de flasque à la pièce, la repointer et toujours l'abattre sur la semelle, et remonter ensuite le ricochet, jusqu'à ce qu'on soit ajusté; après quoi il n'est plus nécessaire d'y toucher. Quand les pièces sont dirigées sur ce que l'on veut battre, comme elles ne reculent point, on peut le faire pour la nuit et le jour, et quand même il faudrait les contenir par des tringles clouées sur les plates-formes pour s'en mieux assurer, cela n'en serait que mieux.

Nombre des pièces aux batteries à ricochet.

Le nombre des pièces aux batteries à ricochet doit être depuis 5 jusqu'à 8 ou 10; en mettre moins, il serait trop lent et laisserait des temps à l'ennemi, dont il pourrait se prévaloir pour se traverser et travailler à ses retranchemens.

On ne doit jamais tirer en salve.

Par cette raison, on ne doit jamais permettre de tirer *en salve*, mais toujours *coup après autre* par intervalles égaux.

On ne doit non plus jamais tirer en ricochet

qu'on ne charge de mesure, c'est de quoi il faut être abondamment fourni.

Mesures pour charger les pièces qui tirent à ricochet.

Les mesures nécessaires doivent être de fer-blanc comme celles dont on mesure le sel; *savoir* d'une once, de deux, de trois, de quatre, de huit onces qui font la demi-livre, et enfin de seize onces qui font la livre.

Pl. 4.

J'estime que telle quantité pour chaque pièce peut suffire, et que même on se pourrait passer à moins; car s'il s'agit de charger d'une once, vous en aurez la mesure; si de deux, vous l'avez aussi; si de trois, de même; si de quatre, vous l'avez encore; si de cinq, ajoutez un à quatre; si de six, ajoutez deux à quatre; si de sept, ajoutez trois à quatre; la huitième fait la demi-livre, qui répétée deux fois fait la livre; trois fois fait la livre et demie; quatre fois, fait deux livres.

Il vaut mieux néanmoins avoir quelques mesures de plus, pour ne point tâtonner, et les faire toutes numéroter avec bien de l'exactitude et de l'application. On est bientôt accoutumé au ricochet, qui est la meilleure et la plus excellente manière d'employer utilement le canon dans les siéges, qui se soit jamais mise en usage.

Propriétés des batteries à ricochet.

Les propriétés de ces batteries dans les commencemens, sont :

1° De démonter promptement les barbettes, et toutes les autres pièces montées le long des faces des bastions et demi-lunes, qui peuvent incommoder la tranchée, en battant à pleine charge.

2° De chasser l'ennemi des défenses de la place opposées aux attaques, en battant en ricochet.

3° De plonger les fossés, y couper les communications de la place aux demi-lunes, notamment s'ils sont pleins d'eau.

4° De chasser l'ennemi des chemins couverts, et de tellement l'y tourmenter par la rupture des palissades, en les plongeant d'un bout à l'autre, qu'il soit obligé de les abandonner.

5° De prendre le derrière des flancs et courtines qui peuvent s'opposer aux passages des fossés et les rendre inutiles.

6° D'être d'une grande économie, en ce qu'elles peuvent servir tant que le siége dure sans être obligé de les changer de batterie.

7° De consommer sept ou huit fois moins de poudre que les autres batteries, et de jamais ne tirer inutilement.

8° De tirer plus juste et plus promptement, et bien plus efficacement que toutes les autres manières de battre (1).

---

(1) Le tir à ricochet a été employé pour la première fois au siége de Philisbourg, en 1688. *Voy.* les lettres de Vauban à Louvois. (*Recueil de lettres* pour servir d'éclaircissement à l'Histoire militaire du règne de Louis XIV; tom. 5, pag. 136 et 150.) C'est par erreur qu'un auteur moderne a avancé qu'il se trouvait indiqué dans un ouvrage italien publié en 1672.

Après les batteries à ricochet, je n'en vois pas de nécessaires que celles du chemin couvert; car pour ce qui est de rompre les défenses, outre qu'elles sont de longue discussion, c'est une erreur, on ne le fait jamais; du moins je n'ai jamais vu de parapet à preuve assez rasé pour ne s'en pouvoir plus servir; et d'ailleurs cela est inutile quand le ricochet est bien placé et qu'il fait son devoir.

Le canon ne rase pas un parapet de terre rassise.

Au surplus, je sais bien que la réputation du ricochet est faiblement établie, parce qu'on n'en connaît pas le mérite, et que son nom qui sent un peu la polissonnerie peut lui faire tort; mais je n'en ai point trouvé de plus propre, ni qui puisse s'exprimer d'un seul mot : si quelqu'un en peut trouver un meilleur et qui l'exprime mieux, je suis prêt à m'y rendre.

Sur le nom du ricochet.

Toutes les autres batteries nécessaires, doivent s'établir sur le haut du parapet du chemin couvert qu'elles doivent border; elles sont toutes de même espèce, mais elles ont différens usages.

Batteries de brèche contre la demi-lune.

Les premières en ordre doivent être les deux *d, d*, de quatre pièces chacune, destinées à l'ouverture de la demi-lune *C*; on les place de part et d'autre de son angle, à peu près dans les endroits figurés *d, d*; et quand la demi-lune est prise, on peut les changer de place en les mettant un peu à droite et à gauche pour enfiler son fossé, afin de pouvoir battre en brèche les épaules des bastions, comme les figurées *e, e*.

Pl. 15.

Après que les brèches sont faites, soit à la demi-lune ou aux bastions, et bien éboulées, on tient ces batteries dans leur premier état, toujours prêtes à battre le haut, jusqu'à ce qu'on en soit le maître; on biaise même les embrasures pour agrandir les brèches davantage; observant que pour faire brèche avec le canon, il faut toujours battre en sape, et le plus bas qu'on peut, mais jamais le haut; parce que cela attire des ruines au pied, qui rompent l'effet du canon; mettre tous les coups ensemble et tirer en salve. Manière de battre en brèche.

Pour bien faire, il ne faut pas que la sape ait plus de 6 à 7 pieds de haut; on ne doit jamais quitter le trou que l'on bat, qu'on ne l'ait enfoncé de 8 ou 10 pieds au moins; après quoi, on leur fait faire le chemin ci-dessus, qui est une affaire de vingt-quatre heures au plus. On peut donc dire que les batteries des demi-lunes ont trois usages : *le premier, est celui*

D'ouvrir la pièce attaquée.

Le second,

De battre le haut de la brèche.

Et *le troisième,*

D'ouvrir le corps de la place près des orillons. Pl. 15.

Les deuxièmes batteries en ordre, sont celles marquées *h, h* (1), qui s'établissent sur le haut du

(1) Parmi les batteries cotées *h*, on remarquera celles de trois pièces, qui tombent dans les angles des places d'armes

Batteries de brèche contre les bastions.

chemin couvert devant les faces des bastions *A* et *B*, qu'on veut ouvrir. Celles-ci sont composées de 6, 7 à 8 pièces chacune; leur usage est de battre en sape le pied des bastions sur toute l'étendue des faces, pour y faire brèche; et quand elles sont faites et autant abattues qu'on le désire, on en conserve une partie pour battre dans le haut, et on en recule trois ou quatre sur le derrière de la plate-forme, desquelles on bouche les embrasures avec une barrique remplie de sacs à terre, et d'autres qu'on range à côté; elles servent pour lors à chasser l'ennemi du haut des brèches, et achever d'abattre les défenses pendant que les ricochets continuent à plonger et enfiler les dedans et l'empêcher de s'y présenter.

Contre-batteries. Pl. 15.

La troisième espèce de batteries du chemin couvert, sont les marquées *i*, *i*, qu'on oppose aux flancs. Celles-ci sont pour l'ordinaire, de 5, 6, 7 à 8 pièces, selon l'espace que vous pouvez avoir; leur usage est de démonter le canon des flancs opposés, ce qui n'est pas bien aisé et ne se fait qu'en rompant le flanc, même en abattant toutes ses défenses; ce qui va quelquefois à une longue contestation quand elles ne sont pas aidées par les échappées des ricochets et par les bombes, même

---

saillantes; la construction doit en être longue et difficile. Sont-ce les batteries de pierriers dont Vauban parle aux pages 123 et 137, mais alors les embrasures y seraient de trop.

par les pierres, l'un et l'autre y pouvant être très-utilement employés quand elles sont bien placées.

La situation de ces batteries se reconnaîtra par les figurées i de la pl. 14e.

Batteries sur les places d'armes des angles rentrans.

On peut encore placer des batteries de canon sur les places d'armes des angles rentrans, comme il est figuré au même plan en *c, c,* dont l'usage est de faire brèche à la courtine, et de tourmenter les tenailles. Celles-ci sont rares et ne doivent pas trop bien réussir (1); c'est pourquoi j'aimerais mieux y mettre des pierriers.

Ricochets contre les flancs Pl. 15.

Outre ces batteries, qui toutes se placent sur le haut du chemin couvert, on peut encore ajuster des ricochets sur les flancs, en les plaçant, comme les figurés *k, k;* moyennant quoi, il y en aura peu où le canon de l'ennemi puisse tenir long-temps.

Voilà à peu près toutes les batteries pratica-

---

(1) Cormontaingne ne partage pas cette opinion, mais il établit les batteries *c*, sur la crête des places d'armes rentrantes, pl. 7, fig. 17, et pl. 11, fig. 26, du *Mémorial pour la fortification permanente;* et il les regarde comme très-utiles dans cette position, pour ouvrir des brèches dans les courtines par les trouées entre les flancs et les profils des tenailles; ce que confirme l'expérience des siéges. Vauban se sert pour le même objet des batteries *k*, situées dans les places d'armes rentrantes, et sur l'effet desquelles il compte en outre particulièrement pour tourmenter les tenailles. Voy. *Passage du grand fossé.*

bles (1), à moins qu'on n'ait recours à des revers éloignés et séparés des attaques par des rivières et des eaux non guéables ; ce qui arrive assez souvent aux places qui sont fort irrégulières et situées sur des rivières.

BATTERIES A BOMBES.

Situation la plus convenable des batteries à bombes.

Les batteries à bombes doivent être situées à droite et à gauche de la tranchée, assez éloignées d'elle pour que les allans et venans n'en soient point incommodés.

A l'égard de leur distance à la place, il faut les placer entre la première et la seconde place d'armes, ou attenant et joignant les batteries à ricochet, afin qu'elles puissent aussi battre d'enfilade. Leur situation plus convenable est conséquemment les endroits marqués *O*.

Pl. 13.

Leur parapet doit être de la qualité de celui des canons, hors qu'on y fait peu d'embrasures. Comme il importe peu que leurs plates-formes soient élevées ou non, on peut les enfoncer de 2 ou 3 pieds pour plus grande commodité, et pour avoir plus tôt fait, et les éloigner de 9 ou 10 de l'épaulement.

Construction d'une plate-forme.

Pour ce faire, il est nécessaire de préparer un espace de 10 à 12 pieds carrés pour chaque mortier, qu'il faudra aplanir et bien battre à la de-

(1) *Voy.* page 123 où Vauban propose encore d'autres batteries de canons.

moiselle, avec pente de 4 pouces du derrière au devant; sur lequel on posera des poutrelles de bois carré, tant plein que vide, de 8 à 9 pouces de gros, sur 9 à 10 pieds de long, qu'on arrêtera ferme sur le terrain par des piquets; et après avoir égalé leur distance et leur pente, on remplit les environs et les entre-deux de la plate-forme de menue terre battue et égalée au rez des poutrelles, qui seront incessamment couvertes de madriers bien joints sur les poutrelles, et l'un contre l'autre, de 3 pouces d'épais, sans être cloués ni chevillés sur les poutrelles, mais seulement arrêtés par les piquets tout autour; de manière que quand il s'agira de les défaire, on le puisse sans les gâter. Pl. 8. Cela fait, environner la plate-forme d'une tringle tout autour, pour arrêter le recul du mortier; et bien déblayer et aplanir les environs, afin que leur service soit libre et dégagé; remarquant que la distance d'un mortier à l'autre doit être de 15 à 16 pieds. Il faudra à même temps prolonger un bout de l'épaulement, et faire un trou ou deux bien couverts, à quelque distance séparée de la batterie, pour mettre en sûreté les poudres et les bombes chargées.

Tout cela préparé de la sorte, il n'y aura plus qu'à mettre les mortiers sur les plates-formes. Si on les place bien la première fois, il ne sera plus nécessaire de les changer; c'est pourquoi il faudra les approcher dès le commencement, du moins

Pl. 13. autant que les batteries à ricochet, figurées *G*, *H*, *I*, *K*, *L*.

A quoi doivent tirer les batteries à bombes.

Cela fait, et les mortiers montés sur les plates-formes, il faudra simplement tirer aux défenses et batteries de la place, et dans le centre des bastions et demi-lunes où on peut faire des retranchemens, et non aux maisons, parce que ce sont autant de coups perdus qui ne contribuent en rien à la prise de la place, bien éloigné de cela, et le dommage qu'on y fait tourne toujours à perte pour le Roi : c'est pourquoi il est nécessaire de bien apprendre aux bombardiers ce qu'ils doivent battre, et leur défendre très-expressément de tirer aux bâtimens.

MORTIERS A PIERRES.

Comme les marqués *c*, pl. 15. (V.)

Les pierriers se doivent mettre bien plus près que les batteries à bombes. Leur situation, quant à la distance, se partagera en deux, dont la *première* sera entre la troisième place d'armes et le pied du glacis, parce qu'ils ne portent pas loin; et la *deuxième*, sur les angles saillans et rentrans du chemin couvert, tant de la demi-lune que des bastions. Il ne faut à ceux-ci qu'un épaulement comme aux batteries à bombes, et une plate-forme toute simple, parce qu'il ne s'agit pas de soutenir l'effort d'une grosse charge, comme aux mortiers.

Le vrai lieu de bien placer celles-ci, serait dans le chemin couvert sur les angles flanquans et rentrans; mais elles y seraient trop difficiles à servir.

Vraie position des batteries de pierriers.

Au surplus, les mortiers à bombes en question sont de 12 ou 13 pouces de diamètre. Si on en pouvait avoir une demi-douzaine de l'espèce appelée *Comminge*, qui ont 16 ou 18 pouces, et mille bombes par mortier, elles seraient très-utiles pour faciliter l'éboulement des brèches, et défigurer les retranchemens. Ceux de 8 pouces sont de peu de service; les pierriers sont beaucoup plus déchargés de métal que les autres, et doivent être de 18 pouces de diamètre.

Pl. 13. On ferait bien de battre les faces des demi-lunes collatérales.

On ferait fort bien de battre en ricochet les faces des demi-lunes collatérales *M* et *N* (1), qui ont vue sur la droite et la gauche des attaques, parce qu'elles ne laissent pas d'incommoder beaucoup de leur mousqueterie et du canon.

Je me suis beaucoup arrêté au détail des sapes, des places d'armes et des batteries à ricochet, parce que ce sont des nouveautés dont les propriétés ne sont pas encore bien développées, non plus que la manière de bien placer les mortiers à bombes et les pierriers.

---

(1) Vauban propose de ne battre que les faces des demi-lunes collatérales qui ont vue sur la droite et la gauche des attaques. Cormontaingne bat les deux faces de chacune des demi-lunes collatérales.

Opinion de Vauban sur les obusiers et les mortiers à main.

Les Hollandais emploient depuis peu quantité de petits canons courts qu'ils appellent *obus*, et de petits mortiers à grenades portatifs par deux hommes, avec quoi ils en tirent une fort grande quantité; mais je ne fais grand cas ni des uns ni des autres; cela demande trop de service et de dépense, et ils ne sont pas d'un grand effet; il vaut mieux s'en tenir aux gros canons, à nos bombes et aux pierriers.

Utilité des petits calibres à la tranchée.

Ce n'est pas que je désapprouve le canon de 4, de 8 et de 12 livres de balles à la tranchée, j'en suis fort éloigné, mais en augmentation des batteries à ricochet seulement.

Voilà ce qui m'a paru devoir être particulièrement expliqué.

Reprenons présentement la conduite de nos tranchées.

Pl. 13.

Si elles ont fait leur chemin à même temps que les places d'armes, elles seront arrivées au pied du glacis aussitôt que la troisième ligne; *jusque-là la conduite en doit être uniforme.* On a dû seulement observer :

1° De ne jamais s'éloigner des capitales prolongées qui leur servent de guides.

Raccourcir les zigzags à mesure qu'on s'approche de la place.

2° De raccourcir leurs retours à mesure qu'on s'approche de la place, comme il est figuré au plan, pl. 13.

3° De ne les jamais enfiler sans une nécessité absolue; et où on sera contraint de le faire, de couvrir les enfilades par de bonnes traverses, avant que l'ennemi en puisse profiter.

DES TRAVERSES.

Les traverses sont bouts de tranchée séparés, qui servent à couvrir les revers et enfilades selon les endroits où on les applique. Comme elles sont de différentes figures, nous les expliquerons par les qualités qui conviennent le plus à l'usage qu'on en fait; *savoir:*

Les tranchées doubles *A*. Les traverses à crochet *B*. Les directes *C*. Et les tournantes *D* (1). Pl. 9.

Les tranchées doubles sont celles dont l'un des côtés sert de traverse à l'autre, pour se couvrir mutuellement contre les revers et enfilades qui viennent des deux côtés.

Traverses à crochet.

Les *traverses à crochet* se font sur tous les retours de la tranchée, sur les extrémités des lignes et places d'armes, et sur celles des cavaliers.

Traverses directes.

Les *directes* servent à boucher les enfilades à quoi on est quelquefois contraint.

Et les *tournantes* sont principalement em-

---

(1) On donne aujourd'hui le nom de traverses *en crémaillères* aux traverses *A*, laissées alternativement à droite et à gauche de la sape, et celui de traverses *en tambour*, à celles cotées *C*, laissées au milieu de la sape. Celles cotées *D* sont des traverses *tournantes avec recouvremens*.

Traverses tournantes.

ployées, tant dans les logemens du chemin couvert dont on n'est pas encore bien le maître, que dans les grandes pièces, comme bastions, demi-lunes et ouvrages à corne. On les emploie aussi quand, après en avoir pris quelqu'un, on prolonge la tranchée vers leur centre, pour achever d'en occuper le dedans et y faire quelque établissement.

Les figures de tous ces ouvrages sont représentées dans la 9e feuille.

AVANT-FOSSÉS.

Passage des avant-fossés. Pl. 28.

Où il se trouvera des avant-fossés pleins d'eau, il faudra les combler un peu en biaisant, s'enfilant de l'arête du glacis, et du surplus s'épauler comme aux passages des fossés des demi-lunes.

Emploi du mot parallèle par Vauban. Voy. p. 82.

Ceux-ci sont beaucoup plus aisés; mais il est à remarquer qu'il ne faut pas entreprendre ces passages que le bord ne soit fortifié par une grande et forte parallèle : ou plutôt que la troisième ligne ou place d'armes ne soit bien établie, et en état de soutenir par son feu le passage, et tout ce qui se fera au-delà de l'avant-fossé; et quand on l'aura passé, il faudra s'étendre un peu le long du bord de ce glacis, à droite et à gauche, afin d'y loger quelques détachemens pour soutenir les travailleurs de près, qui, après cet établissement, gagneront le milieu de l'arête, environ à moitié chemin de la palissade, pour de là s'étendre à droite et à gauche, et gagner l'enfilade du chemin couvert par un des côtés de son angle, pendant que le ricochet l'enfilera par plongées de l'autre, établissant aussi les cavaliers dans leur temps aux fins proposées pour l'attaque des chemins couverts des pays secs.

Pl. 14. Demi-lune C.

Quand le glacis est plat et fort large, on y fait quelquefois passer la troisième ligne tout entière, auquel cas la prise du chemin couvert en est plus facile ; mais il se trouve rarement assez large, et quand cela est ainsi, on doit faire plusieurs passages de fossé, car il faut toujours être en état de pouvoir partir en grosses troupes.

Cas où la troisième parallèle est tracée sur le glacis.

PRISE DU CHEMIN COUVERT.

Or, supposant la tranchée arrivée à moitié du glacis, on sera en état de choisir de deux partis l'un ; savoir, d'attaquer le chemin couvert de vive force, ou par industrie. Si par industrie, ce ne pourra être que par l'effet des batteries à ricochet, secourues de la proximité des places d'armes et des cavaliers qu'on aura faits pour imposer audit chemin couvert : parce que les unes mettent les palissades en désordre et chassent l'ennemi de ses défenses, et les autres imposant par leur supériorité, la place ne sera plus tenable, attendu même la proximité de cette troisième ligne, ou place

Cas où l'on doit attaquer le chemin couvert par industrie.

d'armes, qui pouvant contenir et contenant en effet de fort gros détachemens, joints à toute la garde de la tranchée, pourront mettre les assiégeans en état de tomber tout d'un coup sur le chemin couvert par un gros corps, et d'envelopper et tailler en pièces tout ce qui se trouvera dedans dans un tour de main; *chose à quoi l'ennemi doit s'attendre*, sans qu'il y ait apparence d'éviter ce coup.

Ce qui bien considéré, la raison veut que les assiégés ne se commettent pas à recevoir un échec qui paraît effroyable, sans fruit et sans aucune apparence de le pouvoir éviter que par l'abandon du chemin couvert; c'est pourquoi ils n'attendront pas la répétition de cette funeste expérience qu'ils ont tant de fois éprouvée à leurs dépens.

Les apparences presque certaines sont donc qu'ils ne s'y hasarderont pas, et qu'ils n'y laisseront que de petits détachemens; auquel cas, les ricochets et les petits cavaliers Q, que nous supposons faits à mi-glacis, prendront infailliblement le chemin couvert, sans coup férir de notre part.

Pl. 13. Pl. 10.

Cas d'une attaque générale du chemin couvert.

Mais si ce chemin couvert n'est point battu des ricochets, qu'on ne soit pas en état de le dominer par les petits cavaliers, qu'il soit bien traversé et la garnison forte, on sera peut-être obligé d'en venir aux mains, et de les forcer par une attaque générale.

Premier moyen.

En ce cas, après avoir bien achevé et muni abondamment la troisième ligne d'outils, sacs à terre, gabions et fascines, on fait commander huit ou dix compagnies de grenadiers d'extraordinaire, plus ou moins, selon que la garnison sera forte ou faible, que l'on joint à ceux de la tranchée avec d'autres détachemens de fusiliers disposés tout le long de la troisième ligne ou place d'armes, sur trois ou quatre rangs de hauteur rangés contre le parapet, les travailleurs commandés derrière eux, sur et joignant le revers de ladite place d'armes, fournis de gabions, fascines, sacs à terre, etc., et chacun de deux outils.

Pl. 6. Profil *C*.

Couronnement du chemin couvert à la sape volante.

Quelque temps avant cela, on doit avoir averti les batteries de canons, bombes et pierriers de se tenir prêtes, et de ce qu'elles ont à faire, comme aussi du temps qu'on attaquera, afin qu'elles se mettent en état de même que les autres postes de la tranchée qui doivent concourir à l'action; et quand tout est prêt et l'heure venue, on donne le signal, ce qui se fait par une certaine quantité de coups de canon ou de bombes, desquelles les trois ou quatre dernières traînent un peu, afin de donner le temps aux troupes de se développer; et quand le dernier coup a fini le signal, tous les gens commandés passent brusquement par dessus le parapet de la place d'armes, marchent à grands pas au chemin couvert, qu'ils enveloppent de tous côtés, et entrant dedans par les ouvertures, chargent tout ce qu'ils rencontrent et chassent l'ennemi hors dudit chemin couvert, pendant que les ingénieurs établissent promptement les travailleurs sur le haut de son parapet, qui ne sont pas plutôt arrangés qu'on leur fait incessamment servir des sacs à terre et des fascines par d'autres.

On rappelle presque à même temps les troupes qui ont chargé, lesquelles se viennent rallier derrière les travailleurs, où elles restent, genou en terre, jusqu'à ce que le logement soit en état de les couvrir.

Pendant cette action qui est toujours très-violente, toutes les batteries de canons et de mortiers tirent incessamment aux défenses de la place, aussi bien que les places d'armes de la tranchée qui ont des vues sur les mêmes défenses.

La place de son côté se défend et fait du pis qu'elle peut; et comme la plus grande partie, ou pour mieux dire, tout ce spectacle se fait à découvert de la part des assiégeans, et dure quelquefois deux ou trois heures; il y a toujours beaucoup de sang répandu de la part de ceux qui attaquent, et de ceux qui défendent; mais pour l'ordinaire, beaucoup plus des premiers que des derniers.

Cette attaque coûte toujours beaucoup de monde à l'assiégeant.

C'est pourquoi toutes les fois qu'on peut se rendre maître du chemin couvert par industrie, sans être obligé d'en venir aux mains, c'est, sans contredit, le meilleur moyen qu'on y puisse employer.

Supposons présentement que les ricochets soient bien disposés, et que leur effet, joint à celui des *cavaliers* et de la place d'armes, puissent nous donner assez d'ascendant sur le chemin couvert pour imposer à un ou à plusieurs de ses angles par les enfilades ou plongées des cavaliers : pour lors, quand la tranchée sera parvenue au pied du glacis, il n'y aura plus guère de retours à faire, encore ne pourra-t-on pas s'empêcher de les enfiler; mais il faut tâcher que ce ne soit que du chemin couvert, et briser souvent : moyennant quoi on couvre aisément les enfilades, dont les coups partant d'un lieu près et peu élevé, ne font que raser l'horizon et ne plongent guère.

Deuxième moyen. Détails sur l'attaque par industrie.

Cas où les zigzags sont enfilés du chemin couvert.

Après le deuxième ou troisième retour au plus, le mieux sera de s'enfiler le long de l'arête du glacis par une sape double, qui se couvre des deux côtés à l'ordinaire, et sa tête par des mantelets roulans ou des gabions pleins de fascines et de sacs à terre, que les sapeurs poussent et arrangent devant eux, selon leur besoin : moyennant quoi, cette tranchée s'achève sans beaucoup de péril, pourvu qu'on suive directement l'arête; car les ouvertures de la palissade qui sont à la pointe, et joignant le parapet, font un biais qui ne présente point à l'arête, mais vis-à-vis des faces seulement. Il n'y a tout au plus que la place d'un fusilier ou deux, qui puissent voir la tête des tranchées, à qui il est facile d'imposer par le feu de

Mention des gabions farcis. Voy. p. 34.

Suivre l'arête du glacis. Voy. p. 135.

la troisième ligne, qui doit être pour lors en état, et par les ricochets.

Portée des grenades à main.

Quand on sera assez avancé pour juger qu'on n'est plus qu'à 13 ou 14 toises du chemin couvert, ce qui se connaît par le jet des grenades à main dont la portée ne va pas plus loin; il faudra s'arrêter là, et s'étendre à droite et à gauche, parallèlement au chemin couvert, ayant soin de se bien couvrir contre les enfilades des angles saillans de la droite et de la gauche, et quand on sera parvenu jusqu'à doubler ledit chemin couvert de 7 ou 8 toises de chaque côté, il faut se barrer contre les enfilades par de grosses traverses assez étendues pour couvrir entièrement le derrière des cavaliers.

Position des cavaliers de tranchée.

Il est à remarquer que la distance de 14 toises met l'intérieur de ces cavaliers à couvert de l'effet des grenades, et hors de la situation des mines; car si l'ennemi ne veut pas chambrer trop près de sa palissade de peur de la faire sauter et de s'ouvrir, il ne voudra pas non plus les faire si éloignées que leur effet ne puisse nuire au logement établi sur le haut du parapet, ce qui arriverait, s'il les poussait à une distance à peu près égale à celle des cavaliers : c'est pourquoi il ne le fera pas, et vraisemblablement il prendra un milieu, qui sera de ne point hasarder le saut de la palissade, et de chambrer sa mine à portée de pouvoir nuire au logement; cela veut dire qu'il aura fait ses mines à 4, 5 à 6 toises de la palissade, qui est à peu de chose près la moitié de la distance aux cavaliers; en ce cas, elles ne feront pas de mal au logement en bordant ledit chemin couvert de près, ni aux cavaliers, parce qu'ils en seront distans de 7 à 8 toises, si ce n'est par la chute de quelques débris de mine, qui étant peu de chose ne feront pas grand fracas.

Au surplus, comme les mines se font et se chargent avant l'érection des cavaliers, leur situation aussi bien que leur effet sont toujours fort incertains.

FAÇON DES CAVALIERS.

Supposant la tranchée étendue à droite et à gauche des angles saillans d'où on veut chasser l'ennemi, à la distance de 14 ou 15 toises, ci-devant énoncée, en doublant ledit angle de 7 à 8 toises, il faudra :

1° Leur donner la capacité des places d'armes; dans cette situation, il est à présumer qu'on sera à peu près au niveau du chemin couvert.

Pl. 10.

Construction des cavaliers

2° Avoir fait grand amas de gabions, sacs à terre et fascines de toutes espèces, au plus près de ces logemens.

3° Avoir des travailleurs de relais tout prêts; et quand le jour commencera à tomber, travailler de force à l'élévation de ces logemens : ce qui se fait promptement, en y employant trois ou quatre rangées de gabions posés l'un sur l'autre en retraite d'un pied et demi l'un de l'autre, pour servir de relais et d'autant de banquettes.

4° Arraser le dessus de chaque rang de gabions après qu'ils seront remplis de fascines et de terre, jusqu'à ce que de cette élévation on puisse plonger à l'aise dans le chemin couvert; après quoi border le sommet de ces cavaliers de sacs à terre, y faisant les créneaux nécessaires, et observant d'élever aussi les traverses à pareille hauteur et même un peu plus. Tout cela bien poussé peut être fini au grand jour, et en état d'y faire monter des grenadiers qui, plongeant de près dans ledit chemin couvert, en chasseront infailliblement l'ennemi, aidés qu'ils seront des bombes et batteries à ricochet; et étant instruits des endroits où il faudra tirer, ils ne manqueront pas de bien tourmenter l'ennemi dans ses défenses, et dans les parties du chemin couvert un peu éloignées des pointes plus avancées.

Achèvement des cavaliers de tranchée.

L'ennemi, en abandonnant, ne manquera pas de mettre le feu à ses mines, s'il y en a, ce qui fera le signal de sa retraite. S'il le fait, il y faudra faire passer des travailleurs qui se logeront dans le trou qu'elles auront fait, et à même temps occuper les deux côtés de l'angle, en se logeant le long de la palissade, et s'y couvrant en toute diligence.

Pour cet effet, il faudra avoir ménagé des

sorties par la tête de la double sape; *je dis par la tête*, car il vaut mieux que ce soit par là que par les extrémités de la droite et de la gauche, parce qu'on n'aura qu'à écarter un peu les mantelets et les sacs à terre, qui pourront faire empêchement, ce qui sera bientôt fait.

Logement sur le saillant du chemin couvert.

Peu de temps après, on fera la communication au logement par la prolongation de ladite sape : il suffira pour le coup de poser 25 à 30 gabions de chaque côté de l'angle, et d'y faire passer à même temps beaucoup de sacs à terre pour couvrir les joints des gabions et donner moyen aux travailleurs de se mettre à couvert promptement, n'oubliant pas de se bien traverser aux deux extrémités : si les ricochets et les bombes font bien leur devoir dans ce temps-là, on n'aura pas grand feu à essuyer.

Communication à ce logement.

Le travail de ce logement doit être continué par des travailleurs relayés, qui en peu de temps le mettront en état d'y demeurer en sûreté; il faudra continuer à le perfectionner jusqu'à ce qu'il soit en état de faire feu aux défenses de la place; ce qui demande un peu plus de soin qu'on ne se donne ordinairement, parce qu'il faut que ce logement soit sûr et commode, que les créneaux soient bien faits, et qu'ils puissent plonger dans le fond du chemin couvert, biaiser sur les bastions et demi-lunes, et que la communication soit bien achevée.

Aussitôt que ce logement sera en état, il faudra y faire entrer un détachement, avec ordre de n'en pas opiniâtrer le soutien dans les commencemens, si l'ennemi, contre toutes les apparences, se mettait en tête d'y revenir; mais de laisser agir les ricochets et les bombes qui, joints au feu de la place d'armes et des cavaliers, l'auraient bientôt écarté; établir après cela des sapes à droite et à gauche pour prolonger et étendre le logement sans s'écarter du bord du parapet qu'il faut toujours serrer de près, réduire celui des logemens à l'épaisseur nécessaire pour résister au canon, et toujours perfectionner ce qu'on fera à mesure qu'on avancera, et les bien traverser contre les enfilades et revers des bastions et demi-lunes.

Suite du couronnement du chemin couvert pied à pied.

Quand on sera parvenu près des premières traverses du chemin couvert, si l'ennemi les garde encore, comme il ne pourra y avoir que peu de monde, on pourra les en chasser par une compagnie de grenadiers, et jeter six ou sept hommes assurés dans le passage de la traverse, avec des outils, afin qu'ils s'y logent, et à même temps prendre garde à la fougasse; car s'ils demeurent là, ce ne sera qu'en intention de la faire jouer à propos s'ils peuvent; c'est pourquoi soit qu'on prenne le chemin couvert de force ou par industrie, il ne faut pas manquer de faire entrer deux ou trois hommes hardis dans ledit chemin couvert, pour chercher l'embouchure des mines, et en ar-

Attention de faire chercher l'embouchure des mines.

racher le saucisson, *prévoyance qui nous a presque toujours réussi* dans les siéges où je me suis trouvé, et récemment dans celui du Vieux-Brisach. 1703.

Quand on sera parvenu aux traverses plus prochaines de la pointe, qui sont celles qui pour l'ordinaire bornent la place d'armes, faire une entrée dans le chemin couvert, et la percer vis-à-vis le milieu des premières traverses, afin d'en couvrir ladite tranchée pour la défiler, bien enfoncer ces passages, les faire de bonne largeur et les blinder; plus, les rendre aisés et commodes, et les produire vers le bord du fossé à la sape, se couvrant de la traverse; et quand on y sera parvenu, les joindre de part et d'autre le long de la portion de cercle autour de la pointe du fossé, laissant une épaisseur à preuve devant soi, à cause du canon des flancs et courtines.

Entrée dans le chemin couvert.

Ce logement ainsi établi, sera tenu bas et fort enterré afin qu'il ne fasse point d'empêchement à celui qui sera derrière lui sur le haut du parapet du chemin couvert; son usage sera de faire feu sur les brèches de près, et d'y placer des pierriers en cas de besoin.

Logemens dans les places d'armes saillantes.

Continuer à couler dans l'épaisseur des parapets du chemin couvert jusqu'aux places d'armes des angles rentrans, d'où il faudra peut-être chasser les ennemis de vive force, supposé qu'ils y tiennent encore, comme cela se peut; il est cependant vrai que le canon des ricochets et les bombes pouvant fort les incommoder sur le derrière de leurs places d'armes, il n'y a guère d'apparence qu'ils s'opiniâtrent à y demeurer, notamment quand ils se verront serrés de près par les sapes de la droite et de la gauche, le feu des bastions et des demi-lunes ne les y soutenant que très-faiblement, attendu qu'il sera contenu par celui des bombes et des ricochets des attaques qui doivent être d'une grande vivacité dans ces temps-là; en tout cas, ce sera l'affaire d'une ou deux compagnies de grenadiers qu'il faudra faire partir à propos, après avoir averti et fait apprêter les batteries de canon et de mortiers, avec lesquelles il faudra convenir d'un signal. La prise des places d'armes du chemin couvert achèvera de l'occuper tout entier; quoi fait il faudra s'établir tout le long, et le bien traverser jusqu'à ce que tout soit bien occupé; couper ces mêmes places d'armes par les gorges, comme celles des angles flanqués, entrer dedans, et s'y bien établir; les endroits *k*, *k*, de la planche 15, montrent comme cela se peut faire.

Logemens dans les places d'armes rentrantes.

BATTERIES DU CHEMIN COUVERT.

Sitôt qu'on sera maître du chemin couvert, on doit, sans perdre de temps, s'appliquer à trois choses :

La première, de distribuer la place aux batteries qui doivent agir contre les flancs;

La seconde, aux batteries destinées à faire brèche;

Et *la troisième*, aux descentes du fossé.

La place des batteries opposées aux flancs est marquée *i*, et celle des batteries qui doivent ouvrir les bastions, *h*. Pl. 15.

A l'égard des descentes, les endroits les plus propres à les faire *sont marqués f* et *l*, tant à la demi-lune qu'aux bastions.

La façon des batteries a été instruite à leur chapitre. C'est pourquoi nous ne continuerons celui-ci que pour dire qu'en établissant les batteries sur le chemin couvert, il faudra encore avoir égard à trois choses :

La *première*, à l'épaulement qu'il faut mettre fort près du bord du parapet ;

La deuxième, de bien ouvrir les embrasures;

Et *la troisième*, de les bien dégorger, et de leur donner une grande pente du derrière au devant, pour les mettre en état de plonger jusqu'au bas du revêtement où l'on veut faire brèche.

DESCENTE DU FOSSÉ.

Descente souterraine.

Voir les plan et profil marqués *A*. Pl. 11.

Leur ouverture dépend de la profondeur du fossé, car si elle est fort grande, comme de 18, 20, 25 à 30 pieds, il faudra ouvrir à mi-glacis, et passer en galerie de mineur par dessous le logement de la contrescarpe et le chemin couvert, pour sortir à peu près aussi bas que le fond du
1657. fossé. C'est ce que nous fîmes à Montmédy et à
1654. Stenay fort heureusement, et ce que l'on doit faire en cas pareil à toutes les places.

Descente blindée. Plan et profil marqués *B*. Pl. 12.

Si le fossé n'a que 12 à 15 pieds de profondeur, il suffira de faire un passage au travers des parapets du chemin couvert, et avoir soin de le bien blinder, et de s'enfoncer 4 à 5 pieds au-dessous de la banquette, prolongeant la rampe en arrière autant qu'il sera nécessaire pour l'adoucir en avant, et la rendre moins roide; conduire ensuite le reste en rampe et à sape découverte sur tout le travers du chemin couvert, se prolongeant le long des traverses jusque sur le bord du fossé, et quand on l'aura joint, travailler à l'approfondissement de la descente autant qu'il sera nécessaire, réglant le fond en marches d'escalier, s'il est nécessaire, soutenues par des planches arrêtées de piquets. Voyez le profil *A* de la pl. 11, observant de bien étayer les terres des bords pour les empêcher de s'ébouler et tomber dans la descente.

Si le fossé est plein d'eau dormante dont la superficie soit élevée de 3, 4 ou 5 pieds près du bord, la descente sera plus facile, parce qu'il n'y aura que peu de rampe à faire; mais il faudra toujours s'épauler très-fortement du côté des flancs, et marcher en galerie couverte, composée de fascines soutenues par de fortes blindes plantées de part et d'autre à 5 ou 6 pieds l'une de l'autre, et posées en travers, ce qui fera la largeur de la galerie sur six pieds de hauteur, la charger de deux ou trois lits de fascines posées avec la fourche et bien arrangées afin qu'il n'y reste pas de jour.

Ancienne manière de faire les descentes et passages de fossés.

Autrefois on les faisait par des assemblages de charpenterie de bois carré, couvertes par les côtés et par le dessus de madriers à preuve du mousquet, et sur le tout, par des peaux de bœufs fraîchement tués; outre quoi, le côté opposé au flanc, se faisait à preuve du canon, ce qui, se continuant sur tout le passage du fossé, employait bien du temps et de la dépense, et ne laissait pas souvent d'être interrompu, parce que rarement le feu du canon de la place (qui pouvait avoir vue dessus), était bien éteint, non plus que celui de la mousqueterie; mais depuis qu'on a su s'en rendre maître, on y fait moins de façon.

PRISE DE LA DEMI-LUNE.

La prise de la demi-lune devant précéder celle des bastions, nous nous attacherons à décrire les préparatifs qui doivent précéder son attaque et sa prise, selon les règles que j'y voudrais observer.

Comme on embrasse les angles des demi-lunes des deux côtés, il faut aussi les battre des deux côtés de 4 ou 5 pièces de canon chacun, commençant les deux ensemble par la pointe en tirant vers les épaules, jusqu'à ce qu'on ait fait 12 à 15 toises de brèche bien éboulée de part et d'autre de son angle flanqué; observant de toujours battre en sape à 2, 3, 4, 5 à 6 pieds près du pied des murs au plus, et de ne pas tirer un seul coup de ces batteries contre le haut, mais toujours contre le bas et en salve; ramasser tous les coups ensemble, et ne pas quitter les endroits auxquels on se sera attaché, qu'on ne voie tomber la terre du derrière du revêtement; cela marquera qu'il est entièrement coupé.

Batteries marquées *d*. Pl. 15.

Largeur des brèches à la demi-lune.

Signe que le revêtement est entièrement coupé.

Cette manœuvre exécutée à la lettre, on biaise les pièces sur ce qui n'a point été entamé; on fait aussi deux descentes, et autant de passages de fossé marqués *f*, planche 15, vis-à-vis l'extrémité des brèches du côté des épaules, etc.

Nous avons déjà dit qu'il fallait couvrir en galerie le trajet du chemin couvert, parce qu'il est plongé, enfilé et sujet aux pierres et grenades à cuillers; cette galerie ne doit pas avoir moins de quatre pieds et demi à cinq pieds de large, même six; il suffit de l'épauler du côté de la place.

Largeur des galeries blindées.

Pour la bien faire, il faut avoir des blindes, plus fortes de bois que les communes. Si le fossé de la demi-lune est sec, il faudra prendre dans le fond même la terre nécessaire à se couvrir si on peut s'y enfoncer, et y employer beaucoup de fascines et de sacs à terre.

Voir le passage de fossé marqué *C*. Pl. 11.

Quand la terre est rare, on en fait brouetter si la galerie est large et commode; sinon on la fait passer de main en main avec des paniers ou à la pelle; outre quoi, on y emploie encore une grande quantité de fascines, qui est l'espèce de matériaux les plus en usage pour ces sortes d'ouvrages.

Pendant qu'on y sera employé, il faudra animer les ricochets un peu vivement, et même les renforcer de quelques pièces, un jour ou deux avant l'attaque; il y faudra aussi ajuster les batteries à bombes et à pierres, afin d'occuper ceux qui seront à sa défense, les empêcher d'inquiéter le passage du fossé, et de se retrancher dans sa gorge; il faudra même faire chercher sa communication à la place par les ricochets des bastions.

Si tout cela est bien mené, la défense de cette pièce deviendra très-dangereuse pour ceux qui la soutiendront; il ne se faudra point presser de l'attaquer, mais laisser bien ouvrir les brèches en battant toujours en sape; le parapet suivra l'éboulis, et quand le revêtement sera tombé, si les contre-forts ne suivent pas, il les faudra battre aussi, et y employer le canon des batteries biaisées comme les figurées *e, e,* qui peu de temps après et quand la demi-lune sera expédiée, pourront être utilement employées contre les bastions; faire aussi tirer des bombes dans l'excavation et sur le bord même des brèches, et du canon dans le haut quand il ne reste plus que peu d'épaisseur au parapet; et pendant qu'on travaillera à cet éboulement, continuer les passages du fossé de part et d'autre, et les très-bien épauler en sorte qu'on y puisse être à couvert, et que la descente soit libre et dégagée; se préparer à même temps au logement par l'amas des matériaux nécessaires, comme fascines, gabions, sacs à terre, et quantité d'outils dont il faudra faire de bons amas le plus près qu'il sera possible, sans embarrasser la tranchée, les ranger sur les revers en tas : bien accommoder les logemens qui doivent faire feu; préparer toutes les batteries de canons, de bombes et de pierriers; faire commander cinq ou six compagnies de grenadiers d'extraordinaire, à telle fin que de raison, et avertir ceux qui commanderont les batteries de ce qu'ils auront à faire, suivant les signaux qu'on leur fera; et pour cet effet, les faire venir sur les lieux pour les voir de plus près, et recevoir leurs instructions.

Pl. 15.

Emploi des bombes pour élargir les brèches.

Préparatifs pour se loger sur la demi-lune.

Le signal se pourra faire par un drapeau qu'on élèvera sur la pointe des logemens du chemin couvert, en lieu où il puisse être vu de toutes les batteries à même temps et des logemens, observant de faire ôter tous les autres. Moyennant quoi, tout étant prêt, les fusils passés entre les sacs à terre, prêts à faire feu, ils attendront en silence le signal qui sera de hausser le drapeau quand il faudra faire feu, et de le baisser quand on le voudra faire cesser. Cela préparé de la sorte, et les brèches en l'état désiré, on fera monter deux ou trois sapeurs dans la brèche, non vers la pointe, mais sur la droite et la gauche, joignant les endroits où finira la rupture des murs du côté des épaules, où il se fait pour l'ordinaire un couvert entre la partie du revêtement qui demeure sur pied, et celle qui tombe.

Manœuvre ingénieuse pour s'emparer de la demi-lune sans livrer d'assaut.

Ces deux ou trois sapeurs se mettent dans ces couverts et tirent les décombres en bas en remontant vers le haut, ils feront place pour eux et pour deux ou trois autres qu'on y fera monter, avec ordre à tous de s'en revenir quand l'ennemi se mettra en devoir de les en chasser; auquel cas, aussitôt qu'ils en seront dehors, il faudra faire le signal, et les batteries de toutes espèces et les logemens faisant leur devoir, il est sûr que l'ennemi n'y demeurera pas long-temps et qu'il en sera bientôt écarté.

Instructions aux sapeurs pour le logement.

Sitôt qu'on s'en apercevra, il faudra baisser le drapeau et faire remonter les sapeurs qui, reprenant leur ouvrage, le diligenteront de leur mieux, avec ordre de l'abandonner comme la première fois dès que l'ennemi s'y représentera, ce qu'il pourra bien faire une deuxième fois, et même une troisième ; à chaque fois il faudra toujours recommencer le carillon des batteries, même de celles du chemin couvert; cela ne saurait faire qu'un spectacle réjouissant dont le dénouement tournera bien certainement à la confusion de l'ennemi. Ce ne sera apparemment qu'à la première ou deuxième fois qu'il reviendra, qu'il fera jouer des mines, s'il y en a, ce qui sera le signal de l'abandon de la pièce : cependant ces mines ne seront pas d'un grand effet, attendu qu'elles joueront à vide si nos gens n'y sont pas, ou dans l'endroit où il n'y aura personne, comme à la pointe; ou dans celui où il y en aura peu, auquel cas elles ne pourront attraper que trois ou quatre hommes au plus. Cependant nos sapeurs auront préparé quelques couverts dans l'excavation, qu'il faudra occuper par de petits détachemens quand il en sera temps, sans se trop presser; mais sitôt qu'il aura abandonné, il faudra travailler de vive force au logement, le faire et bien assurer dans l'excavation des brèches et non plus avant; et ensuite l'étendre à droite et à gauche sur le rempart, et y entrer par des sapes formant une portion de cercle qui occupe tout le terre-plein de son angle flanqué, d'où on coulera après par les extrémités

Prolongement du logement à droite et à gauche.

le long des faces de la droite et de la gauche, jusqu'à ce qu'on se soit mis en état de forcer les retranchemens de la gorge, ce qui n'ira pas loin.

La suite du logement de la demi-lune sera continuée jusqu'à son entière occupation, qui ne sera terminée que par la prise du retranchement de la gorge, et par s'établir tout le long de ses bords; ce qui se fera par le prolongement des sapes à droite et à gauche le long du rempart, comme il est dit ci-dessus, et par une tranchée menée par le dedans de la pièce : les uns, *savoir*, les prolongemens des sapes vous mettront à portée de prendre les traverses, et en état de voir la communication de la tenaille à la demi-lune; et l'autre, d'attaquer les retranchemens de la gorge quand il en sera temps.

Voir les logemens dans la demi-lune, marqués *g*. Pl. 15.

Pendant que cette manœuvre achèvera de se discuter, *disons notre pensée sur les demi-lunes de terre.*

Jusqu'ici nous n'avons parlé que des revêtues; parlons maintenant de celles qui ne le sont pas, ou qui ne le sont que de gazons ou de placage, fraisées et palissadées.

Attaque des demi-lunes de terre.

Il faut procéder à leur attaque, de même qu'à celles qui sont revêtues, jusqu'à l'ouverture des brèches, c'est-à-dire que les attaques, batteries de toutes façons, logemens du chemin couvert, descentes et passages de fossé, doivent être la même chose.

A l'égard des brèches, comme il ne sera pas question de revêtement, il suffira de raser la fraise, les palissades, ou la haie vive s'il y en a, de bien labourer les talus extérieurs de la pièce, et d'en rompre la pointe, afin que tous ces éboulis fassent et facilitent de grandes montées dont on se servira quand on voudra la faire attaquer, soit en gros ou en détail; soit par l'une ou l'autre des manières ci-devant énoncées (1).

Voyons présentement ce qui se passe à l'attaque des bastions.

---

(1) Ces mots doivent se rapporter à la prise du chemin couvert; car ici Vauban n'enseigne qu'un moyen de s'emparer de la demi-lune, savoir, à la sape. On sait qu'il n'approuvait pas en général les assauts à cet ouvrage : « Vous y per» drez tel homme qui vaut mieux que le ravelin, » avait-il dit au Roi, au siége de la citadelle de Cambrai, en 1677. On y perdit 400 hommes, et l'on ne prit la demi-lune que plus tard, en l'attaquant selon les règles qu'il recommande ici d'observer. (Allent, *Histoire du Corps du Génie.* Paris, 1805, page 141.)

PASSAGE DU GRAND FOSSÉ DE LA PLACE.

Pendant l'attaque de la demi-lune, il est à présumer que les descentes du fossé aux bastions auront fait leur chemin ; j'estime même qu'elles auront percé dans le grand fossé ; auquel cas, s'il est sec, il faudra procéder à son passage comme à celui de la demi-lune, et ne pas manquer de l'assurer par jeter quelque monde dedans, à qui il faudra faire un petit couvert. Pl. 15.

S'il est de la nature de ceux qui se peuvent défendre secs et pleins d'eau, il faudra prendre garde à ne pas déboucher plus bas que la superficie de l'eau quand il est plein, parce qu'elle inonderait la descente, ce qu'il faut éviter.

Voici donc quelle doit être la manœuvre de ce passage.

Passage d'un fossé plein d'eau dormante.

Quand il est plein d'eau, on fait passer la fascine de main en main en rangeant 100 ou 120 hommes (plus ou moins), en haie, selon les besoins, à deux pas l'un de l'autre, adossés contre le parapet, qui la font passer de main en main jusqu'à la tête du pont ; et à mesure qu'on la passe, le sapeur qui mène la tête, la jette en épaulement sur sa droite ou sur sa gauche, selon le côté dont il a à se couvrir ; et puis quand il en a jeté une assez grosse masse * pour pouvoir en être cou-

Voir les profils *A* et *B*. Pl. 11 et 12.

* Marquée *d*. Pl. 12.

vert, il s'avance quelques pas, et pour lors il travaille au pont, et pique la fascine * de haut en bas devant lui, en la plongeant dans l'eau; et quand elle vient à hauteur de la superficie, il en pose des lits en travers sur lesquels on fait voiturer un peu de terre, qu'on répand le long pour la faire enfoncer; ensuite de quoi, on recharge sur le même lit jusqu'à ce que le passage soit ferme et élevé de quelques pieds au-dessus de la superficie de l'eau, sur la largeur de 12 à 14 pieds, qui est celle qu'il lui faut donner (1).

* Marquée *e*. Pl. 12.

(1) Dans le *Mémorial pour l'attaque des places*, pag. 145, Cormontaingne décrit la construction de ponts flottans en fascines, faits au siége de Philisbourg, en 1734, dans des fossés de 20 toises de largeur et dans lesquels il y avait 12 à 15 pieds de hauteur d'eau. Mais on voit plus loin, pag. 178, que les troupes, en passant en foule sur l'un de ces ponts, le firent enfoncer de telle manière qu'il y eut plusieurs soldats de noyés : il paraît donc que de semblables ponts ne peuvent servir qu'au passage de petits détachemens.

On a proposé, pour que cette espèce de pont flottant pût être employé avec succès même dans les fossés où l'eau peut avoir un courant, de coucher sur la longueur de plusieurs des lits de fascines qui le composent, successivement trois ou quatre files de longrines de 5 et 4 pouces ou de 3 et 4 pouces de grosseur, percées de quatre en quatre pieds, et traversées par des chevilles ou fuseaux de bois de 2 à 3 pieds de long et pointus des deux bouts qui déborderont également de chaque côté; ces fuseaux entrant dans le fascinage au-dessus et au-dessous des longrines bien attachées l'une au bout de

Pendant cette manœuvre, on fortifie toujours l'épaulement en y jetant les fascines un peu en avant à la fourche, qu'on arrange comme on peut; on l'élève considérablement, parce que les fascines s'affaissent toujours assez.

Quand on s'aperçoit que la fascine touche le fond du fossé et que l'épaulement est affermi, on lui fait un parement de fascines reliées et attachées avec des piquets. Pl. 15.

Nota. Que si le débouchement est plongé des bastions, il faudra commencer ce passage par former une montagne* de fascines devant soi, qu'on élève de 8, 9 à 10 pieds de haut; on se colle derrière pour travailler à l'épaulement, et ensuite à la galerie, entretenant toujours ladite montagne et la poussant en avant, jusqu'à ce que l'on soit tout-à-fait au-dessous des plongées; après quoi on retire peu à peu les fascines de la montagne et on

* Marquée *f.* Pl. 12.

Manière de se couvrir par une montagne de fascines, dans le cas où l'on est plongé.

---

l'autre, achèveront de lier ensemble tout ce massif sous lequel l'eau pourra passer, et qui mis à huit pieds d'épaisseur aura, d'expérience faite, la force de porter du gros canon. — A mesure qu'on avancerait en formant ainsi le pont, on pourrait l'amarrer par de petites ancres qu'on jetterait à fond du fossé, et dont les câbles seraient attachés aux longrines hérissées dont on vient de parler : quant à l'épaulement, on pourrait, afin qu'il chargeât moins, le faire en sacs de laine, sur la longueur seulement des ponts, dans la traversée d'une culée à l'autre. (Duvignau, *Exercice de Mézières.*) *Voy.* à ce sujet l'opinion de Vauban, pages 156 et 157.

les emploie à l'épaulement et au pont, continuant toujours ledit passage jusqu'au pied des brèches, que je présume être fort avancées quand on y parviendra.

Que si le bastion plonge sur le débouchement, ce ne sera pas assez de cette montagne de fascines devant soi, il y faudra ajouter une bonne et forte galerie qu'on avancera peu à peu à l'abri de la montagne, comme il a déjà été dit; ce qui sera continué aussi loin que la plongée se pourra étendre, et même au-delà. La planche 12 par le plan et le profil *B*, montre la disposition de cette manœuvre.

Fossé où l'eau est courante.

Mais si l'eau du fossé est grosse et courante, ou qu'elle puisse devenir telle, il faut convenir de bonne foi que la plus difficile manœuvre des attaques est celle du passage de ce fossé, spécialement quand on ne peut détourner le courant ni l'affaiblir par le dehors, et qu'à moins d'y apporter bien du soin et de l'adresse, il est bien difficile d'y réussir, si on ne trouve moyen d'éteindre totalement le feu de la place, et que l'ennemi ne puisse plus tirer des flancs, des faces, ni des courtines, non plus que des tenailles; encore ne peut-on éviter que les bombes, les pierres et les grenades ne vous inquiètent beaucoup.

Si on pouvait éluder tout cela, on ferait ce qu'on voudrait, et on travaillerait dans ce fossé comme ailleurs. Mais on a beau faire, on n'en peut éviter qu'une partie, et il faut demeurer d'accord que cet ouvrage est extrêmement dangereux; car on n'y peut travailler qu'à découvert, et pour peu qu'on soit vu, on n'y réussira que fort lentement, et à force d'y perdre du monde.

Tablons cependant sur quelque chose, et supposons pour cela un fossé de place dans lequel passe un courant considérable, ce courant nourri par une rivière qui le fournira de son eau, ou par un réservoir qui le distribuera dans le fossé de temps en temps, au moyen des écluses qui, ouvrant et fermant par reposées, comme il s'en trouve à beaucoup de nos places, donneront des courans tels que l'ennemi les voudra. Soit l'un ou l'autre, il est sûr que le courant sera continu fort ou faible, ou répété de temps en temps par éclusées, et que pour lors il n'y aura d'autre moyen d'en faire le passage que par une grosse digue au travers du fossé, assez forte pour arrêter les eaux à la même hauteur que les écluses peuvent les retenir, en sorte que leur niveau ne puisse surmonter celui de la digue, à deux pieds près.

Il n'y a d'autre moyen d'en faire le passage que par une grosse digue.

Pour parvenir à cet effet, il faut faire amas d'une très-grande quantité de fascines bien fourrées de pierres, de gazons et de terre, afin qu'elles aillent plus promptement à fond; l'entreprendre sur une grande largeur, et la fortement terrasser; battre même les terres et piloter la digue pour l'attacher sur le fond du fossé : en un mot, la

Construction de cette digue.

rendre fort solide, l'avançant peu à peu jusqu'à 3 ou 4 toises près du pied du revêtement, où pour lors le courant tourmentant beaucoup, il faudra se servir de tout ce que l'on pourra pour faire chemin, comme de gros gabions farcis de pierres et coulés à fond, qui laisseront quelque passage à l'eau, tonneaux remplis de même, chevalets tels quels, sur lesquels on chargera de pierres, terre et fascines tant que l'on pourra, même de bateaux coulés à fond si l'on en peut avoir : le tout avant que de tirer un seul coup de canon vis-à-vis pour faire brèche ; et après qu'on sera parvenu par toutes sortes de moyens de pousser ce courant jusqu'à ne lui plus laisser que 2, 3 ou 4 toises de passage au pied du revêtement, et qu'on aura bien assuré la tête de la digue, et si fort élevée que le regonflement des eaux ne la puisse surmonter : il faudra pour lors battre vivement le pied du revêtement vis-à-vis, jusqu'à ce qu'il tombe dans le fossé, ce qui achèvera vraisemblablement d'en barrer le passage.

Moment de battre en brèche.

Que s'il ne l'est pas tout-à-fait, il faudra attacher un mineur sur la jonction du mur resté debout avec la partie éboulée, et enfoncer la mine bien avant vis-à-vis la tête du pont, afin que son effet achève de combler ce qui sera resté du courant; sinon et au cas qu'il en reste quelque partie qui ne le soit pas, faire passer quelques travailleurs au pied de la brèche, qui s'y logeront, et y feront les établissemens nécessaires à pouvoir contribuer à son achèvement en y travaillant de leur côté.

Au surplus, pour donner quelque mesure sur laquelle on puisse compter, et qui puisse servir de règle à ces passages, *nous dirons :*

1° Que la première connaissance sur laquelle on doit être informé touchant ce passage, est de savoir de combien l'élévation de l'eau doit charger sur les écluses?

2° Quelle est leur ouverture? Renseignemens à prendre.

3° Quelle est la largeur du fossé?

4° Quel volume d'eau il charrie quand les écluses sont ouvertes?

5° De quelle profondeur il est, quand les eaux y jouent de pleine force?

6° A quelle hauteur elles peuvent monter.

Supposons après cela une charge d'eau sur les écluses de 6 pieds de haut, de 4 de profondeur ordinaire au bas des mêmes écluses, et de 2 pieds de pente depuis l'écluse jusqu'au passage du fossé; le tout fera 12 pieds, auxquels il en faut ajouter 2, pour supplément d'élévation de la digue, ce qui fera 14 pieds en tout pour l'élévation totale de ladite digue, à quoi il faut au moins donner le double d'épaisseur, faisant 28 pieds, si on veut la bien assurer; et, comme il a été déjà dit, la bien terrasser, charger de pierres et piloter, en ce non compris l'épaulement, qui n'étant composé que de Exemple.

fascines, n'aura de résistance contre la poussée de l'eau que celle qui lui sera donnée par la digue : c'est-à-dire que voilà de quoi employer cinquante milliers de fascines pour un seul passage, sans compter celles que le courant entraînera, les sacs à terre, les pilots et autres matériaux, et le temps qu'il y faudra employer, qui sera bien long, encore n'oserait-on s'assurer d'y réussir. Ce qui prouve la bonté des fossés pleins d'eau courante au-dessus de tous les autres, et encore mieux la difficulté de les passer : voilà cependant la manière plus assurée de le pouvoir faire, et à laquelle il en faudra venir si on veut faire passer des troupes et du canon aux bastions.

Moyen particulier praticable dans quelques cas.

Il y a encore un autre moyen qui est excellent, mais il n'est praticable que dans les fossés étroits, revêtus et fort hauts de bord, *qui serait* d'attacher deux mineurs, *un* au bastion, et l'*autre* sous le bord du fossé, vis-à-vis l'un de l'autre.

Si on chambre assez avant de part et d'autre, et que les mines soient grandes et bien chargées, il se pourra que leur effet comblera le fossé tout d'un coup, notamment si l'eau arrêtée ne peut pas s'élever de plus de 5 ou 6 pieds au-dessus du courant.

C'est ainsi que nous avions compté de passer
1677. le fossé de la porte d'Anzin de Valenciennes, si la résistance de la place nous eût obligé d'en venir là.

Ce coup est bon, mais il n'est pas tout-à-fait si

assuré que l'autre, aussi n'est-il pas si long à faire et ne coûterait pas à beaucoup près tant.

De sorte que si on ne trouve moyen de rompre les écluses comme nous fîmes à Ath, ou de s'en rendre maître de quelque autre manière, je ne vois aucun autre expédient qui puisse être valable pour empêcher leur effet.

1697.

Sitôt que par l'un ou l'autre de ces expédiens on aura arrêté le courant, il faudra travailler en diligence et avec une extrême application à achever de donner toute la solidité possible à la digue.

Il n'y a pas d'autre moyen de le passer, sur lequel on puisse compter pour quelque sûreté; car d'y employer des chevalets, ponts volans et radeaux (outre qu'il en faudrait toujours venir au pont solide), on n'y pourrait travailler qu'à découvert, et on ne trouverait ni sûreté, ni possibilité, ni utilité à leur structure.

C'est pourquoi, sans en parler davantage, j'estime que tout ce que dessus suffira pour les places médiocrement défendues, et où les courans seront faibles. Mais si la garnison était forte, et la défense dirigée par de bonnes têtes, et qu'il y eût des tenailles, il faudrait y apporter plus de précaution, parce que les tenailles n'étant point exposées aux ricochets, aux revers ni au passage du fossé, on ne peut les battre que de biais.

Excellente qualité des tenailles. (V.)

Dans cette situation, elles pourraient faire beaucoup de mal au passage du fossé, si on n'emploie pas toutes sortes de moyens pour les maîtriser et les en empêcher.

Soit donc qu'il fût sec ou plein d'eau, s'il s'en rencontre où l'on prévoie que cela puisse arriver, il faudra occuper toute la demi-lune jusqu'à la gorge, comme il a déjà été dit à son chapitre, et à même temps faire un passage ouvert du chemin couvert à la brèche vis-à-vis; travailler à l'établissement d'une batterie de 4 ou 5 pièces sur l'angle flanqué de ladite demi-lune, et les y faire passer à force de bras, de capestans et de chèvres; cette batterie préparée contre le milieu de la courtine, et spécialement contre la tenaille et la porte de sortie par où on y communique.

Pour cet effet, il faudra bien affermir l'un des passages du fossé, et afin qu'il puisse servir au canon, le paver de gîtes et de madriers pour le rendre plus commode, et ouvrir le chemin couvert pour achever de lui faire un passage, et à même temps une rampe sur la brèche pour en faciliter la montée; il vaut mieux mettre cette batterie sur la pointe que dans le fond de la gorge, parce qu'elle sera plus aisée à placer et à servir, plongera davantage, découvrira mieux la poterne, et la communication n'en sera pas si dangereuse qu'elle serait, si on l'avançait jusque dans la gorge; faire à même temps deux autres batteries sur les deux places d'armes du chemin couvert, d'autant de pièces *k*, *k*, et une de mortiers à pierres dans le logement

Situation avantageuse d'une batterie sur la brèche de la demi-lune.

Pl. 15.

plus avancé de la gorge de cette demi-lune, duquel il faudra bien avancer la communication et la rendre commode au brouettage des pierres qu'il y faudra voiturer; ce sera bien tout ce que ces batteries pourront faire; je dis les deux des places d'armes *k*, et celles de la demi-lune avec les pierriers et les bombes, que d'imposer à cette tenaille jusqu'au point d'empêcher qu'elle ne nuise beaucoup au passage des grands fossés.

A l'égard des deux flancs de l'attaque, quoique les échappées des ricochets les prennent par derrière, les batteries directes par devant, et les bombes et les pierres par tous les côtés, j'estime cependant qu'on fera bien de leur préparer à chacun un ricochet de trois pièces *k*, à telle fin que de raison; car s'il y a beaucoup de canons dans la place, ils en pourront tant rechanger qu'ils trouveront moyen d'en substituer toujours quelques pièces à celles qui seront démontées.

Les batteries *k* y pourront servir.

Pl. 15. (V.)

Les officiers d'artillerie des places qui savent leur métier, ne manquent pas de mettre du canon sur la courtine opposée aux attaques, moins pour tirer directement devant elles que pour battre d'écharpe sur les logemens du chemin couvert devant les bastions *A* et *B*. Ces pièces tirées par des embrasures biaisées, coupées dans l'épaisseur des parapets de la courtine, incommodent fort ces logemens, et le débouchement de la descente du fossé, même le commencement du passage dont

Batteries biaisées sur les courtines, recommandées par Vauban.

elles voient bonne partie, et sont très-mal aisées à démonter; parce que les batteries opposées aux flancs ne les peuvent voir, et que leur recul étant fort enfoncé, il est très-difficile de les trouver, à moins que de mettre du canon* sur les parapets des places d'armes *V*, *V*, d'où on les puisse battre directement; et c'est à quoi il ne faut pas manquer dès qu'on en sera maître, et qu'on s'apercevra qu'il y aura des pièces de canon sur la courtine, non plus que de les faire rechercher par les bombes et les pierres. Il faudra aussi tâcher de les servir d'un ricochet ou deux : ce qui est assez difficile, à moins qu'il n'y ait quelque marque sur la courtine qui puisse en faire connaître l'alignement par dessus les bastions, comme un portail, des guérites, quelque grand bâtiment adossé contre le derrière du rempart, ou des arbres plantés à la ligne. Toutes ces remarques ne doivent pas manquer d'être observées.

* Les batteries c. Voy. p. 119.

Utilité d'un bon plan pour avoir le prolongement des courtines.

Pl. 14.

Un bon plan peut beaucoup aider à ces découvertes, parce que si le prolongement de la courtine coupe en quelque endroit les faces, comme en *X*, *X*; cela joint aux autres remarques, pourra indiquer son enfilade, et à même temps les endroits où l'on se pourra mettre pour placer les ricochets. Les batteries *L*, *L*, des demi-lunes collatérales, pourront faire cet effet, sinon en faire sur les extrémités de la seconde place d'armes, comme en *S*, *S*. Soient les unes ou les autres de ces batteries, il faudra se souvenir d'élever le coup, et de roidir un peu plus les ricochets.

Au surplus, il faut si bien prendre ses mesures sur tous ces expédiens, que les besoins qu'on en pourrait avoir, soient toujours prévenus, et que toutes choses se fassent dans leur temps; car c'est là le grand secret pour bien conduire des attaques que de savoir faire cadrer toute chose à son temps.

Maxime importante.

Le mieux est de considérer toujours la place qu'on attaque, comme devant faire son devoir, et de ne jamais compter sur la faiblesse de la résistance, car on y est presque toujours trompé.

Pl. 15.

Logemens sur les brèches des bastions; répétition de la manœuvre expliquée pag. 145.

Supposons présentement les passages marqués *l*, du fossé des bastions en état, et les brèches ouvertes et bien éboulées, il y faudra procéder comme à la demi-lune, y faire monter fort peu de monde dans les commencemens, jusqu'à ce qu'ayant tiré le parapet en bas et bien adouci la montée, on soit en état d'y faire monter de petits détachemens; et pour lors le faire avec ordre, de ne rien opiniâtrer, préparant les ricochets, batteries directes, bombes et pierriers, pour être servis comme à la demi-lune, toujours en vue d'y répéter les mêmes manœuvres.

Cas où les bastions sont retranchés.

Mais si les bastions avaient des retranchemens revêtus dans leur gorge, il se pourrait que l'ennemi opiniâtrât le soutien des brèches; en ce cas, il faudra se préparer à l'y forcer, et après les avoir bien reconnus et préparé les montées, le faire attaquer à la seconde ou troisième fois de vive force par de gros détachemens, et le faire repousser avec ordre toutefois de se loger sur le haut dans l'excavation des brèches, et non dans le dedans des pièces; et après les logemens achevés, ouvrir des sapes à droite et à gauche pour les agrandir, et gagner du terrain vers les gorges.

Que si c'était un vieux corps de place revêtu, qui fermât ces mêmes gorges, comme à Barcelone, et à beaucoup d'autres places où cela se trouve, il se pourrait que l'on serait obligé de monter du canon sur les bastions, à quoi il ne faudra pas hésiter; et cependant couler à droite et à gauche vers les flancs le long du pied des banquettes.

Cette manœuvre qui ne pourrait manquer d'être nécessaire dans une défense opiniâtre, prouve encore le bon usage qu'on peut faire des tenailles. (V.)

On pourra faire abandonner les tenailles chemin faisant, en coupant de petits logemens dans l'épaisseur des parapets des flancs, quand on aura coulé jusque-là, pendant quoi s'approcher du retranchement de la gorge par le haut et le bas dans le même temps.

Les défenses de ce retranchement seront quelque temps après battues sans relâche du canon qu'on aura monté sur les bastions; il faudra aussi chercher à le battre de bombes et de pierres, tant qu'on pourra, et finalement y attacher le mineur.

DES MINES.

J'emploie peu l'usage des mines dans le courant des attaques, ce n'est pas que j'y renonce, j'en suis fort éloigné, mais je leur préfère celui du canon, parce que son effet n'est pas, à beaucoup près, si incertain.

L'usage du canon préférable à celui des mines pour faire brèche.

Avec le canon on fait brèche où on veut, quand on veut, et telle qu'on la veut; ce que la mine ne peut pas faire avec la même certitude.

Quand les brèches sont au point que vous les désirez, vous battez le haut avec les mêmes pièces, sans être obligé de les changer, *service qu'on ne saurait attendre des mines que par hasard.*

Cependant il est vrai de dire que de l'usage du canon et des mines joints ensemble et employés à propos, résultent les moyens plus certains et presque les seuls que nous ayons pour forcer et défendre les places, sans quoi tous autres sont longs, difficiles et de peu d'effet.

Comme il ne se peut que l'on n'ait très-souvent besoin du secours des mines, soit pour attaquer ou défendre les places, et même pour les raser, je mettrai ici ce que j'en ai appris, après avoir expliqué les effets et la façon des poudres.

FABRIQUE DES POUDRES.

Composition de la poudre.

La dose de la meilleure et plus fine, est de trois quarts de salpêtre de trois eaux par livre, sur un demi-quarteron de bon soufre, et autant de charbon de chenevottes, ou de bois puant, de coudre ou de saule; le meilleur de tous est le plus léger, le moins gras et le plus sec, le tout faisant une livre de composition (1).

Sa fabrication.

Ces matières étant bien mêlées sont exposées à la meule roulante jusqu'à ce qu'elles soient bien broyées; remarquant qu'il les faut arroser et remuer presque incessamment, après quoi on les tire de là pour les mettre dans les pots ou mortiers de fer fondu des moulins à poudre, où elles sont humectées de temps en temps d'eau de fontaine, et battues au pilon 16 ou 18 heures durant, sans intermission, quelquefois davantage, les remuant et arrosant de temps en temps; et après les avoir tirées de là un peu humides, elles sont roulées et passées au grenoir, où la poudre prend

(1) Ce sont encore aujourd'hui les mêmes proportions; *Voyez* page 173; et pour la poudre de guerre, les matières sont toujours battues au pilon. Mais la densité des poudres actuelles paraît moindre que celle des anciennes.

sa forme et son grain; après quoi on la fait bien sécher au soleil pendant l'été, et dans les poêles pendant l'hiver.

Cela fait, on l'encaque dans des tonneaux faits exprès qui en contiennent ordinairement 200 livres juste, lesquelles sont doublement renfermées par une deuxième futaille appelée *chape*, et ensuite mises dans les magasins.

Voilà comme se fait cette poudre si terrible, et si peu connue des Anciens, tellement hors de toute apparence de pouvoir jamais être inventée il y a 400 ans, que si quelqu'un s'était avisé de la proposer comme une vérité prête à éclore, à laquelle il ne manquait qu'un peu de spéculation et de curiosité pour la mettre au jour; et qu'enfin il y eût ajouté, combien elle serait commune, et ses effets surprenans, on l'aurait sifflé et traité de visionnaire et de fou, aussi extravagant que ceux qui ont cru avoir trouvé, à peu de chose près, la pierre philosophale, dont l'invention (supposé qu'elle soit possible) n'aurait peut-être rien de plus admirable que celle de la poudre.

DÉMONSTRATION DES EFFETS DE LA POUDRE.

Effets de la poudre.

Remarquez premièrement, que l'activité de la poudre enflammée est si vive et son action si prompte, qu'on ne saurait distinguer d'intervalle entre les deux. Tout se fait dans le même instant avec une violence qui ne va pas moins qu'à rompre et mettre en pièces tout ce qui lui fait obstacle.

Fig. 1. Pl. 16.

Imaginons-nous après cela un globe de poudre *A*, de telle grandeur qu'on voudra, suspendu en l'air, sans qu'aucune de ses parties touche à terre, il est certain que si on y met le feu, l'étendue de son inflammation formera un autre globe autour du premier, dont tous les rayons seront égaux;

Que tous s'éloigneront également du centre dans le même instant, et qu'ils s'étendront autant vers le bas que vers le haut; et bien que le feu, de sa nature monte toujours, l'activité de la poudre enflammée ne donnera pas le loisir à celui-ci de s'assujétir à cette loi.

Mais si ce même globe était à demi plongé, comme *B*, fig. 2, dans une matière dure et capable de résister à l'action de la poudre, il est évident que toute l'activité de son embrasement se porterait sur la partie libre, qui, n'étant point contenue, les rayons de la partie contrainte se joignant à ceux de la partie libre, produiraient sur ce demi-globe tout l'effet répandu autour du globe entier; d'où s'ensuivrait que les rayons de la partie contrainte joindraient toute leur force à ceux de la partie libre, ce qui doublerait la force des deux, et à même temps l'étendue de leur embrasement, représentée par les rayons de la deuxième fig. *B*.

Que si cette même quantité de poudre était encore plus resserrée, et qu'au lieu de lui laisser le demi-globe entier, on ne lui laissait que le quart contenu par l'angle *ABC*, fig. 3; le surplus de ce qui pourrait l'environner étant de matière dure capable de la résistance nécessaire; alors tous les rayons de l'embrasement se joignant dans la partie libre redoubleraient encore de force, et s'allongeraient au double de ceux du demi-globe, et au quadruple de ceux du globe entier; d'où s'ensuivrait encore que toute la violence qui accompagne son activité continuerait toujours à s'unir et renforcer à mesure que l'ouverture de son inflammation serait diminuée, comme il est représenté par la troisième figure. Pl. 16.

Si on continuait à resserrer de plus en plus les ouvertures de cette même quantité de poudre, elle augmenterait toujours de force et d'activité à proportion de la diminution de l'ouverture qu'on laisserait à sa fuite; et cela, sans rien perdre de sa force : car si au lieu de réduire la fuite de son embrasement au quart du globe, comme ci-dessus,

Suite de la démonstration des effets de la poudre.

on la réduit au huitième, comme *EFG*, fig. 4; certainement les rayons dudit embrasement s'allongeront huit fois autant que ceux du globe entier, et réuniront en eux toute la force et l'activité dudit globe, comme il est représenté à la quatrième figure.

Que si, au lieu de cette ouverture angulaire, on réduit l'espace de sa fuite à un canal rond ou carré, de capacité proportionnée à celle des poudres destinées à l'embrasement, et que les environs de ce canal soient de matière dure et capable de toute la résistance nécessaire, l'embrasement de la poudre qui se dirigera par ce canal, agira avec une violence extrême dans toute sa longueur, et poussera avec un éclat et une impétuosité surprenante, tout ce qu'elle trouvera à son chemin, bien loin au-delà de la bouche dudit canal, comme il est représenté par la cinquième figure.

Rendons présentement l'effet des mines intelligible, autant que le sujet le pourra permettre.

Application aux mines. Pl. 16.

Soit donc la mine *A*, fig. 6, engagée de 3 ou 4 toises sous la superficie de la terre, le plus ou moins n'y fait rien. Si nous la supposons enflammée, les rayons de l'inflammation seront sûrement contenus par le bas *B*, soutenu de tout le globe de la terre opposé au vide *D* qui est à sa superficie; ils le seront aussi par les côtés *C*, *C*, segmens de ce même globe, d'une épaisseur immense. Ils le seront encore par les deux triangles *FAC*, parce qu'ils participent encore beaucoup des solides précédens, à joindre que *FDF* représente la superficie de la terre, dont la distance au centre de l'embrasement est la moindre de toutes, et conséquemment le plus faible des environs. Il est donc évident que l'effort de la mine se fera par le point *D*, qui est le plus près de l'embrasement, puisque c'est la partie la plus faible, et que les parties *FAD*, *DAF*, participant beaucoup de cette faiblesse, seront à peu près enlevées de même, ou du moins fort écartées de leur place *D*; d'où il suit que l'effet d'une mine raisonnablement chargée, ne force jamais que la moitié des parties de *C* à *D*, savoir *ED*, *DE*. La raison est que toutes les parties de *C* en *E* tenant du plus fort, résisteront à toutes les parties *EDE* qui, tenant du plus faible, céderont et seront enlevées par l'effet de la mine; à quoi s'accordent très-bien toutes les expériences qui ont été faites jusqu'ici en plein terrain; ce qui prouve encore que la poudre suit la loi naturelle des mécaniques, et agit toujours du côté le plus faible, comme tous les corps qui ont un mouvement libre.

Formation de l'entonnoir ordinaire.

Suivant ce raisonnement, le demi-globe *CDC*, est divisé en quatre parties égales, dont les deux faibles *ED*, *DE*, sur qui l'action se fait, faisant le quart de la capacité, l'angle de la mine ou du cône renversé *FAF*, est droit, ou à peu près; et c'est sur cela que nous nous règlerons ci-après pour le calcul de l'excavation des mines.

Nota. Que bien que l'effet d'une mine soit ici représenté en terrain égal ou de niveau, et que par conséquent il semble devoir être tel que le représenté à la sixième figure, il ne l'est ainsi que pour en faciliter la démonstration; car on ne fait guère de mine de la sorte, si ce n'est quelque fougasse sous des glacis de contrescarpe, pour faire sauter un logement de tranchée trop avancé.

Celles que l'on fait sont d'ordinaire sous des remparts de place, des tours, des dehors, et des bords de fossé, pour ébouler, abattre, tirer bas ou pousser en avant, et non pour élever à plomb. Mais bien que les superficies en soient fort inégales, et l'action biaise; les mêmes principes subsistent toujours, et il suffit de diriger le faible de la résistance du côté où vous voulez faire l'éboulis, de charger à propos et bien boucher, pour être sûr qu'elle poussera son effet de ce côté-là, quelque inégalité qu'il se trouve dans le haut des terres.

RÉFLEXION.

Quoique l'action de la poudre enflammée soit d'une force incompréhensible, on n'a pas laissé de trouver moyen de soumettre ses efforts à des règles certaines. *Par exemple,* les canons de toutes espèces et toutes les armes à feu dont on se sert, se chargent toutes avec des quantités de poudre mesurées.

On a long-temps agi par estimation sur la quantité qu'il en fallait pour charger les mines, sans avoir rien de déterminé sur le plus ou le moins de leur charge, mais à force d'étude et d'expériences *faites de ce règne,* on est parvenu à trouver les proportions convenables; d'où il suit que leur usage peut avoir présentement des règles aussi certaines que celles des armes à feu. C'est de ces expériences plusieurs fois réitérées, qu'on a tiré les connaissances suivantes : 1688.

Quantité de poudre par toise cube.

I. Que pour enlever une toise cube de terre commune, il y faut employer 12, 15 à 18 livres de poudre; et 20 à 25 livres pour les grosses murailles solides, et de long-temps rassises; un peu plus, un peu moins, selon que la poudre est bonne, et que les terres sont plus ou moins fortes.

---

(1) Les mineurs calculent encore aujourd'hui la charge des fourneaux ordinaires qui doivent jouer dans les terres sur le

Poids d'un pied cube de poudre.

II. Que pour contenir 80 livres de poudre, il fallait un peu plus d'un pied cube de vide (1).

III. Que la poudre agit toujours contre le plus faible de la mine, et qu'ainsi il est aisé de lui faire faire son effet du côté qu'on voudra, puisqu'il n'y a qu'à lui donner le faible de ce côté-là.

IV. Que si on fait une mine en terrain, dont la superficie soit de niveau, son effet formera un cône tronqué et renversé, la pointe en bas, dont la base sera double de la hauteur du cône entier.

En fait de mine, celui qui tient le dessous a toujours l'avantage.

V. Qu'en fait de mine, celui qui tient le dessous a toujours l'avantage, parce qu'il est en état de faire sauter celui qui est au-dessus.

De la première de ces maximes, il s'ensuit qu'on

---

pied de 12, 15 à 18 livres par toise cube de terrain à enlever, mais la valeur (1,833) h^3, qu'ils assignent à la solidité de l'entonnoir est beaucoup plus grande que celle (1,047) h^3, qu'emploie Vauban. Quant à la quantité de poudre nécessaire par toise cube de maçonnerie à enlever, elle peut aller jusqu'à 35 livres.

(1) La densité de la poudre, ou son poids sous l'unité de volume apparent varie avec le dosage et les procédés que l'on emploie à sa fabrication. Suivant différens auteurs, le pied cube de poudre de guerre pèse environ 64 livres, ou un décimètre cube, environ 914 grammes. Ce résultat, généralement adopté, excède le poids d'un litre des poudres de guerre actuelles, pesées sans être tassées. (*Voir le tableau ci-contre* dressé à la Direction générale des poudres et salpêtres.)

peut supputer la quantité de poudre nécessaire à toutes sortes de mines; car supposé que vous ayez à faire brèche dans un rempart qui vous paraisse de 32 pieds d'élévation, si vous en rabattez 6 pour la hauteur du parapet, restera 26 pour l'élévation du rempart que vous voulez ouvrir. *Joignons à cela :*

1° La considération du revêtement qui, étant d'une matière plus solide que la terre du rempart, mérite aussi une attention particulière; 2° la conjecture de l'épaisseur du rempart que vous ne pouvez pas connaître. Et la réflexion vous déterminera à ne donner à cette galerie que le tiers ou la moitié au plus de cette hauteur, savoir 12 ou 13 pieds de long directs, non compris les retours, de peur que si on la poussait plus loin, la mine ne fît son effet du côté de la place, et ne vous privât des avantages qu'on en doit espérer.

Poudre.	Composition.	Grosseur des grains.	Poids du litre.*
		Millimètres.	Grammes.
à canon. . . .	75 salpêtre. 12 ½ soufre. 12 ½ charbon.	1,4 à 2,5.	810 à 870.
à fusil. . . .	*idem.*	0,6 à 1,40.	780 à 840
de chasse. . .	78 salpêtre. 10 soufre. 11 charbon.	0,5 à 1.	890 à 920
de mine pour les déblais dans le roc. . . .	65 salpêtre. 20 soufre. 15 charbon.	2 à 4.	780 à 810

* La mesure est cylindrique, et a deux décimètres de profondeur.

MANIÈRE DE SUPPUTER L'EXCAVATION DES MINES.

Forme de l'entonnoir ordinaire.

L'éboulis d'une mine est le trou ou l'excavation que laissent les terres qui en ont été chassées; ce trou fait l'effet d'un cône rectangle renversé dont la pointe est vers le milieu de la chambre ou fourneau, et le diamètre de sa base doit être double de sa profondeur.

Pl 16.

Supposons que *ABCD*, fig. 7, soit le profil de la chambre, et que *GH*, soit la hauteur des terres au-dessus; ajoutez à la hauteur *HG*, moitié de la largeur *AB* de la même chambre, vous aurez la profondeur entière du cône *HG*, dont le diamètre *EF*, est le double.

Pour avoir présentement la solidité de ce cône, multipliez cette profondeur par elle-même, vous aurez son carré; multipliez ce carré par la même profondeur, vous aurez le solide de l'excavation.

Sa solidité.

On propose cette méthode parce qu'elle est simple et la plus abrégée de toutes; l'exemple qui suit éclaircira ce fait.

Supposons la largeur de la chambre *ABCD*, de deux pieds et demi, la hauteur de la terre au-dessus *GH*, de vingt-deux pieds; ajoutez-y la moitié de la largeur de la chambre, savoir un pied un quart, la somme sera de vingt-trois pieds un quart ou environ; supposons quatre toises pour éviter les fractions; multipliez quatre par quatre, vous aurez son carré seize, qu'il faut derechef multiplier par quatre, pour avoir le cube 64, qui marque assez précisément (1) la quantité de cette excavation.

Pour savoir la quantité de poudre dont vous devez charger la mine, il n'y a qu'à multiplier la quantité de toises cubes que vous avez trouvée, par 15 livres; ainsi multipliant 64 par 15 livres, viendra 960 livres pour la charge de cette mine, à laquelle ajoutant un cinquième (2) en considération de la maçonnerie, et des humidités que les poudres peuvent contracter par leur séjour dans la mine même, ou dans le parc, et même dans les magasins où sa sécheresse n'est pas toujours bien entretenue, viendra 1152 livres pour la charge plus raisonnable de cette mine. Calcul de la charge.

Nota. Que si le terrain de la mine était peu lié et sablonneux, on pourrait épargner le cinquième.

Ceux qui ont recherché à fond les propriétés plus précises des mines, ont trouvé qu'un pied cube de poudre pèse (3) environ 80 livres; ainsi,

(1) En effet, la solidité d'un cône droit circulaire dont la hauteur est égale au rayon de la base est (1,047) h^3.

(2) Cette addition d'un cinquième peut n'être pas suffisante. Voy. la note de la page 171.

(3) De 57 à 61 livres; voyez la note de la page 172.

divisant les 1152 livres de poudre de la mine précédente par 80, l'on aura 14 pieds pour le cube de la poudre : mais la chambre des poudres doit occuper un espace d'un tiers ou environ, plus grand que le cube de la poudre qu'elle doit contenir, à raison des planchers, sacs à terre et paille dont on se sert pour mettre la poudre à sec ; c'est pourquoi l'excavation totale doit occuper 16 à 18 pieds cubes de vide.

Le calcul raisonné ci-dessus se réduit à supposer une mine en plein terrain, dont l'effet également retenu de tous côtés par le bas, ne se peut faire que par le haut.

Mais comme l'excavation d'une mine de cette sorte ne vaudrait rien dans un siége où son usage est de faire brèche dans un rempart, en le renversant dans le fossé, il faut diriger l'effort de la mine du côté que l'on veut qu'il se fasse ; ce qui ne se peut qu'en plaçant la chambre des poudres, de sorte que le faible se trouve du côté que l'on veut que se fasse l'effet. *Par exemple,* soit un rempart de 30 pieds de haut, comme celui qui est représenté fig. 8. Il faut établir le fourneau, ou la chambre *A,* de sorte que l'effort se fasse du côté *B,* et non du côté *C,* en tenant la partie *AB,* plus faible que la partie *AC,* et que toutes les autres qui environnent la chambre *A.* Pour connaître à peu près, le degré de faiblesse qu'il faut donner à *AB,* par rapport à *AC,* on a réglé la

Pl. 16.

profondeur de la galerie dans les terres sur le pied de la moitié de la hauteur du rempart; de sorte que s'il a 30 pieds de haut, le mineur doit s'enfoncer de 12 à 15 pieds directement.

PREMIÈRE DÉMONSTRATION.

Pour prouver que les fourneaux pour faire brèche, doivent être établis à une profondeur égale à la moitié de la hauteur du revêtement. Pl. 16. Fig 8.

Si la chambre était poussée aussi avant dans les terres que le rempart a de hauteur, c'est-à-dire en *D*, il est certain que l'effet se ferait du côté de *C*, comme le plus faible; et pour lors l'excavation formant le cône renversé *EDF*, toute la muraille de *F* en *B*, resterait debout, outre que la plus grande partie des terres enlevées retomberaient dans leur trou.

SECONDE DÉMONSTRATION.

Faisant la chambre à 12 ou 15 pieds de profondeur égale à la moitié de la hauteur du rempart, tout l'effort se fera du côté de *B*, comme le plus faible, et pour lors l'effet cherchera à former le cône *HAI*; mais étant empêché par le bas, de *B* à *I*, l'effort ne perdant rien se tournera d'autant vers le haut qu'il aura été retenu; et par conséquent de *H* à *K*; de sorte que l'effet de la mine placée ainsi à la moitié de la hauteur de la terre ou de la maçonnerie, fera l'excavation *BAK*, qui est toute la muraille, qui, tombant entière, entraînera avec elle non-seulement les terres qu'elle avait à soutenir, mais encore celles que l'effort de la mine aura ébranlées (1).

Table des charges des fourneaux pour faire brèche par la mine.

C'est sur ce raisonnement qu'on a fait la table suivante, composée de quatre colonnes.

La première marque en pieds les différentes hauteurs des remparts au-dessus des mines, depuis 10 jusqu'à 80 pieds.

La seconde marque en pieds les différens enfoncemens des chambres, qui sont égaux à la moitié de la hauteur des remparts.

La troisième marque les dimensions en pieds et pouces courans des chambres, les supposant cubiques comme un dé, et dont les capacités sont d'un tiers ou approchant, plus grandes que les cubes des poudres qu'elles doivent contenir, en considération des planches, pailles, sacs à terre, etc., dont on fait le lit des poudres.

La quatrième marque les quantités de poudre nécessaires à la charge des mines indiquées dans les autres colonnes à côté.

---

(1) Voyez le *Mémorial de Cormontaingne pour l'attaque des Places, chap. XIII.* Voyez aussi le chap. de ce Traité, *Différence des Mines.*

TABLE

Pour les différentes grandeurs des mines dont on se peut servir dans les siéges, réglées suivant la moindre épaisseur des terres qu'elles ont à chasser, depuis 5 pieds jusqu'à 40, ou depuis 10 pieds de hauteur de rempart jusqu'à 80.

Hauteurs des remparts au-dessus des chambres.	Profondeurs des galeries jusqu'aux chambres.	Mesures des chambres en pieds et pouces courans.		Quantités de poudre nécessaires à la charge des mines.
10 pieds.	5 pieds.	0 pieds.	7 pouc.	10 liv.
12	6	0	8	18
14	7	0	10	28
16	8	0	11	42
18	9	1	1	60
20	10	1	2	82
22	11	1	3	109
24	12	1	4	142
26	13	1	5	180
28	14	1	7	226
30	15	1	9	277
32	16	1	10	336
34	17	1	11	403
36	18	2	1	479
38	19	2	2	564
40	20	2	4	657
42	21	2	5	761
44	22	2	6	875
46	23	2	8	1000
48	24	2	9	1136
50	25	2	10	1294
52	26	3	0	1444
54	27	3	1	1617
56	28	3	3	1803
58	29	3	4	2004
60	30	3	6	2218
62	31	3	7	2447
64	32	3	8	2692
66	33	3	10	2952
68	34	3	11	3229
70	35	4	0	3522
72	36	4	2	3883
74	37	4	3	4161
76	38	4	4	4510
78	39	4	6	4873
80	40	4	7	5258

USAGE DE CETTE TABLE (1).

Connaissant la hauteur du rempart, connaître la capacité de la mine qui lui convient.

EXEMPLE.

Si le rempart a 30 pieds de haut, cherchez dans la première colonne, hauteurs des remparts, le chiffre 30 : vous trouverez vis-à-vis dans la seconde colonne, 15, qui est l'enfoncement du mineur dans les terres; dans la troisième, le chif-

---

(1) Au défaut de cette table qu'on ne peut pas toujours avoir avec soi, il y a un moyen simple pour trouver la mesure des chambres, et la quantité de poudre qui leur convient.

1° Prenant le neuvième de la moindre épaisseur de terre ou de maçonnerie jusqu'à la mine, l'on aura la mesure des chambres en tous sens.

2° Pour la quantité de poudre, prenant le cube de la moindre épaisseur de terre ou maçonnerie, et retranchant la dernière figure, le reste sera la quantité nécessaire sur le pied de 18 livres par chaque toise cube. Mais si l'on n'en veut donner que 15 livres, il faudra retrancher un sixième du nombre resté; de même pour 12 livres par toise cube, il faudrait retrancher un tiers.

EXEMPLES.

Supposons une moindre épaisseur de 20 pieds, le neuvième sera 2 pieds 3 pouces pour la mesure de la chambre en tous sens.

Pour les poudres, supposant la même épaisseur de 20 pieds,

fre 1 pied 8 pouces, dénote la dimension de la chambre en tous sens; c'est-à-dire un pied 8 pouces de haut, sur un pied 8 pouces de large, et autant de profondeur; et dans la quatrième colonne vous trouverez 277 livres, qui est le nombre de livres de poudre nécessaire à charger la chambre, auquel vous pouvez ajouter un tiers ou un quart (1), en considération de la solidité du revêtement, et de l'humidité des poudres; ainsi, si à 277 vous ajoutez 93, viendra 370 livres pour la charge de la mine; la grande précision est ici peu nécessaire; il peut être ainsi de toutes les autres.

Nota. 1° Que quand on fixe la longueur des galeries directes à moitié de la hauteur, cela ne

---

le cube de 20 est 8000; retranchant la dernière figure, reste 800, qui est la quantité de poudre à 18 livres par toise cube. Que si l'on n'en voulait donner que 15 livres, comme 15 diffère de 18 d'un sixième, il faudrait retrancher un sixième de 800, resterait 667, nombre assez conforme à celui de la table, parce qu'on l'a faite sur le pied de 15 livres par toise cube. Ainsi à 12 livres par toise cube, il faudrait retrancher un tiers, parce que 12 est d'un tiers moindre que 18; ôtant le tiers de 800, restera 534 livres pour la quantité de poudre nécessaire à une mine enfoncée de 20 pieds, remarquant qu'à 18 livres c'est beaucoup, et qu'à 12 livres c'est bien peu. (*Note du manuscrit.*)

(1) Ici Vauban ajoute un tiers; précédemment il n'avait ajouté qu'un cinquième, page 175, mais il avait supposé la chambre plus grande qu'elle ne l'était, pour avoir un nombre rond.

se doit pas toujours prendre au pied de la lettre, et doit s'entendre sans compter les retours.

Cas où il s'agit de revêtemens très-élevés.

2° Que quand il s'agit d'ouvrir de grandes élévations, il vaut mieux séparer les mines en plusieurs chambres, parce que cela fait bien plus d'ouverture.

De sorte que s'il s'agissait d'ouvrir un rempart de 80 pieds de haut, la première colonne donnerait 80 pieds; la deuxième, 40 de galerie; la troisième, 4 pieds 7 pouces de chambre, et la quatrième 5258 livres de poudre pour la charge; et en ce cas, on pourrait pousser la galerie en avant de six pieds de moins, et ajouter environ le tiers de 5258, viendrait 7010 livres de poudre pour la vraie charge, qui, divisée en trois, produirait de quoi charger une mine treflée à trois chambres, dont la charge, si elle était égale, serait de 2336 livres de poudre pour chacune; mais attendu que celle du milieu doit être enfoncée de 7 à 8 pieds plus que les autres, j'y mettrais 3010 livres de poudre, et 2000 livres dans chacune des autres; ce qui ne pourrait manquer de produire un grand effet.

A l'égard de la grandeur des chambres qui peuvent convenir à ces différentes quantités de poudre, il n'y a qu'à prendre garde au nombre de la quatrième colonne qui approche le plus de cette quantité; ainsi 2952 étant le chiffre qui a le plus de rapport à 3010, je regarde vis-à-vis dans la troisième, et je trouve 3 pieds 10 pouces pour la hauteur, longueur et largeur de la chambre; et à l'égard de celles à 2000 livres, la capacité des chambres se trouvera vis-à-vis le nombre de 2004, qui est celui de la quatrième colonne qui en approche le plus près; je regarde donc à la troisième colonne vis-à-vis, et je trouve 3 pieds 4 pouces, qu'il faut entendre en tous sens, comme la précédente, pour la grandeur des chambres qui leur conviennent; et ainsi de toutes les autres; remarquant que bien que les règles de la table soient bonnes d'elles-mêmes, il se trouve de si grandes différences tant dans la qualité des terres, dont les unes glaises, les autres grasses, d'autres sablonneuses, et d'autres mêlées de roc ou rocailles, et même d'autres de roc solide, que dans la solidité des revêtemens, dont les uns se défendent incomparablement mieux que les autres; d'ailleurs il y a tant d'inégalité dans la force des poudres, que le plus sûr est de fortifier toujours la charge; le plus ne pouvant faire de mal (1), si ferait bien le moins.

Observation importante sur l'usage de la table.

3° Bien qu'il ait été parlé de l'importance extrême d'égaler les feux pour les pouvoir donner juste à plusieurs chambres à la fois, je dois répéter ici qu'il n'y a rien de plus nécessaire, et que non-

Du compassement des feux.

(1) Cormontaingne trouve qu'il y a des inconvéniens à

seulement on doit bien prendre garde de tenir la saucisse sèchement, et non trop pressée dans les augelets; mais qu'il la faut bien compasser; en sorte qu'il n'y en ait pas un demi-pouce de long à l'un des bras de la mine plus qu'à l'autre; et dans celles où il y a plusieurs fourneaux, comme les galeries doivent être de différentes longueurs, il faut faire aller la saucisse de droite à gauche dans la galerie, en forme de zigzag, comme elles sont représentées aux planches 17, 18 et 19, et surtout bien placer le foyer, qui est le lieu choisi pour donner feu à la mine.

---

augmenter les charges, les pierres et les terres, lorsque les charges sont trop fortes, étant chassées avec violence du côté des attaques, les entonnoirs très-évidés, et les brèches peu praticables. (*Mémorial pour l'attaque,* fin du chap. XIII.)

ATTACHEMENT DU MINEUR ET SA SUITE.

Pl. 17.

Après avoir suffisamment expliqué l'effet et la nature des mines, j'estime qu'il est temps d'en faire entendre l'usage.

Attachement du mineur.

L'attachement du mineur se fait au milieu environ des faces, sinon au tiers, à le prendre du côté des angles saillans des bastions, demi-lunes, ou autres ouvrages équivalens. Il vaudrait mieux que ce fût en approchant des épaules, parce que l'effet de la mine couperait partie des retranchemens; mais on va pour l'ordinaire à la partie la plus tôt en état et la plus commode. Cet attachement doit toujours être précédé de l'occupation du chemin couvert, de l'établissement des batteries nécessaires sur le même, de la rupture des flancs qui peuvent avoir vue sur le logement du mineur, et de la descente et passage du fossé, auquel il faut ajouter un logement capable de 20 ou 30 hommes dans le même fossé, pour la garde du mineur.

Nécessité d'un logement pour le soutenir.

Dans le temps qu'on achève ces préparations, on doit travailler à l'établir; ce qui se fait en deux manières, l'une ancienne et l'autre moderne; l'ancienne est d'envoyer deux ou trois travailleurs, qui s'enfoncent dans les décombres tombés au pied du revêtement, où ils font place pour poser

Ancienne manière d'attacher le mineur.

des madriers, remarquant que si c'est un fossé plein d'eau, il faut se mettre en état de commencer l'œil de la mine à un pied au-dessus de la superficie de l'eau, supposé qu'on ne la puisse pas rehausser : et si c'est un fossé sec, il le faut commencer le plus près du fond qu'on pourra, afin de tenir toujours le dessous.

Pl. 17. Fig. 1. Après la place préparée, on y fait porter 6, 7 ou 8 madriers de 7 à 8 pieds de long chacun, sur un de large, et 4 pouces d'épais, couverts de fer blanc, à cause des feux d'artifice : on les appuie bien joints les uns aux autres contre le mur, leur donnant assez de pied pour que deux mineurs se puissent loger dessous un peu commodément, et y travailler à leur aise.

On les couvre après cela de peaux de bœufs fraîchement tués, quand on en a, et on bouche l'ouverture sous les madriers du côté du flanc, avec des sacs à terre, donnant toute l'épaisseur qu'on peut à cet épaulement.

Après quoi, on fait entrer le mineur sous les madriers, qui commence aussitôt à percer dans le parement, et à s'enfoncer dans le corps du mur du mieux qu'il peut.

Inconvéniens de l'ancienne manière d'attacher le mineur. Il faut avouer que cette méthode est dure, longue, très-dangereuse, et qu'elle a fait périr une infinité de mineurs, car ils sont long-temps exposés :

1° Au canon des flancs, dont l'ennemi vous

dérobe toujours quelques coups de temps en temps, bien que démontés et en grand désordre, parce qu'il y remet de nouvelles pièces avec lesquelles il tire quand il peut, et ne manque guère le logement du mineur.

2° Au mousquet des tenailles et des flancs hauts et bas, s'il y en a qui soient un peu en état.

3° Aux pierres, bombes, grenades et feux d'artifices, que l'ennemi tâche de pousser sur lui du haut en bas des parapets.

4° Aux surprises des sorties dérobées, dont on ne manque pas de le régaler souvent, et par dessus cela, à toutes les ruses et contradictions des contre-mines.

De sorte que la condition d'un mineur en cet état, est extrêmement dangereuse et recherchée de peu de gens; et ce n'est pas sans raison qu'on dit *ce métier être le plus périlleux de la guerre.*

Manière préférable d'attacher le mineur.

Quand cet attachement est favorisé du canon en batterie sur les chemins couverts, c'est tout autre chose, le péril n'en est pas à beaucoup près si grand. On enfonce un trou de quatre ou cinq pieds de profondeur au pied du mur, où le mineur se loge et se met à couvert en fort peu de temps du canon et du mousquet des flancs, des bombes, grenades et feux d'artifice qui ne peuvent plus lui rien faire peu de temps après son attachement; il n'a plus que les sorties et les contre-mines à craindre.

Suite de l'attachement du mineur.

Ajoutons à cela, que si après avoir décombré et vidé son trou de ce qu'il y aura trouvé d'ébranlé du canon, il en ressort pour un peu de temps, et qu'on recommence par y faire tirer 50 ou 60 coups de canon bien ensemble, cela contribuera beaucoup à l'agrandir et enfoncer.

Ce même canon lui rend encore un bon office, quand il y a des galeries en contre-mines dans l'épaisseur des murs, parce qu'il les peut enfoncer à droite et à gauche, à quelque distance du mineur; et, par ce moyen, en interdire l'usage à l'ennemi; il sert même à disposer la prochaine chute du revêtement et à la faciliter.

Les mineurs se relèvent de deux heures en deux heures, et travaillent avec toute la diligence possible, jusqu'à ce qu'ils soient prêts à chambrer. Pendant qu'ils avancent leur ouvrage, on fait approcher les poudres, les sacs à terre, et les fumiers nécessaires au bouchement de la mine, à portée dans les places d'armes plus prochaines; les charpentiers de l'artillerie préparent à même temps les étais, les bois, les planches pour la galerie et pour boucher.

Dimensions de la galerie.

La galerie doit avoir trois pieds et demi de haut sur deux et demi de large bien francs; et quand on travaille aux rameaux, on réduit, autant que l'on peut, leur galerie à deux pieds et demi de haut sur deux de large.

Le mineur doit extrêmement se méfier des

contre-mines, souvent écouter s'il n'entend pas travailler pour venir à lui, auquel cas il doit sonder du côté qu'il entendra le bruit; souvent on en fait d'un côté pendant qu'on travaille de l'autre, pour tromper l'ennemi (ce qui ne se peut guère que quand on est dans les terres); pour lors on peut travailler avec de gros ciseaux plats, qu'on pousse de la paume de la main, sans frapper autrement que par le poing sur le manche, pour faire éclater la terre sans bruit.

Ciseaux plats pour travailler sans bruit.

Si l'ennemi vous presse, il faut le prévenir, s'il se peut, par une fougasse qui l'étouffe dans sa contre-mine; pour cet effet, on pourrait se servir de sondes faites en tarières brisées de deux ou trois pièces qui s'ajustent les unes aux autres.

Moyens de donner le camouflet.

Ces tarières, qui sont de différens calibres, s'introduisent dans le trou l'une après l'autre, pour l'agrandir jusqu'à lui donner cinq ou six pouces de diamètre; on l'enfonce le plus avant que l'on peut du côté de l'ennemi, comme de 5, 6 à 7 pieds, après quoi on y pousse une grosse gargouche de même calibre, contenant 10 ou 12 livres de poudre, qu'il faut bien boucher et tamponner de notre côté, la très-fortement étayer, et y donner le feu par un tuyau percé de long et par le milieu du tampon, comme ceux des bombes.

Si la galerie de l'ennemi n'est qu'à 4 pieds de la tête de cette fougasse, il est sûr qu'elle en sera enfoncée.

Autres moyens de donner le camouflet.

D'autres se servent de deux à trois bombes jointes ensemble pour faire cet effet ; d'autres d'un petit fourneau de 80 à 100 livres de poudre, fait à la hâte, pour enfoncer la galerie de l'ennemi, qui quelquefois vous prime aussi de son côté ; comme il ne manque pas de sonder pour savoir à quelle distance vous êtes de lui, il faut être alerte, et quand le bout de la sonde paraît, être prompt à remplir le trou, quand il la retire, par le bout d'un pistolet, qui, étant introduit juste et à propos par un homme assuré, ne manque guère de tuer le mineur ennemi.

Il faut faire suivre ce coup de trois ou quatre autres, après quoi y pousser une sonde pour nettoyer le trou et empêcher qu'il ne le bouche de son côté.

Nota. Qu'il est bon, dans ces rencontres, d'être précautionné d'un plateau de bois grand comme un plat, de quatre pouces d'épais, avec une cheville dans le milieu, pour le tenir et l'opposer à ce trou, comme un bouclier, si l'affaire tourne en dispute.

Plus, avoir une lance à feu puante, toute prête pour l'introduire dans le même trou, et, après lui avoir donné feu, bien boucher de notre côté, afin que toute la fumée passe dans la galerie de l'ennemi, d'où on le chassera pour quelque temps ; pendant quoi il ne faut pas manquer de chambrer et de lui faire jouer un petit fourneau qui le chasse tout-à-fait de sa galerie et la crève.

Selon que les ouvertures sont grandes de l'une à l'autre, on y insinue quelquefois une bombe, qui y fait merveille.

Autres chicanes de mineur à mineur.

D'autres fois des porte-feux, seulement pour l'épouvanter ; d'autres fois des grenades : le meilleur est la bombe, quand on le peut, car elle rompt la galerie. Un pétard y peut être aussi employé quand il y reste peu à percer ; et, pour conclusion, on se fait tout du pis qu'on peut.

Voilà à peu près les chicanes qui se font sous terre de mineur à mineur, où les plus adroits et les mieux précautionnés ont ordinairement l'avantage ; mais, quand on craint de tomber dans ces cas, le mieux est de mettre la chose en deux, et de faire jouer une mine médiocre dans le commencement, pour crever les galeries des ennemis et les en chasser pour deux ou trois jours, pendant quoi on rattache le mineur de notre côté, et pour le coup on s'enfonce hardiment dans la masse du rempart.

On dit chasser l'ennemi de sa galerie pour deux ou trois jours, parce que la terre *s'émeut et se meurtrit* (pour parler en terme de mineur) à 5 ou 6 toises de l'endroit où la mine a joué, et remplit tout de fumée si puante que personne ne peut en soutenir l'odeur, ce qui ne fait pas le même effet du côté de l'assiégeant, parce qu'il a plus d'air et qu'il n'est pas question d'employer de si longues galeries.

Quand l'effet des mines est soutenu par celui des grosses batteries établies sur le bord du fossé contre les flancs et les brèches, que les bombes sont abondamment servies, et que les pierres se mettent de la partie, les conditions de l'ennemi deviennent dures et si mauvaises dans les pièces attaquées, où tombent tous ces orages, qu'il ne s'y peut remuer en grosses troupes sans être exposé à mille dangers qui lui déciment à tous momens son monde, et toujours en diminution de sa garnison : c'est pourquoi il paie de patience, et ne fait pour l'ordinaire pas grand bruit quand il est bien entrepris.

DIFFÉRENCE DES MINES.

Définition des mines.

Je crois qu'il ne sera pas inutile d'expliquer ici ce que c'est que *mine directe*, *mine double* ou faite en *T*, *mine triple ou treflée*.

On n'en fait guère de quadruples dans les siéges; cependant on en pourrait faire, et même de quintuples et de sextuples si on voulait; mais cela serait long et de peu d'utilité.

La mine directe est celle qui n'a qu'une chambre et qu'une galerie; par conséquent, celle-ci établit sa chambre pour l'ordinaire à la racine des contreforts, quand il y en a, et emploie plus de poudre à proportion que les autres. Fig. 2, *A*, pl. 17.

Mine double ou en *T*, est celle qui, après avoir percé l'épaisseur du revêtement, se sépare en deux rameaux égaux, qui, s'étendant derrière ledit revêtement, vont chercher la racine des deux contreforts voisins, dans la solidité desquels on chambre. Fig. 1, *B*, pl. 18.

Avantages des mines triples pour faire brèche.

Mine triple ou treflée, est celle où, non content de deux fourneaux séparés, on en pousse un troisième dans les terres, qui va chercher le derrière des contreforts; celle-ci en embrasse ordinairement trois, et procure un grand éboulis de terre et une profonde excavation quand elle réussit bien. Ces fourneaux doivent être faits en égale distance les uns des autres quand on le peut; mais les porte-feux doivent être nécessairement égalés avec une grande justesse; autrement, il y aurait danger que celui de quelqu'un des fourneaux ne s'étouffât, comme il arrive assez souvent : c'est à quoi on ne saurait trop apporter de circonspection. On charge ordinairement de quelques sacs de poudre le fourneau du milieu plus que les deux autres. Fig. 3, *C*, pl. 17.

On y peut ajouter plus de fourneaux, mais je tiens qu'en voilà assez pour une brèche raisonnable; en tout cas, les planches 18 et 19 proposent plusieurs plans qui serviront à secourir l'idée de ceux qui en voudront davantage.

Au reste, la conduite des galeries ne doit pas être directe; il faut du moins la briser deux ou trois fois carrément ou à angle droit, pour avoir plus de facilité à bien boucher, et faire même des feuillures de 4 ou 5 pouces de large, et autant d'enfoncement dans les endroits qui pourraient servir pour aider à leur fermeture.

Les chambres doivent être proportionnées à la quantité des poudres que vous y voulez employer, ce qui est à peu près réglé par la table ci-devant, pour toutes sortes de mines, grandes et petites; quant à la figure des chambres, les rondes ou carrées sont celles qui leur conviennent le mieux.

Il faudra en unir le fond le mieux qu'on pourra, et donner quelque rehaussement à son cul de four, et la bien nettoyer.

Quant aux manières de les charger, il faut, en premier lieu, prendre garde que le fond de la chambre ne soit pas trop près de l'eau.

En second lieu, de l'enfoncer d'un pied ou un pied et demi plus que la galerie si le terrain le permet.

En troisième lieu, de les bien nettoyer, et préparer ce qui doit servir à leur fermeture.

Et en quatrième lieu, avoir des augelets et saucisses prêtes et bien faites; celles-ci sont de longs boudins de toile, de grosseur à passer un œuf de poule, qu'on remplit de poudre de manière qu'elle y soit bien continue, et non trop pressée. *Tout cela étant prêt, on charge.*

Manières de

On a autrefois employé trois moyens pour charger les mines : le premier, avec des barriques entières, arrangées dans les chambres, dont, en ôtant les chapes, on débouchait les bondons, rompant aussi quelques douves et répandant un peu de poudre entre-deux. charger les mines.

Cette méthode était fort incommode dans les lieux étroits, et ne donnait pas une assez bonne disposition à l'embrasement des poudres.

On l'a quittée pour charger avec des sacs à terre remplis de poudre, qu'on arrange par tas dans la chambre, le mineur ayant soin de donner un coup de couteau à chacun pour les ouvrir, et de répandre de la poudre entre-deux. Plusieurs pratiquent encore celle-ci.

Moyen le meilleur.

Mais la meilleure de toutes est de planchéier de madriers, si l'on peut, le fond de la chambre; de répandre bien également sur ce plancher un pouce d'épais de paille, recouverte par un tapis de sacs à terre vides, pour empêcher que la poudre ne prenne trop tôt l'humidité; après quoi on la verse en tas, comme un monceau de blé, qu'on empêche de toucher aux bords de la chambre, par les raisons que dessus, en continuant de les garnir tout autour de paille et sacs à terre pour éviter l'humidité.

Celui qui conduit la charge est ordinairement un officier des mineurs, un sergent, ou du moins un caporal, qui doit avoir grand soin d'introduire le bout de la saucisse dans le milieu des poudres, afin qu'elle puisse porter son feu également ; observant encore de la contenir en cet état par le moyen d'une broche ou cheville de bois, de trois ou quatre pouces de long et de cinq ou six lignes de diamètre, dont il la perce de part en part en dedans de la chambre et le plus près qu'il peut des madriers, pour l'arrêter et empêcher qu'on la puisse arracher en la tirant par l'autre bout, ou que la violence du feu de la poudre dans toute la longueur de la saucisse, ne fasse cet effet.

Pl. 16. Fig. 14.

Après cela, on renferme sa suite dans l'augelet qui est conduit jusqu'à l'entrée de la mine, observant de tenir toujours le milieu tant que l'on peut.

La mine une fois chargée de la quantité de poudre qu'on y veut mettre, on travaillera à la boucher, et c'est ce qu'il y a de plus important à faire dans cette conduite, et où il faut que les maîtres mineurs paient de plus d'adresse et de savoir-faire.

Bourrage de la mine.

La mine se ferme par des bouts de madriers fort épais, joints l'un à l'autre et bien contrebutés ; on maçonne tout le vide avec de gros moellons et du fumier qui leur sert de mortier, serrant les joints avec quantité de coins de bois faits exprès et battus à la masse, et on traverse souvent la galerie de madriers bien étrésillonnés, ce qui s'observe dans toute sa longueur : *à la portée* de la chambre, et au premier retour, on se barre avec encore plus de soin avec des madriers bien contrebandés d'é-

Pl. 17. Fig. 2, 3, 4.

tais, et on continue de maçonner avec la même application jusqu'au trois ou quatrième retour qu'on ferme toujours de même, prenant sur cela toutes les précautions possibles; et toujours prendre garde à ce que les augelets ne se dérangent point, et que la saucisse soit bien conduite et tenue sèchement.

Quand on juge que la mine est suffisamment bouchée, on en demeure là, et pour lors on établit le foyer ou la lumière de la mine, qu'on couvre soigneusement en attendant l'ordre d'y mettre le feu.

Préparatifs pour l'assaut.

Pendant que la mine se bouche, on fait les préparatifs de l'assaut, si on y en veut donner un. Soit cela ou un logement en brèche, il faut avoir de grandes provisions de matériaux et d'outils dans les places d'armes prochaines;

Que les batteries de canon, de bombes et de pierriers, soient pourvues pour tirer au moins 50 ou 60 coups par pièce;

Un gros détachement de grenadiers prêts, avec ceux qui les doivent soutenir; et tous les travailleurs nécessaires, garnis d'outils, de matériaux, etc., le tout placé, arrangé et bien instruit de ce qu'ils auront à faire, avec un détachement de 100 travailleurs à la tête, pour déblayer et réparer promptement les désordres que la mine pourra faire aux têtes plus avancées de la tranchée.

Toutes choses étant prêtes, il faudra commencer par faire retirer les troupes peu à peu et sans bruit, hors la portée des éclats de la mine, ce qui ne se peut faire qu'estimativement, car quelquefois elle éclate loin, et d'autres fois elle ne fait que renverser.

Les troupes étant retirées, il faudra aussi faire retirer les sentinelles, et ne laisser que quatre ou cinq fusiliers bien dispos pour escorter la retraite du mineur ; cela fait et disposé, lui envoyer ordre d'y mettre le feu et se retirer.

Explosion de la mine.

Sitôt que la mine a fait son effet, les officiers d'artillerie de toutes espèces regagnent leurs batteries et raccommodent incessamment ce qu'il peut y avoir de gâté ; tous les gens commandés retournent à leurs postes, et la première chose qu'on y fait est de parcourir toute la tête des tranchées et le passage du fossé avec les travailleurs commandés, et rétablir ce que l'effet de la mine y a gâté ; pendant cela, on fait reconnaître la brèche, et les batteries se tiennent en état de battre, suivant les ordres qu'elles en ont eus, pour achever de l'aplanir, empêcher les ennemis de s'y présenter et les inquiéter dans leurs retranchemens ; les gens commandés pour faire feu bordent les logemens, et après avoir rangé les sacs à terre, ils passent les armes entre-deux, et se mettent en état de faire feu sur tout ce qui paraîtra du rempart.

Toutes ces mesures étant bien prises et sagement exécutées, il sera bien difficile que l'ennemi se puisse présenter en grosses troupes au soutien de ces brèches, et encore plus qu'il y puisse tenir, non plus qu'à ses retranchemens.

Maxime constante de Vauban.

Pour cela, il ne se faut pas presser ni rien entreprendre étourdiment, mais se conduire selon la disposition où on verra lès choses, et toujours par les voies les plus sûres; car deux ou trois heures de plus ou de moins n'avancent ni ne reculent guère les affaires d'un siége, et coûtent quelquefois bien du monde quand elles sont mal employées et qu'on se presse trop.

Logement sur la brèche.

Les choses étant donc rétablies et toutes en état, il y aura deux partis à prendre : celui de se loger de plein saut sur le haut des brèches, poussant de vive force tout ce qui s'y présentera, ou de s'y prendre comme il a été proposé pour les brèches à canon, page 145 de ces Mémoires.

Que si l'entreprise paraît trop dure et hasardeuse, il vaudra mieux rattacher encore une fois le mineur et recommencer à canonner, pour donner toute l'étendue désirable aux brèches, qui est un parti préférable à tous les autres et que l'ennemi ne soutient presque jamais, et cependant gagner toujours terrain.

Fin des mines.

Voilà, à mon sens, le chapitre des mines suffisamment expliqué, à l'aide des dessins contenus dans les planches 16, 17, 18 et 19.

Il y aurait encore deux autres explications à faire, qui seraient celles des contre-mines et l'usage des mines dans les démolitions ; mais le premier regardant la défense des places, et l'autre leur démolition, je remets celui-là à un traité que je ferai, peut-être, sur la défense. Pour le second, je m'en remets à la capacité des mineurs du roi, qui ont toute l'intelligence nécessaire pour les mines où il ne s'agit que de démolir.

Mention du Traité de la défense.

Vauban ne s'occupera pas des démolitions.

Si l'exécution du contenu en ces Mémoires, tant en ce qui regarde l'usage des mines que celui du canon et des bombes, est fidèlement observée et bien conduite, on pourra s'assurer que l'ennemi sera bientôt forcé de battre la chamade, quelque opiniâtre qu'il puisse être.

Les places ne font plus une longue résistance.

On ne va plus, à beaucoup près, si loin, et nous ne voyons point de place de ce temps-ci qui se laisse pousser à cette extrémité.

La défense de celles qui sont attaquées de la sorte devient trop dangereuse pour pouvoir durer si long-temps : quand les attaques y sont menées méthodiquement, les assiégés y doivent perdre trois hommes contre les assiégeans deux ; nous avons fait plus d'un siége où cela s'est vu, sans qu'elles fussent menées avec tant d'art qu'il en est ici proposé : *la raison en est claire.*

La tranchée ne se fait point à découvert dès qu'elle commence à devenir dangereuse ; il ne se fait point de grosses attaques qui exposent un grand monde à la fois, et la garde ne se monte que de cinq ou six jours l'un ; au lieu que les assiégés, quelque bonne conduite qu'ils puissent tenir, ne peuvent pas se dispenser d'avoir le tiers de leur monde en garde, l'autre au bivouac, et la plus grande partie de l'autre occupée aux retranchemens, réparations, et au service du canon, ce qui les expose presque continuellement ; de sorte que de trois jours il y en a du moins deux où on peut dire que les deux tiers de la garnison souffrent beaucoup ; la bonne disposition de nos batteries de toutes espèces les allant chercher partout ; et l'on peut dire qu'il n'y a pas un seul endroit dans toute la partie de la place opposée aux attaques, qui ne soit très-dangereux, ce qui ne se peut sans souffrir de grandes pertes.

Règle du service par tiers dans une place assiégée.

Il ne se faut donc pas étonner si les places se rendent plus tôt qu'elles ne faisaient autrefois ; la quantité de dehors qu'elles ont de plus, dont la défense fatigue et consomme bien du monde, et les avantages que les attaques prennent sur elles, bien plus considérables que du passé, affaiblissent tellement les garnisons qu'il n'y en a guère (et j'ose dire pas une) qui soit assez hardie pour se commettre à une dernière affaire, dont le mauvais succès, presque certain, les exposerait à être taillées en pièces.

Voilà nos attaques conduites à leur fin par les voies les plus courtes, les plus raisonnables et les moins ensanglantées qui se puissent mettre en usage.

Les principes sur lesquels je me suis fondé sont puisés dans ceux de la fortification même, qui en suppose le système régulier comme le plus parfait, et auquel tout ce que l'on fait doit se rapporter, autant que les différentes situations le peuvent permettre.

Je l'ai imité en supposant un front de place régulier, régulièrement attaqué par un terrain plein et uni, qui n'est avantagé de rien dans un endroit plus que dans l'autre. Ce n'est cependant pas à dire que cela se trouve partout, il s'en faut bien ; il est même très-rare de rencontrer de pareilles places et de pareilles situations. La plupart tiennent bien quelque chose du régulier, mais beaucoup plus de l'irrégulier, parce que les villes ayant été bâties et fermées de murailles, ou fortifiées à l'antique avant que la fortification moderne fût en usage, on a profité, autant que l'on a pu, de ce que la vieille avait de meilleur, pliant, accommodant, et même altérant les règles de la nouvelle fortification en faveur de ce que l'on a trouvé de bon de la vieille. C'est ce qui fait qu'on trouve peu de fortification de grandes places qui soit régulière ; tout est plein d'irrégularités et de pièces accommodées à la situation, hautes ou basses, plates ou coupées de rivières, ou accommodées à ce qu'il y a de vieux fait, et très-souvent selon le

Des places irrégulières.

caprice de ceux qui les ont bâties. On prend seulement garde qu'il n'y ait rien de contraire *aux bonnes maximes* de la fortification, et c'est le mieux qu'on puisse faire ; et tout cela se réduit à observer que toutes les pièces se flanquent bien, que la ligne de défense ne soit point trop longue, que les parties se soutiennent l'une l'autre et se puissent entre-communiquer, et que tous les parapets soient à preuve du canon, et ces mêmes pièces environnées de fossés et chemins couverts, palissades, etc.

Quand tout cela est à peu près observé, le reste tombe dans des règles fort communes pour lesquelles on n'a souvent eu que de faibles attentions.

Or, tout ainsi que la diversité des situations contraint souvent les règles de se relâcher, et même de céder et d'admettre des figures fort bizarres, qui ne laissent pas d'avoir du bon, il arrive aussi que le fort et le faible des places se présentent fort diversement, et que les accès à ces mêmes places y causent une infinité de diversités *par* la manière dont la fortification se présente aux attaques : *par* le haut et le bas des accès; *par* les entrecoupemens de leurs avenues ; *par* la bizarrerie des couverts qui les environnent ; *par* la multiplicité des dehors bâtis en différens temps, et par des génies fort différens; *par* l'étrécissement des espaces qui peuvent nous y conduire; et *par* je ne sais combien d'autres accidens de terrain, qui accompagnent presque toujours les vieilles fortifications.

Il faudrait autant de règles qu'il y a de places, si on voulait proposer leurs attaques toutes instruites et corrigées ; c'est ce que nous n'entreprendrons pas de faire, cela nous mènerait trop loin : nous nous contenterons de proposer dans ce qui nous reste à dire, une certaine quantité de places de différentes figures, comme autant d'exemples capables de nous donner les ouvertures nécessaires à l'instruction de celles qui peuvent avoir quelque rapport avec elles.

AVIS PARTICULIER

Sur l'attaque des places irrégulières, contenant huit exemples.

PREMIER EXEMPLE.

Attaque d'un ouvrage à corne sur la capitale d'un bastion.

Mérite des ouvrages à corne sur les capitales des bastions.

Pl. 20 et 21.

De tous les dehors ajoutés à la fortification, aucun n'égale en mérite les ouvrages à corne bien placés; non sur le milieu des courtines comme on le fait communément, mais sur les capitales des bastions, dont ils embrassent les faces entières. En cet état, leurs longs côtés sont défendus du canon des courtines à feu rasant; les mêmes côtés par deux demi-lunes collatérales 5 et 6, qui leur donnent des flancs fichans de 40 à 50 toises chacun, qu'on ne leur peut ôter, parce que la tête de cet ouvrage voit de revers sur l'attaque de ces pièces, et les soutient jusqu'à ce que l'on s'en soit rendu maître.

Or supposé la place bien revêtue, l'ouvrage à corne ou sa demi-lune avec les deux d'à-côté aussi revêtues, leurs fossés profonds et revêtus, et le tout environné d'un chemin couvert bien conditionné, il est certain que ce serait une des plus grandes perfections qu'on pût donner à la fortification; car il ne faut pas moins de cérémonies pour se rendre maître de ce seul ouvrage, que pour le front du corps de la place bien bastionné; et même quand il est pris, la place demeurant en son entier, il faut faire nouvelle procédure et recommencer par attaquer la place par le dedans de la gorge, qui est toujours un pays fort difficile.

Parallèle des difficultés de l'attaque des ouvrages à corne, suivant qu'ils sont situés sur les bastions ou sur les courtines.

Pour juger de son mérite par rapport à ceux qu'on érige sur les courtines, il est à savoir que pour s'en pouvoir rendre maître, il faut prendre son chemin couvert 1, sa demi-lune 2, l'ouvrage à corne 3, avec toutes les traverses 4, les deux demi-lunes collatérales 5 et 6, ce qui ne vous mène qu'à un bastion 7, que vous êtes après obligé d'attaquer par les deux faces avec beaucoup d'incommodité; cependant tout cela ne produit que l'équivalent d'une attaque; et voilà 5 pièces à prendre pour y parvenir, compris le chemin couvert, sans compter les retranchemens intérieurs de cet ouvrage, qui méritent encore considération.

Mais quand ces ouvrages à corne sont situés sur le milieu des courtines, comme ceux de la planche 22, on n'a que le chemin couvert 1 à prendre, la demi-lune de sa tête 2, la corne 3, avec les traverses 4, et quelquefois une demi-lune 5, qui pour l'ordinaire est petite et disgraciée par les supériorités que l'élévation du rempart de la corne prend sur elle. Tout cela ne fait que 4 pièces à prendre : cependant la prise de cet ouvrage vous mène aux deux bastions 6 et 7, avec bien plus d'aisance et de commodité, que la première corne ne fait à l'unique bastion 7 de la planche 20 : d'où résulte que les ouvrages à corne placés sur les capitales prolongées des bastions, sont en tout et partout préférables à ceux des courtines; ce qui soit dit en faveur de la fortification moderne.

Où de telles pièces se trouveront, on fera bien d'éviter autant qu'on le pourra de les attaquer; mais où on sera nécessité de le faire, il faut s'y prendre comme au corps de la place, et y employer les tranchées, places d'armes, cavaliers, batteries à ricochet, de même que partout ailleurs. La planche 20 montre la meilleure figure qu'on puisse donner à cet ouvrage, et à même temps la disposition de ses attaques, le prolongement de ses capitales, et celle des batteries à ricochet; elle montre enfin les attaques, telles qu'elles se peuvent conduire en terrain uni.

Attaque des ouvrages à cornes sur les capitales des bastions.

Comme elles n'ont rien que de semblable aux attaques que nous avons déjà instruites, non plus que les descentes et passages de fossés, nous n'en dirons rien de plus particulier jusqu'à la prise de la corne; mais quand on en sera maître, il faudra loger 3 ou 4 pièces de canon sur chacun des deux demi-bastions, et 6 ou 8 sur le milieu de la courtine pour être employées,

Pl. 21.

1° Contre les retranchemens et traverses du dedans,

Et 2° contre le bastion même, dont il faudra battre les défenses; et si on pouvait le plonger assez bas, le battre en brèche; sinon occuper son chemin couvert à l'ordinaire et y établir des batteries, comme il est proposé aux endroits *z* et *o* de la planche 21, pour faire brèche aux deux faces, dans le temps qu'on travaillera aux passages de leurs fossés.

Pl. 21.

Pendant que la tranchée fera chemin par le dedans de l'ouvrage à corne, on marchera aux demi-lunes collatérales 5 et 6, dont la prise suivra celle de ce grand ouvrage, à quelques jours près. La planche 21 montre la disposition de ces attaques depuis le chemin couvert jusqu'à la place, de même que la situation des batteries intérieures, et les ruptures et rasemens de rempart à faire, pour faciliter le chemin du canon aux batteries du chemin couvert.

SECOND EXEMPLE.

Attaque d'un ouvrage à corne érigé sur une courtine. Pl. 22 et 23.

Soit une tête de place, dont l'attaque a été résolue, bâtie sur le bord d'une rivière de 80 ou 100 toises de large, avec un pont dessus fait de bateaux ou sur pilotis, soutenu à la tête par une espèce de dehors ou petit fort *D*, et le front attaqué de cette place renforcé par un ouvrage à corne, fait comme le figuré 3, et la tranchée supposée avancée jusqu'à la troisième place d'armes. Nous reprendrons les attaques pour les conduire à leur fin, suivant l'ordre ci-devant prescrit pour la disposition générale des attaques, dont il ne faut jamais s'éloigner jusqu'à la prise de la corne, ce qui se fait comme à un front de place; quoi fait, il faudra établir des batteries sur les demi-bastions de la même corne, comme à la ci-devant proposée du premier exemple, et percer dans l'ouvrage par les angles rentrans de la courtine et des flancs, etc.; et de là marcher en avant vers les traverses 4, comme il est figuré au plan.

A mesure qu'on se rend maître de la tête de cette corne 3, on doit couler le long des chemins couverts de ses longs côtés, continuer la tranchée vers les bastions, se dirigeant par les capitales; on s'approchera des angles du chemin couvert, dont on se pourra emparer fort peu après la prise de la corne. Le surplus se doit conduire à l'ordinaire. *G, I, M,* marquent les places des batteries à ricochet, à prendre de l'autre côté de la rivière; *V* une tranchée qui va chercher le fort; *N* et *N,* des batteries de çà et de là pour tirer au pont et le couper; le surplus de ces attaques tombant dans la conduite ordinaire, n'a pas besoin de plus grande explication. Pl. 22.

TROISIÈME EXEMPLE.

Attaques d'une place où il y a fausse braie.

Pl. 24 et 25.

Propriété des fausses braies.

S'il était question de l'attaque d'une place où il y eût fausse braie qui est une défense double, basse et rasante, très-contraire au passage du fossé de la place, on pourra la rendre inutile par l'effet du ricochet qui est leur grand destructeur, et par les batteries du chemin couvert qui les enfilent de revers et de plongée, de sorte qu'on les fait aisément abandonner; mais comme l'ennemi y peut revenir de temps en temps, et faire abandonner le passage du fossé avec grande perte pour peu qu'on y demeure; le mieux est d'en précautionner la tête par cette montagne de fascines, dont il est parlé aux passages des fossés, planche 12, à quoi il faut ajouter l'usage toujours prêt des bombes et des pierres.

Pl. 24. *A B*. Fortification à fausse braie.

H et *I*. Deux ricochets qui l'enfilent et la plongent à même temps. Les batteries du chemin couvert *i*, pl. 25, peuvent encore l'enfiler.

G et *G*. Batteries de front.

Pl. 25. *f* et *l*. Passages du fossé, auxquels la fausse braie pourrait nuire, si elle n'était pas contenue par les ricochets et autres batteries.

QUATRIÈME EXEMPLE.

Attaques d'une vieille place qui n'est flanquée que par des tours couvertes de dehors de terre ou revêtus, à fossés secs ou pleins d'eau. Pl. 26 et 27.

Quand on attaque de vieilles places, dont les corps ne sont flanqués que par des tours à revêtement terrassé et fondé sur berme, comme il s'en rencontre assez communément, qui, ayant de bons fossés, sont d'ailleurs environnées de dehors qui suppléent assez bien au défaut des bastions; on attaque celles-ci par tranchées et batteries, comme les autres, auquel cas les ricochets, places d'armes et sapes y peuvent être d'usage comme aux autres places.

Soit donc un front de place attaqué *A B C*, comme le plus faible, ayant ses remparts à l'ordinaire environnés d'un bon fossé tout autour et d'une ceinture de dehors, disposés comme *D*, *E*, *F*; il en faudra diriger les attaques à l'ordinaire, y employant les trois places d'armes, les lignes de direction, batteries, sapes et tranchées, ainsi qu'à toutes les autres.

Il y a beaucoup de vieilles places qui sont fortifiées de la sorte et qui ne laissent pas d'être assez bonnes; mais cette bonté ne va pas bien loin, car si le fossé est sec et les dehors de terre non revêtus, de grosses batteries bien placées les mettent bientôt en désordre par la rupture de leurs fraises et palissades, et par le déchirement de leur gazonnage et de leur haie vive, s'ils en ont.

Rarement après le chemin couvert perdu, et les descentes et passages des fossés avancés, les garnisons attendent une insulte générale, notamment si le corps de la place est fort endommagé et ouvert; c'est pourquoi il faut aussi se prolonger sur les batteries à ricochet *I*, *K*, *L*, et battre en brèche de celles des places d'armes à même temps qu'on travaille aux passages des fossés *f*. La défense de ces dehors de terre à fossés secs, est fort dangereuse quand les batteries des assiégeans font

Pl. 26.

Faiblesse des dehors en terre à fossés secs.

Pl. 27.

bien leur devoir ; car, croisant de toutes parts, il n'y a guère de fraises ni de palissades qui n'en soient rompues.

Si les fossés sont pleins d'eau, c'est autre chose : on peut attendre le passage du fossé à toutes les pièces, tant que leur communication à la place peut subsister ; mais quand elle est rompue, il est fort dangereux de les soutenir de vive force avec un gros monde ; car si elles sont vivement battues de canons et de bombes, il est difficile que les retranchemens non plus que les communications, puissent subsister ; auquel cas le plus sûr pour ceux qui défendent quand ils se voient en cet état, est de n'y hasarder que peu de monde à la fois et de ne pas attendre l'extrémité.

Cas où la garnison peut soutenir un ou deux assauts.

Il n'en est pas de même du corps de la place, s'il a un bon fossé ; comme on ne pourra l'aborder que par les comblemens et passages qu'on y fera, s'il n'y a plusieurs brèches et même d'assez grandes, la garnison, selon qu'elle sera forte, pourra hasarder d'y soutenir un assaut ou deux, parce qu'on ne pourra aller à elle qu'en défilant ; mais il n'en serait pas de même s'il y avait des batteries à ricochet qui enfilassent le rempart par les deux bouts ; pour lors, il ne serait pas au pouvoir de la garnison de s'y présenter en grosses troupes, à moins d'être fréquemment traversée, ce qui ne serait pas capable d'empêcher qu'elle ne fût emportée, si les brèches étaient grandes et les assiégeans en état de s'assembler au pied des brèches avant que de monter.

CINQUIÈME EXEMPLE.

Attaques d'une place environnée de marais, et qu'on ne peut aborder que par des digues ou chaussées. Pl. 28.

Supposons une autre place tellement environnée d'un marais qu'on ne la puisse aborder que par des chaussées *I*.

Si ce marais a quelques écoulemens, il ne faudra pas manquer de les rechercher et de le dessécher tant qu'on pourra, c'est-à-dire en tout ou en partie, et de détourner en même temps les eaux qui le nourrissent, soit ruisseaux ou rivières, ce qui se doit faire dès le commencement du siége et se fait assez facilement en pays plat. Mais si tout cela ne suffit pas et qu'on n'en puisse venir à bout, il faudra s'y prendre d'autre façon et tâcher d'aborder la place par les chaussées; auquel cas examiner leur largeur et élévation au-dessus du marais, et le terrain sec de leur droite et de leur gauche qui les borde; et surtout si elles sont enfilées de la place en tout ou en partie.

Si les chaussées n'ont d'élévation que celle qui est nécessaire au desséchement des chemins, c'est-à-dire presque au niveau du marais, cela ne vaudra rien, parce qu'on ne se pourra enfoncer sans trouver l'eau.

Si la chaussée est étroite, comme de deux toises ou au-dessous, et enfilée, elle ne vaudra rien non plus, parce qu'on ne pourra s'y avancer par détours.

Si elle n'est point avoisinée par quelque pièce de terre qui puisse servir à placer du canon, il n'y aura pas moyen de rien faire.

Mais si la chaussée est de 5, 6 à 7 toises de large, sur 3, 4 à 5 pieds de haut, avec de bons talus des deux côtés; qu'il y ait quelque pièce de terre attenante, élevée d'un pied et demi, 2 ou 3 pieds au-dessus de la superficie du marais, et que plusieurs autres chaussées pareilles concourent à la même avenue, on pourra s'en servir faute de mieux.

Il faudra d'ailleurs examiner où l'on pourra placer les batteries à ricochet et à bombes, et le faire à droite et à gauche des chaussées tant qu'on le pourra, pour n'en embarrasser la tranchée que le moins qu'il sera possible; sinon au cas que le terrain soit si ingrat qu'on ne puisse trouver où les mettre, les placer sur les chaussées, en les faisant à redans, comme les figurées *L* et *M*.

Siége de Mons, 1691.

Le siége de Mons a été une espèce de composé de tout cela; car on détourna la Trouille de la place, et tant que le siége dura, on travailla à l'égout des marais qui avoisinent la sortie de cette rivière de la ville, et on marcha toujours par des avenues fort étroites. La planche 28 (1) montre

(1) *A, B, C, D.* Tours qui flanquent l'enceinte et forment le front d'attaque.

assez clairement le surplus de la conduite qu'on peut tenir à ces attaques, qu'il est bon d'éviter tant qu'on pourra.

E,F,G. Dehors qui couvrent les tours.
H. Avant-fossé.
I. Chaussées ou chemins élevés qu'on suppose être les seuls abords de la place.
K. Tranchées conduites sur la largeur des chaussées.
L. Batteries à ricochet des faces et du chemin couvert de la pièce *E.*
M. *Idem* des faces et du chemin couvert de la pièce *F.*
N. *Idem* de la pièce *G.*
O. Batteries à bombes.
P. Tranchée qui occupe tout le bord de l'avant-fossé.
Q. Passages de l'avant-fossé.
R. Cavaliers de tranchée qui enfilent le chemin couvert.
S. Batteries à pierres.
T. Tranchée qui occupe tout le bord du chemin couvert.
U. Batteries en brèche des pièces *E,F,G.*
X. Batteries contre les défenses de ces pièces.
Y. Passages des fossés desdites pièces.
Z. Logemens sur les mêmes.
&. Batteries en brèche des tours *A,B,C.*
+ Batteries contre les courtines.
tt. Passages du fossé des tours.
W. Logemens sur lesdites tours.

Nota. Que le terrain ne permettant point de sorties, il n'est point question de places d'armes. V.

SIXIÈME EXEMPLE.

Attaques d'une place située sur une hauteur qui n'est accessible que par une avenue étroite et difficile.
Pl. 29 (1).
1693.
1692.

Supposons présentement une place d'une autre espèce située sur une hauteur, qui présente pour son faible un front si élevé et dont l'avenue soit si étroite qu'on ne puisse trouver où placer le ricochet, telle à peu près qu'au front attaqué de Charleroi et du château de Namur, et qu'il est au fort Saint-Pierre de Fribourg ou au fort Saint-André de Salins, ou aux citadelles de Perpignan et de Bayonne; on ne pourrait pas y observer toutes les règles ci-devant prescrites, ni poster des batteries à ricochet partout où il en serait besoin; en ce cas, il faut faire en partie ce qu'on ne peut faire en tout, et en placer où on peut, car il n'y a point de place, si avantagée soit-elle, qui ne présente toujours quelque partie faible qui peut être en prise.

Si la situation est bien reconnue et le ricochet placé, il est rare qu'on ne trouve moyen d'enfiler quelqu'une des pièces attaquées; et c'est à celle-là qu'il faut principalement s'attacher, sans toutefois cesser d'agir contre les autres par les voies ordinaires.

---

(1) *A*, *B*, *C*. Front d'attaque.
D. Petite demi-lune. *E*, chemin couvert.

Quant à celles qui ne peuvent être battues à ricochet pour être trop élevées, il faut voir à quoi peut aller cette élévation à peu près; car, si une pièce n'est élevée au-dessus de la situation du ricochet que de 5, 10, 15 à 20 toises, et que la batterie soit distante de 250, 300, 350 toises, on pourra l'enfiler par plongées; il n'y a qu'à bien régler la charge et mollir le ricochet jusqu'à ce qu'on voie entrer le boulet dans la pièce en effleurant le parapet.

Des places qui ne peuvent être battues à ricochet.

Soit, par exemple, la face d'un bastion attaqué *A*, élevée de 15 toises au-dessus du niveau de la batterie *B*, et ladite batterie située à 350 toises de la pièce, on voit par le coup de canon tiré de la batterie et réglé à une certaine élévation, qu'il ne laissera pas de la plonger et d'y faire son effet; il n'y a pour cela qu'à mollir le coup, il est certain qu'on portera le boulet où on voudra.

Pl. 32.

BF. Prolongement de la capitale de la tour *B*.

G. Piquets sur l'alignement de cette capitale, garnis de paille ou de mèches allumées, pour servir à la conduite des attaques

H, I, K, L, N, O, P. Batteries en brèche du front d'attaque.

M. Batterie à ricochet du bastion *A* et de son chemin couvert.

Q. Batteries à bombes.

R. Demi-places d'armes.

S. Passages de fascines pour mener les canons et mortiers aux batteries.

Le reste de ces attaques doit être comme dans les exemples ci devant. V.

Quand on ne pourra pas placer le ricochet directement sur l'enfilade, il faudra l'ajuster un peu plus au-dessus ou au-dessous, il ne laissera pas d'être encore bon et de faire effet, mais à la vérité moins grand que quand il est direct.

Au surplus, où la situation est tellement disgraciée qu'on ne peut pas trouver où placer ce ricochet, il faut avoir recours aux batteries directes, et les faire croiser tant qu'on peut.

Sur la rive gauche de la Moselle, près de Trarbach.

Mont-Royal, ci-devant l'une des meilleures places de l'Europe, était absolument inaccessible au ricochet, de quelque côté qu'on le pût tourner.

Toutes les places qui sont situées sur des élévations plus grandes que celles que je viens de nommer, sont presque hors des atteintes du ricochet, parce que, quand il faut pointer le canon si haut, l'affût n'y peut consentir, ou il faut tellement mollir le coup, que le boulet n'a pas la force de se relever.

Contre ces sortes de places, on trouve ordinairement de l'avantage à couler le long des rampes; on n'y est pas tant vu et le terrain y est meilleur; mais il faut à même temps marcher par le haut; autrement, les sorties seront fort dangereuses pour les tranchées qui se trouveront dans le bas.

SEPTIÈME EXEMPLE.

Attaques d'une fortification avec des tours bastionnées. Pl. 30 et 31.

Il y a encore fort peu de places fortifiées à tours bastionnées, et, hors Landau, le Neuf-Brisach, Belfort et quelques parties de Besançon, je n'en sais point d'autres ; mais le système en étant fort bon par rapport aux siéges de ce temps-ci, il ne faut pas douter qu'on ne fortifie des places ci-après suivant ces règles, soit de notre part ou de celle des ennemis.

Quand donc il y aura lieu d'en attaquer de semblables, il faudra s'y conduire comme aux fortifiées selon l'usage ordinaire, et y employer les tranchées, places d'armes, ricochets, cavaliers de tranchée, logemens de chemin couvert et passages des fossés jusqu'à la prise des contre-gardes, desquelles le logement sera sans doute plus difficile et contesté avec beaucoup plus d'avantage de la part des ennemis, que ceux des bastions ordinaires, parce qu'étant détachées et soutenues par les retranchemens revêtus qui mettent le corps de la place en sûreté et en état de faire sa défense particulière, bien mieux que celle des bastions attachés, qui ne sont retranchés que par des parties de vieux corps de places qui passent par leur gorge, lesquelles n'ayant pas été bâties avec les mêmes vues, n'ont pas les mêmes avantages.

Propriété essentielle des bastions détachés.

Ce qu'il faut donc faire à celles-ci, sera :

Pl. 31.
Moyen de battre les flancs des tours.

1° D'employer les batteries marquées *n* qui auront servi contre les flancs des contre-gardes pour rompre les coins *s* de ces mêmes flancs, qui empêchent la vue de ceux des tours bastionnées, afin de les découvrir et d'en pouvoir battre le haut et le bas des mêmes canons, sans les changer de place;

2° D'occuper entièrement le dedans des contre-gardes, en coulant par le haut et le bas de leur rempart vers le derrière de leurs flancs, et se loger sur le bord du fossé qui les sépare des tours, comme il est figuré aux endroits *q*, laissant le milieu de la pièce libre;

Manière de faire brèche aux tours.

Et 3° de raser un espace de 15 ou 18 toises de large dans la pointe de chacune des contre-gardes (1), pour donner jour au feu de cinq ou six pièces de canon marquées *r*, de la pointe du che-

---

(1) Dans la copie du *Traité de l'attaque*, que possède la famille Rosanbo, copie qui n'est pas signée de Vauban, qui ne porte pas de date, et qui bien certainement est postérieure à 1704, on lit: « 3° Etablir sur le haut de la brèche de la contre-garde une batterie de quatre à cinq pièces de canon qui rasera les parapets de la tour, y fera brèche aisément et rasera le retranchement à la gorge; à la droite et à la gauche de cette batterie en établir deux autres de cinq à six pièces chacune, pour opposer aux canons que l'assiégé pourra avoir sur les faces du bastion (dont la tour occupe le saillant), et pour faire brèche à ces faces. » Ce passage ne peut pas être de Vauban; *Voy.* la note de la page suivante.

min couvert, dont on disposera les embrasures et plates-formes pendant qu'on sera occupé à ce rasement, qu'il faudra abaisser aussi bas que le chemin couvert, afin de pouvoir battre en sape les tours le plus bas qu'il sera possible, pour les ouvrir entièrement et les percer jusque dans le fond de leurs voûtes (1); et pour lors, outre que l'ouverture que le canon y fera sera de toute la capacité de la tour, il en rendra les flancs hauts et bas inu-

---

(1) Vauban ajoute, dans l'*Avis de* 1703 *sur les attaques de Landau*, que cette manœuvre demande à la vérité du temps et du travail, mais qu'elle est très-possible, et qu'elle pourra être facilitée par le rehaussement de trois pieds des plates-formes des pièces; que la manœuvre de monter du canon sur le haut du rempart des contre-gardes serait longue, difficile et très-dangereuse. Il recommandait en outre d'établir des batteries de trois pièces dans les places d'armes rentrantes, ou sur leurs parapets. On préféra cette dernière position (*voy.* la note de la pag. 119), et les batteries que l'on y fit, ouvrirent dans la courtine, des brèches qui intimidèrent l'ennemi et le déterminèrent à se rendre, quoique l'on n'eût pu que très-difficilement gagner ces brèches à la faveur des débris amassés dans les fossés qui étaient pleins d'eau.

Deux fois 24 heures bien employées en feront l'affaire. V.

Bousmard établit de semblables batteries, et chemine dans les fossés qu'il suppose secs, mais comme il dirige l'attaque contre une contre-garde et deux demi-lunes, dans l'hypothèse d'un front de grands polygones, il est obligé de porter sur la contre-garde les batteries nécessaires pour ruiner les flancs des tours et des petits bastions collatéraux à ceux de l'attaque. Vauban néglige les flancs de ces petits bastions.

tiles, et cela ira même jusqu'à rompre les petites défenses du derrière, même le pilier qui soutient le milieu de la voûte, jusqu'à la faire tomber tout-à-fait; moyennant quoi il n'y restera que la carcasse des flancs : on pourra même, s'il y a jour, battre encore à droite et à gauche des mêmes tours, pour en chasser le canon ennemi, qui de là ne manquerait pas d'incommoder nos logemens.

Pendant que cela se fera, comme on aura occupé le terre-plein du rempart des contre-gardes, quand on sera parvenu aux flancs, il faudra percer au travers et y faire de petits logemens pour chasser l'ennemi des tenailles; et à l'égard du dedans de la pièce, il est à présumer qu'on aura joint le bord du fossé, où étant parvenu, il y aura deux manœuvres à faire : l'une doit consister aux passages * dudit fossé de part et d'autre des tours, et l'autre à faire des mines sous le bord du même, pour le renverser dedans et faciliter son comblement.

* Marqués *t*. Pl. 31.

Cela étant exécuté à propos, on se rendra aisément maître des tours; la place ne sera pas cependant encore ouverte, mais comme elle sera bien près de l'être, et qu'il ne restera plus de flanc aux ennemis (le plus de résistance ne servant qu'à empirer leur condition et à les faire prendre prisonniers de guerre), c'est hasard s'ils ne battent la chamade. C'est pourquoi je ne vois pas lieu de douter qu'ils ne se rendent incessamment, notamment si pendant les attaques de la contre-garde et de la tour, on a eu soin de bien tirer des bombes et des pierres dans les derrières et aux environs des tours.

Brèche à la place en cas de plus longue résistance.

Que s'ils ne le faisaient pas, il faudrait s'établir dans les ruines de ces tours, s'y fortifier, et rompre les galeries de la droite et de la gauche par des fougasses, et ensuite en venir à de plus grandes mines, dont l'effet acheverait d'ouvrir la place, si l'ennemi soigneux de son salut, ne nous prévient par une prompte reddition; sur quoi on sera pour lors en état de lui faire des conditions fort dures.

HUITIÈME EXEMPLE.

Attaques de places situées sur des hauteurs très-élevées et presque inaccessibles.

Je reviens encore aux places situées sur de grandes hauteurs, parce qu'il n'a été question jusqu'à présent que des médiocres, et qu'il s'y en trouve de beaucoup plus élevées sur des sommets de montagnes et rochers presque inaccessibles, avec des escarpemens naturels ou faits à la main qui les avantagent considérablement; ce qui mérite bien qu'on en éclaircisse le bon et le mauvais un peu plus amplement.

Il y en a qui n'ont d'accès possibles que par les avenues de leur entrée, qui sont pour l'ordinaire étroites, pierreuses et pleines de roc dont la superficie est pelée, et les abords très-peu spacieux pour des attaques, et point du tout pour lès batteries à ricochet et les places d'armes, pas même pour les petits cavaliers du chemin couvert; telle est en partie Luxembourg, et telle était Mont-Royal, la Mothe, Clermont en Argonne, Hombourg et Bitche, petites places de Lorraine très-bien fortifiées en leur temps.

Elles sont faciles à bloquer et offrent peu de ressources.

De telles places sont ordinairement petites et incommodes pour les abords du commerce nécessaire à leur entretien, sujettes à manquer d'eau, très-aisées à bloquer, et de peu de ressource pour la guerre de campagne, à moins qu'elles n'aient des villes qui leur soient attachées, auxquelles elles servent de citadelles. Celles qui n'en ont point ne sont bonnes qu'à faire valoir les contributions, inquiéter les pays voisins et les armées par leurs partis; telles étaient Hombourg, Dabo, Schonek, Faquelstein, Sainte-Anne en Comté; et telles sont encore le château de Joux, le fort Saint-André et Château-Belin * dans la même province, et plusieurs autres; et telles furent encore Longwy et Clermont, Sierk, Lanstoul et Mouzon.

* Autour de Salins.

Dans les siècles plus reculés, il y en avait une infinité d'autres (car on ne fortifiait guère que sur des hauteurs presque inaccessibles) qui ont été démolies, et la plupart abandonnées à cause de la difficulté de leurs accès; parce que ces places ne pouvant contenir que des garnisons faibles et de peu d'entreprise, on n'y peut faire d'entrepôts ni de magasins pour les armées, à cause de leur petitesse et de la difficulté de leurs abords, toujours roides, difficiles et embarrassans pour les charrois; mais elles sont excellentes pour contenir les pays conquis, à peu de frais, inquiéter le pays ennemi et étendre la contribution.

Objet utile de ces petites places.

Les siéges plus convenables à la reddition de ces places, quand on est faible, sont des blocus de 3, 4, 5, 6, 7 et huit mois; pendant quoi leurs munitions se consomment et leurs garnisons s'affaiblissent par la désertion. Si cela ne suffit pas pour les réduire, on prend son temps pour les attaquer. C'est ainsi que se firent les siéges de Clermont et de Mouzon, après avoir été bloquées des cinq ou six mois.

1654 et 1653.

Quand les siéges commencent par des blocus, on saisit les avenues, on resserre les places le plus près que l'on peut, on les circonvalle quelquefois avec des lignes et des forts, quand elles sont un peu considérables; on prend enfin toutes les mesures possibles pour empêcher qu'il n'y entre ni secours ni vivres.

Blocus au moyen de lignes et de forts.

De tels blocus ne se pratiquent plus guère, et, depuis le siége de Perpignan par le feu roi, nous n'en avons vu en France que celui de Montmélian et de Bercello en dernier lieu : si fait bien, en Allemagne, Hongrie, Transilvanie, Croatie et Dalmatie, où il s'en est fait plusieurs pendant les dernières guerres de l'empereur contre les Turcs.

1642.

1691.

1703, en Italie.

Ceux qui se font par des corps médiocres, pren-

Blocus par des corps médiocres.

nent des quartiers à quelque distance de la place, d'où ils harcellent sans cesse la garnison et les habitans par des partis, et par rôder tout autour; battre l'estrade le jour et la nuit sur les avenues, pour empêcher que rien n'y entre ni en sorte.

Siéges en régle.

Quand ce blocus se convertit en siége réglé, on resserre davantage la place; et, après avoir pris toutes les précautions possibles contre les secours et fait les préparatifs nécessaires, on ouvre enfin la tranchée par des avenues plus praticables. Sur quoi on doit observer trois choses :

1° D'éviter tous les endroits inaccessibles,

2° De ne point attaquer par des rampes unies et fort roides, le long desquelles les ennemis puissent rouler de grosses pierres, bombes, barils foudroyans, chevaux de frise roulans, chariots chargés de pierres et de feux, et autres artifices;

Et 3° de ne point attaquer par des lieux trop sujets aux plongées de la place et tout-à-fait dénués de situation qui puisse avantager les batteries et places d'armes, mais bien par les plus accessibles et où le terrain sera le moins contraire; car il est certain qu'il n'y a point de place élevée où il n'y ait des accès plus favorables les uns que les autres.

Après donc que, par d'exactes observations, on se sera bien assuré du fort et du faible de la place et ensuite déterminé sur le choix des attaques; il faudra faire comme aux autres places dont il a été parlé ci-devant, et y employer le couvert et le découvert, la sape, les places d'armes et les batteries directes au défaut des ricochets; et, bien que lesdites places d'armes ne puissent envelopper le front de l'attaque autant qu'il serait à désirer, il ne faut pas laisser d'en accompagner la tranchée, ne dussent-elles avoir que 50, 60 à 100 toises d'étendue, afin de pouvoir soutenir ce que l'on poussera en avant; placer du mieux qu'il sera possible les batteries, et surtout qu'elles découvrent bien ce que l'on voudra battre; qu'elles croisent, autant qu'il sera possible, sur les défenses, et les grossir de plusieurs pièces afin qu'elles puissent faire de grands effets en peu de temps. Les batteries à bombes ou à pierres bien placées doivent être d'un bon usage contre ces petits lieux, qui étant pour l'ordinaire serrés, pierreux, pleins de roc et rocailles, sont sujets à beaucoup d'éclats. C'est à la faveur de toutes ces batteries qu'il faut pousser la tranchée jusqu'au pied du glacis, et là établir la dernière place d'armes à 14 ou 15 toises du chemin couvert, s'il y en a, pour, après qu'elle sera bien achevée et abondamment munie de tout ce qui lui fera besoin, pouvoir insulter le chemin couvert avec avantage; s'entend, après avoir bien ruiné les défenses, labouré le haut de son parapet, et mis sa palissade dans le plus grand désordre qu'il sera possible par le canon et les bombes; mais parce que les palissades ne se ruinent pas, à beaucoup près, si facilement par

Utilité des places d'armes.

Que les batteries soient bien placées, croisant leurs feux, et soient nombreuses.

Insulte du chemin couvert.

les batteries directes que par les revers et ricochets, il faudra faire de fort grands amas de fascines et de sacs à terre avant d'attaquer, tant pour fournir au logement du chemin couvert que pour en pouvoir faire jeter quantité entre les palissades et le bord du parapet, par les gens armés, afin de se faire passage.

Ce logement fait et bien établi, il faudra suivre les règles générales du mieux qu'on pourra, c'est-à-dire placer du canon sur le haut dudit parapet pour battre en brèche et faire des trous de mineurs, et travailler aux descentes, soit en perçant par dessous le chemin couvert si le fossé est profond, ou à ciel ouvert s'il ne l'est pas; trouver après cela moyen de battre les flancs du canon, des bombes et des pierres, ce qui n'est pas toujours aisé.

Difficultés de battre les flancs. Brèches par la mine.

Détails sur les siéges de Montmédy. 1657.

A Montmédy, nous ne pûmes battre le flanc de notre droite que de l'angle rentrant du chemin couvert vis-à-vis le milieu de la courtine, l'angle saillant opposé manquant d'espace, et étant d'ailleurs trop sous le feu des grenades du bastion devant lui, et trop exposé aux revers et écharpes de sa gauche; comme ce flanc était couvert d'un petit orillon, on fut assez long-temps à le battre sans le pouvoir démonter tout-à-fait.

Il se trouve souvent que les revêtemens de ces places ont de grands escarpemens de roc au pied; il en faut bien examiner la hauteur, pour voir si l'éboulis des brèches à canon pourrait s'élever jusqu'au défaut du roc, et s'il n'y a point de fente ou veine dans le rocher, qui puisse favoriser l'attachement du mineur, et enfin si le roc est dur, mou, à bancs rompus ou feuillus.

A Montmédy, nous trouvâmes bien un grand escarpement au pied du bastion, mais à même temps un roc fort veineux; c'est de quoi nous nous prévalumes assez heureusement par l'attachement du mineur. Il est aussi à remarquer que nous perçâmes dès la moitié du glacis par dessous le chemin couvert de cette place, trois descentes de fossé qui débouchèrent à même temps au niveau de son fond, ce qui nous donna moyen d'y mettre du monde pour attacher et soutenir le mineur qui, sans ce secours, n'aurait pu y tenir, parce que le canon du flanc gauche tourmentait beaucoup son logement, et nous y tua du monde avant que le flanc fût démonté. Les ennemis y jetèrent d'ailleurs une infinité de feux d'artifice, bombes et grenades qui nous firent beaucoup de peine jusqu'à ce que le mineur fût tout-à-fait enfoncé dans le roc; c'est sur quoi il faut extrêmement se précautionner.

A Stenay, ils allumèrent un grand feu au pied du bastion de l'attaque gauche, devant le trou du mineur, qui nous en chassa sans retour. Stenay, 1654.

Au premier siége de Sainte-Menehould, les Sainte-Menehould, 1652.

mineurs furent chassés de leur trou, et l'ennemi obligé de changer d'attaque.

Mouzon, feu allumé au pied de la brèche, 1653.

Au siége de Mouzon, les assiégés allumèrent un si grand feu au pied de la brèche, qu'on fut deux jours sans en pouvoir approcher. Cela s'est vu à plusieurs autres places.

Clermont, 1654.

Pl. 32.

A Clermont, on s'y prit d'autre façon ; on attacha trois mineurs presque en même temps, l'un sous la pointe d'une grande demi-lune 1 bâtie sur le penchant de la montagne, qui couvrait l'unique porte de cette place, et dont le revêtement était beau et très-épais, mais sans contre-forts ; c'est pourquoi les faces n'étaient point terrassées, mais seulement les flancs 2, 3, d'une épaule à l'autre, soutenus par un deuxième revêtement bâti en portion de cercle.

Les deux autres mines 4 étaient ouvertes à moitié des glacis, les galeries étant poussées plus de 30 pieds au-dessous du chemin couvert, dont nous n'étions ni ne pouvions être les maîtres à cause de la trop grande proximité des bastions, dont le pied ne laissait que deux toises entre lui et le parapet dudit chemin couvert, *sans fossé* entre-deux. On pénétra plus de trente pieds sous le corps de la place; et je me souviens que la première de ces mines devait être chargée de 1600 livres de poudre, la deuxième de 6000 livres, et la troisième du côté du bourg, poussée sous la partie appelée donjon, bien qu'il n'y en eût plus, devait l'être de 16 à 18 mille livres.

Ces mines étaient prêtes à charger, et on en prétendait de terribles effets; mais il est sûr que celle de la demi-lune n'aurait fait qu'ouvrir le premier revêtement, et que le reste n'aurait pas suivi, parce qu'il n'y avait rien que le retranchement derrière, qui était loin et très-bien revêtu.

Il y avait beaucoup d'apparence que les deux autres auraient fait de grands escarpemens, et que les brèches n'auraient pas été accessibles. On les fit voir aux ennemis dans le temps qu'on allait les charger; ils en eurent peur et se rendirent. S'ils avaient été bien habiles en fait de mines, ils ne l'auraient pas fait, et se seraient tirés d'affaire avec bien plus d'honneur qu'ils ne firent.

Il y aurait beaucoup d'autres choses à dire sur l'attaque des places de toutes espèces, mais on n'aurait jamais fait; car, comme il n'y en a pas une qui se ressemble de figure ni de situation, il n'y en a point qui ne nous nécessite à quelque diversité, de laquelle il faut se tirer comme on peut; et où l'observation des règles devient impossible en tout ou en partie, il faut que le bon sens y supplée et nous tire d'affaire, mais toujours en vue de ne s'en éloigner que le moins que l'on peut. Il y en a même de générales qui se peuvent observer presque partout, comme de ne se pas enfiler sans couvrir l'enfilade par des traverses; de ne point

Règles générales a observer pour faire peu de fautes.

faire de lignes inutiles ; de marcher à la sape dès que la tranchée devient dangereuse ; d'appuyer toujours la marche de la tranchée par de bonnes places d'armes, et de placer la dernière tout contre le chemin couvert ; à quoi si vous ajoutez le bon usage des batteries de toutes espèces, on ne fera que très-peu de fautes, quelques places que l'on puisse assiéger.

DES FONCTIONS

DES OFFICIERS GÉNÉRAUX A LA TRANCHÉE.

Poste du lieutenant-général de jour.

Si les attaques sont séparées, le lieutenant-général de jour choisit celle qui lui plaît ; si elles sont liées, comme il a le commandement général, il commande aux deux, et par conséquent il doit occuper le milieu entre les deux, non à la tête des attaques, parce que les allées et venues des gens qui ont affaire à lui, embarrasseraient le travail, à joindre qu'il serait trop éloigné du gros des troupes ; mais le milieu de la tête des bataillons, est le lieu qui lui convient le mieux. Il peut et doit visiter de temps en temps la tête des ouvrages. Le plus ancien maréchal-de-camp doit se mettre à la droite, l'autre à la gauche ; les brigadiers à la queue des détachemens plus avancés. Le lieutenant-général de jour commande à la cavalerie, infanterie et artillerie, ingénieurs et mineurs, et généralement à tout ce qui regarde la sûreté et avancement des attaques ;

mais il se doit concerter avec le directeur de la tranchée, et ne rien entreprendre ni résoudre sans sa participation; car ce dernier est l'âme et le véritable mobile des attaques.

Ses fonctions.

L'application particulière du lieutenant-général, doit être de *bien poster* les troupes, *régler* les détachemens, *faire servir* les têtes de la tranchée, et *faire fournir* des travailleurs extraordinaires, quand on lui demandera. Les maréchaux-de-camp font la même chose que lui, par sous-ordination, et doivent recevoir ses ordres, et les rendre aux brigadiers, et ceux-ci aux colonels qui les distribuent à leurs régimens, à qui ils ont soin de les faire exécuter.

Quand il y a quelque entreprise à faire, c'est le lieutenant-général qui doit ordonner de l'exécution par l'avis et sur l'exposé du directeur, ce qui se fait presque toujours en exécution des ordres du général *, qui ordonne, tranche, taille et fait sur cela comme il lui plaît.

* En chef.

Je parle des attributs du lieutenant-général et de ce qui se devrait faire par les officiers généraux, et non de ce qui se fait. Au surplus quand il y a peu de ces premiers officiers dans une armée, ce n'est pas une nécessité que le lieutenant-général de jour couche à la tranchée, il suffit qu'il la visite pendant le jour, et qu'il y donne ses ordres.

J'estime qu'il suffirait de quatre lieutenans-généraux au plus pour une armée commandée par un maréchal de France; le double de maréchaux-de-camp, et le double de ceux-ci en brigadiers; c'est-à-dire que s'il y a quatre lieutenans-généraux, il y devrait avoir huit maréchaux-de-camp et seize brigadiers; j'estime le surplus de ce nombre inutile, et bien plus à charge que nécessaire dans les armées.

DU GÉNÉRAL.

Du général en chef.

Il est très-important que le général visite la tranchée, mais de temps en temps seulement et non tous les jours; parce que ses visites ne pouvant être courtes, elles lui causeraient trop de distraction et de retard pour les autres affaires du siége, non moins de conséquence pour lui que la conduite des tranchées qui peut aller son train (lui absent) comme présent. Il suffit qu'il y vienne de temps en temps peu accompagné, pour s'instruire par lui-même de ce que l'on y fait; quand cela lui arrive, il doit tout voir et se faire rendre compte sur les lieux de chaque chose en particulier, et donner ses ordres sur toutes, autant qu'il le jugera nécessaire.

LE ROI,

MONSEIGNEUR, ET MONSEIGNEUR LE DUC DE BOURGOGNE.

Si le Roi était en personne à l'armée, ou *Monseigneur*, ou *Monseigneur le duc de Bourgogne*, et qu'il voulût voir la tranchée (chose que je ne désapprouve pas), il faudrait prendre les précautions suivantes sur les temps les plus propres à ces visites.

Précautions à prendre lorsque le Roi doit visiter les tranchées.

1° Que cela ne lui arrive pas souvent, mais seulement deux, trois ou quatre fois pendant un siége, et non plus.

2° Que ce ne soit qu'à des places considérables, et non à des bicoques.

3° Que la tranchée soit bonne, et autant assurée qu'on le peut faire.

4° Qu'il voie l'ouverture de la tranchée si bon lui semble; mais qu'il ne la visite plus que son canon ne se soit rendu maître de celui de la place.

5° Que la nuit qui précèdera les visites qu'il voudra faire, on envoie une partie de ses gardes à la tranchée, distribués par petits pelotons en différens endroits, pour plus grande sûreté de sa personne.

6° Qu'il y aille fort peu accompagné, et seulement de son capitaine des gardes, de trois ou quatre de ses officiers, et de cinq ou six seigneurs de sa cour ou de ses officiers généraux, et du directeur de la tranchée qui doit marcher immédiatement devant lui, lui servir de guide, et lui rendre compte chemin faisant de toutes choses.

7° Qu'il ne se fasse aucun mouvement de troupes pendant qu'il sera à la tranchée; mais qu'elles se rangent toutes sur le revers, laissant le côté du parapet à sa marche.

8° Qu'on fasse asseoir tous les soldats leurs armes à la main, les officiers se tenant debout du même côté le chapeau à la main, sans laisser paraître leurs spontons par dessus la tranchée.

9° Qu'il visite tout jusqu'à la troisième place d'armes, même jusqu'à la queue des sapes, afin qu'il en soit mieux instruit.

10° Qu'il monte de petits chevaux, bas de taille, bien traversés, doux, et qui ne soient point ombrageux, pour faire ses tournées, n'étant pas possible qu'il y puisse fournir à pied quand les tranchées sont un peu avancées.

11° Qu'on lui fasse un ou deux reposoirs dans les endroits de la tranchée les plus convenables; ces mêmes lieux pourraient servir après d'abri-vent aux officiers généraux de garde.

Après tout ce que nous avons dit sur la tranchée, je me sens obligé de déclarer ici une vérité essentielle, qui est, qu'il n'y a aucun lieu sûr dans ladite tranchée, quelque soin qu'on se puisse donner de la bien faire ; car il n'y a rien qui nous puisse mettre à couvert des bombes et des pierres quand on est sous leur portée, et que la place en tire ; il n'y a point non plus de parapet de tranchée qui ne perce au canon à trois pieds au-dessous du sommet ; et dans l'infinité de coups de mousquet qui se tirent, il y en a toujours quantité dont les balles, pinçant le haut des parapets, s'amortissent et plongent, la plupart, avec encore assez de force, pour blesser et tuer ceux qui en sont atteints ; il y a de plus les coups de biais, d'écharpe et d'accident, qui pincent et s'amortissent aussi, qui ne sont pas moins dangereux et qu'on ne peut guère éviter.

Qu'il n'y a aucun lieu sûr dans la tranchée.

C'est bien autre chose quand on est sous la portée des grenades ; les coups de feu sont là roides, expéditifs, et bien plus certains ; outre que les éclats des grenades et des bombes volent partout, et vont le plus souvent tomber où on ne les attend pas ; c'est pourquoi je ne suis point d'avis que le *Roi*, *Monseigneur*, ou *Monseigneur le duc de Bourgogne*, dans les visites qu'ils feront à la tranchée, passent au-delà de la troisième place d'armes, ni que même ils aillent souvent jusque-là.

Que le Roi ne doit pas aller au-delà de la 3e parallèle.

AVIS PARTICULIER

PAR FORME DE SUPPLÉMENT SUR LES BATTERIES QUI TIRENT A PLEINE CHARGE.

Il n'y a rien de plus important que le bon usage du canon dans un siége; mais il est très-rare d'en voir qui soit bien servi, et encore plus, qui ajuste comme il le devrait. On s'étonne avec raison de l'inégalité de ses coups et de leur peu d'effet; mais peu de gens en voient le défaut; il est cependant très-visible, puisqu'il ne provient que de la malfaçon des plates-formes, et de l'inégalité de la charge qu'on lui donne.

Importance de bien faire les plates-formes.

Pour donc tirer plus juste, il n'y a premièrement, qu'à faire ces plates-formes complètes, solides et non pliantes, comme celles dont on se sert, qui ne méritent pas d'en porter le nom;

2° Charger de mesure comme il est proposé pour les batteries à ricochet;

De bien ajuster.

3° Observer les coups qu'on tire, et quand on aura bien ajusté, les marquer sur le coin de mire ou sur la semelle, et recharger de même, tant qu'il y aura de la même poudre; et quand les barils sur lesquels on se sera réglé seront vides, se corriger sur les premiers dont on se servira; il est sûr que tant qu'on chargera de la même poudre, les coups ajusteront incomparablement mieux.

Finalement ne se point négliger sur les batteries, comme on fait, mais les faire solidement, avec les soins et précautions proposés à leur chapitre, page 109; moyennant quoi on en verra des effets très-différens de ceux de ces derniers temps. C'est sur quoi le général doit étendre ses soins avec application, et ne s'en pas rapporter aux officiers d'artillerie, qui, par un relâchement général qui infecte aujourd'hui tout ce qui a rapport à la guerre, ou par intérêt, ne font rien moins que ce qu'ils devraient faire à cet égard. Cependant il est d'une conséquence infinie que ce mal soit incessamment corrigé, car c'est le bon emploi du canon et des bombes, qui prend les places, et qui abrége les siéges.

Sur le relâchement qui infecte le service. 1704.

Les trois derniers qu'on a faits, ne prouvent que trop ce que j'avance ici, car le canon a été très-mal servi à ceux de Kehl et de Brisach, et encore plus à celui de Landau, où il a imposé aussi peu à celui de la place qu'au feu de la mousqueterie, d'où s'est ensuivi de grandes pertes, et beaucoup de retardement (1).

Kehl, 13 jours. Vieux-Brisach, 14 jours. Landau, 28 jours. 1703.

---

(1) Vauban n'ayant pas eu, après le siége de Vieux-Brisach, la conduite de celui de Landau, écrivit sur l'attaque de cette place un avis fort détaillé que l'on ne suivit pas de tout

J'insiste d'autant plus sur la correction de ce défaut, qu'il est de la dernière conséquence d'y remédier, sans quoi on ne doit plus songer à faire des siéges.

---

point; par exemple, on livra plusieurs assauts aux contre-gardes pour s'en rendre maître; l'avis porte : « pour lors, (les brèches faites aux contre-gardes), loin de donner des assauts qui ne réussissent presque jamais qu'à faire tuer bien du monde mal à propos, faire beaucoup de bruit et de vacarme; *mon avis est* de se concerter avec les batteries de brèche et à ricochet de même qu'avec les logemens, etc. » Suit la manœuvre enseignée dans ce Traité, page 145. Du reste, le siége fut habilement conduit. Voy. l'*Histoire du Corps du génie* par M. Allent, pag. 418-431.

DES SECOURS.

Après avoir exposé dans les chapitres précédens tout ce que j'ai appris, et ce qui m'a semblé de meilleur pour l'attaque des places, il me reste encore à expliquer la conduite que les assiégeans peuvent tenir pour empêcher les secours. Pour à quoi parvenir, il est premièrement nécessaire que les lignes soient bonnes, bien faites, achevées et palissadées s'il est possible, en tout ou en partie, non sur le haut du parapet, comme on les fit à Montmédy; ou dans le fond du fossé comme en d'autres lieux; les palissades ne valent rien là, ou fort peu de chose; attendu que la première *A* peut autant servir à l'ennemi qu'à nous, et que la deuxième *B* n'empêche pas que le fossé ne soit rempli en fort peu de temps par la grande quantité de fascines que l'ennemi y jette. Il faut donc la planter le long du bord *C* comme on le fait aux chemins couverts, observant que l'élévation de sa pointe ne doit surpasser celle dudit bord que de quinze à dix-huit pouces au plus, autrement elle pourrait nuire au feu de la ligne; sinon et encore mieux la planter tout-à-fait hors ladite ligne, à 25 ou 30 pas du fossé, comme *D*, auquel elle doit être parallèle, penchée vers le dehors d'environ 45 degrés, enterrée de trois pieds mesurés à plomb, en ayant

Conduite à tenir pour empêcher les secours.

Voir le 1er profil, *A* et *B* de la pl. 33.

Palissades.

2e profil.

3e profil.

Cet expédient est nouveau et très-bon. V.

quatre de saillie hors de terre, et la pointe élevée de trois pieds au-dessus de la campagne, et non plus. En cet état, elle ne fera que peu ou point d'empêchement au feu de la ligne, et l'ennemi ne la pouvant couper ni sauter, elle l'arrêtera tout court un espace de temps assez considérable, pendant quoi le feu de la ligne le fera beaucoup souffrir; mais ce moyen est plus à désirer qu'à espérer, à cause de la difficulté et presque impossibilité d'avoir une assez grande quantité de palissades, et du long temps qu'il y faudrait employer, qui est absolument contraire à la diligence avec laquelle on est obligé de faire les lignes. Il faut donc se réduire à la façon commune, les faire bonnes et leur parapet à deux banquettes, quand on ne peut autrement. Mais comme elles ne sont pas toujours accessibles de tous côtés, et qu'il se peut trouver des rivières, étangs, marais, quelque grand ravin ou escarpement qui fortifie les approches et en couvre une partie, il se peut que la place assiégée se trouvant dans un pays de bois, on pourrait en armer les endroits les plus faibles, en ce cas il ne faudrait pas manquer de faire la palissade.

Il exige beaucoup de palissades.

2° Faire, s'il est possible, quantité d'épaulemens à la moitié de la distance entre la ligne et la tête des bataillons, parallèles à l'une et à l'autre, comme les représentés à la planche 33. Ces épaulemens ayant 40 toises environ de long, et 9 à 10 pieds d'épais mesurés au sommet, sur autant

Epaulemens derrière les lignes.

de hauteur, en distance les uns des autres de 50 à 60 toises, servent à couvrir la cavalerie qui se met derrière, et même les bataillons, contre les plongées du canon et du mousquet pendant une attaque. Les princes d'Orange, Maurice et Frédéric-Henri, se faisaient une si grande application de bien faire leurs lignes, qu'ils y employaient des mois entiers; aussi étaient-elles si bonnes, qu'on ne les y a jamais forcés, bien qu'elles aient été souvent attaquées : ils ne se contentaient pas de faire de bonnes lignes, ils y ajoutaient des forts particuliers de distance en distance, et fortifiaient leurs quartiers séparément, selon l'usage de ce temps-là; ils ajoutaient même des dehors sur les avenues plus exposées, qui arrêtaient les ennemis, et donnaient le temps aux troupes des quartiers voisins d'arriver et de secourir les endroits attaqués, ce qui les a toujours fait échouer et mis en danger d'être battus dans leur retraite. On y faisait aussi des avant-fossés *E*, mais l'expérience a fait connaître qu'ils n'étaient bons qu'à fournir un grand couvert à l'ennemi.

Lignes que faisaient les princes d'Orange.

4ᵉ profil.

3° Faire des bûchers de deux ou trois charretées de bois sec, à quelques quarante ou cinquante pas hors de la ligne, vis-à-vis des angles flanqués et sur le milieu des courtines, également espacés, et les arranger comme les vignerons font les tas d'échalas dans les vignes, après les avoir arrachés et mis en réserve pour l'année suivante;

Cet expédient est nouveau et n'a pas encore été pratiqué. V.

garnissant le milieu de menu bois et de paille sèche, avec une petite trouée pour y mettre le feu, quand on a donné le signal. Les dessins de la 33e planche achèveront de faire entendre comme cela se peut faire.

Voilà quels peuvent être les préparatifs plus praticables des lignes contre les secours; venons à l'application et disons, que quand on peut avoir une armée d'observation, elle remédie sans contredit à tous les inconvéniens des secours, et pour lors il n'est pas nécessaire de se tant précautionner.

Une armée d'observation remédie à tous les inconvéniens.

Nous ne connaissons que quatre manières de secourir les places, qui sont d'y introduire des secours à la dérobée, qui n'obligent pas toujours à la levée du siége, ou de vive force quand l'assiégeant sortant de ses lignes va au-devant de l'armée de secours et lui donne bataille, ou quand l'ennemi prend le parti le plus sûr, qui est de faire diversion en attaquant une de nos places qui puisse lui tenir lieu d'une espèce d'équivalent, ou enfin quand il prend le parti d'attaquer les lignes de jour ou de nuit.

Ceux-ci n'obligent pas toujours à la levée du siége. V.

Nous avons dit à peu près ce qu'il y a à dire sur le premier au chapitre de l'investiture, page 17, reste à m'expliquer un peu au long sur les trois autres.

Il arrive donc assez souvent que quand l'armée assiégeante se sent supérieure ou égale à celle de secours, qu'elle sort des lignes, marche au-devant, prend poste le plus avantageusement qu'elle peut, et lui présente bataille.

Pour se mettre en cet état, l'assiégeante laisse au moins la tranchée garnie et fortifiée de quelques troupes, et le surplus faiblement investi de quelques autres pour garder le camp et les bagages. Ce moyen est très-hasardeux et peu sûr, c'est pourquoi je ne le propose pas comme bon.

Il y a celui de la diversion quand l'ennemi au lieu de secourir la place, prend le parti d'en assiéger une de son côté; celui-ci ne secourt pas la place assiégée, mais il cherche à se consoler au meilleur marché qu'il peut de sa perte par la prise d'une autre place qui puisse lui tenir lieu d'équivalent. Ce qu'il y a pour l'assiégeant, c'est qu'il achève le siége en repos, et que si l'ennemi ne se presse, vous avez le temps de prendre la place peut-être assez tôt pour marcher au secours de celle qu'il assiége, et la sauver. Venons à la manière plus ordinaire des secours.

Dispositions d'une armée pour secourir une place.

Une armée qui se dispose à secourir une place, se précautionne premièrement de tous ses besoins ordinaires et extraordinaires : les ordinaires sont les outils à remuer la terre et couper du bois, le canon et son attirail; ceux-là la suivent partout; les extraordinaires consistent à se munir de beaucoup de fascines et de claies pour combler les fossés des lignes; ceux-ci se trouvent sur les lieux, et dans le temps et selon que les besoins le requièrent.

Cette armée ne manque pas de tirer aussi tout ce
qu'elle peut de troupes de ses garnisons pour se
renforcer. Cela fait, et l'armée en corps, elle s'approche peu à peu et prend poste près des lignes le
1654. plus avantageusement qu'elle peut. A Arras, l'armée française se campa à Mouchy-le-Preux, poste
1656. avantageux, et s'y retrancha; à Valenciennes,
les ennemis se postèrent à Famars, autre poste
avantageux, où ils se retranchèrent pareillement :
il ne faut pas douter que toutes les armées de secours n'en fassent autant, et qu'elles ne commencent par là, car elles n'iront pas étourdiment donner dans des lignes, au moment de leur arrivée;
on veut voir clair à ce que l'on fait; et de plus,
comme il est bon de laisser affaiblir les assiégeans,
elle mesure son temps et se choisit une situation
avantageuse à une lieue ou environ des lignes. Là
elle se retranche et attend le moment du berger,
pendant quoi elle se saisit des petits postes avantageux des environs qui peuvent lui être bons à quelque chose. Après cela, elle fait reconnaître les lignes, et ne manque pas de donner toute la jalousie
possible aux assiégeans, et cela de tous côtés, ce
qui ne se passe guère sans plusieurs petites affaires de cavalerie qui ne décident rien, et qu'on
n'engage de la part des ennemis que pour avoir
lieu d'approcher les lignes de plus près, et d'en
reconnaître mieux les abords, et de la part des assiégeans, que pour les en empêcher. Pendant que

cela se passe, l'armée de secours se prépare des chemins, fait des ponts sur les rivières s'il y en a, et qu'il lui soit nécessaire d'en avoir, et se met en état de donner de la défiance aux assiégeans de tous côtés, donne de ses nouvelles à la place, en reçoit des siennes, et se concerte avec elle pour le temps et la manière de l'attaque. Les assiégeans qui l'observent, et qui ont dû se le tenir pour dit, dès qu'ils ont vu l'ennemi prendre poste près d'eux et s'y retrancher, donnent de leur part tout le bon ordre qu'ils peuvent à leurs affaires, en réglant et partageant les postes que chaque régiment doit soutenir. On couche réglément au bivouac pour n'être pas surpris pendant la nuit; on ordonne des piquets et des corps de réserve par tous les quartiers, afin de se pouvoir porter en diligence aux lieux attaqués, à quoi les dragons sont plus propres que les autres troupes, parce qu'ils se peuvent porter avec promptitude sur les lieux, suppléer au défaut d'infanterie, border la ligne pour un temps, et charger à cheval quand il en est besoin. On distribue des munitions aux troupes afin qu'elles n'en manquent pas; on fait de petits magasins aux postes; on dispose le canon aux endroits où on le croit mieux placé; on envoie de grands et petits partis hors des lignes pendant la nuit pour avoir des nouvelles des ennemis et tâcher de découvrir leurs mouvemens, et on réveille les intelligences et les espions. Le temps pris pour l'attaque étant venu,

Dispositions de l'armée assiégeante pour recevoi l'attaque dau ses lignes.

elle se fera de jour ou de nuit; si de jour, toute feinte étant inutile, l'ennemi se met en bataille, l'infanterie en première et deuxième lignes, et la cavalerie derrière elle en deux ou trois autres, chaque bataillon portant des fascines pour combler les fossés de la ligne. En cet état, et après avoir choisi l'endroit qu'il veut attaquer, il marche droit à la ligne, toujours en bataille, avec nombre de détachemens devant lui pour essuyer les premiers feux.

L'assiégeant qui a dû se préparer à tout événement, voyant l'ennemi venir à lui, ne s'endort pas; il règle ses dispositions sur les siennes, et fait border ses retranchemens le plus épais qu'il peut, ce qui lui tient lieu de première ligne, derrière laquelle il en range une seconde, pour servir de renfort à la première, et derrière celle-ci, une ou deux de cavalerie, et tout cela composé des troupes tirées des quartiers éloignés qui ne paraissent pas pouvoir être attaqués.

Difficultés de forcer les lignes en attaquant de jour.

Quand on a le temps de se préparer de la sorte, il n'est guère possible que l'ennemi puisse forcer la ligne, et je n'ai point ouï dire qu'on y ait réussi depuis très-long-temps, si ce n'est à celles de Casal, par M. le comte d'Harcourt, qui en vint à bout comme par miracle, après y avoir été repoussé trois ou quatre fois, et il y a plus de 60 ans que cela est arrivé. (1640.)

Si l'ennemi prend le parti d'attaquer de nuit,

c'est-à-dire à la pointe du jour, l'affaire sera bien plus sérieuse ; car il dérobera sa marche et cachera son dessein le plus qu'il lui sera possible, fera mine de vouloir attaquer par un endroit de la ligne pendant qu'il se préparera à tomber sur l'autre, tâchant par tous moyens de donner le change par de fausses apparences, pour obliger l'assiégeant à demeurer sur ses gardes également partout ; s'il peut vous trouver en cet état, c'est hasard s'il ne réussit quand l'affaire est bien menée. Car telle partie qui sera gardée par mille hommes, peut être attaquée par dix mille, qui se portant vigoureusement et se soutenant par plusieurs corps l'un devant l'autre, il est bien difficile d'empêcher qu'il ne parvienne jusqu'à la ligne, et que, s'attachant au parapet, il ne le borde de son côté, et ne chasse les assiégeans de l'autre par un feu supérieur sur le dedans, pendant qu'avec des travailleurs, il y fera des ouvertures pour faciliter l'entrée de ses troupes. Ce coup est d'autant plus à craindre, que si on n'est pas bien averti du dessein de l'ennemi, on se tient à peu de chose près également partout sur ses gardes, qui est un très-mauvais parti à prendre.

Difficultés d'empêcher qu'elles ne soient forcées de nuit.

Comme une ligne en cet état ne peut être que très-faible, l'ennemi a de grands avantages sur elle, car il se porte à la faveur de l'obscurité, jusque fort près du fossé avant que d'être découvert, où ne trouvant qu'une faible résistance il force les lignes avant que le piquet et les secours des assiégeans soient arrivés au lieu de l'attaque.

1646, 1654, 1656. C'est ainsi que les lignes de Lérida en Catalogne, d'Arras et de Valenciennes en Flandre, furent autrefois forcées, et que toutes celles qu'on attaquera de la sorte le seront ou seront en grand danger de l'être, si on ne prend pas des mesures plus justes que celles que l'on prend ordinairement.

Ce qu'on doit faire en cas pareil, est donc à mon avis de tâcher en toute manière de découvrir le dessein de l'ennemi sur le lieu et le temps qu'il doit attaquer.

Moyens de découvrir le dessein de l'ennemi.

Ce dessein qu'il a intérêt de cacher ne peut être découvert que par une exacte observation de ses mouvemens, et par avoir plusieurs espions dans son camp, qui doivent se jeter journellement dans le nôtre, notamment dans le temps qu'ils le verront partir pour venir aux lignes, et par les prisonniers qu'on fera.

Par les reconnaissances qu'il fait ;

Si on voit l'ennemi s'attacher à reconnaître un côté de la ligne plus que les autres, et que ce côté soit assez près de lui pour qu'il s'en puisse approcher assez dans une nuit de marche pour pouvoir attaquer le lendemain au point du jour; si la place ou l'enclos des lignes est traversé par des rivières dont l'un des côtés seulement soit occupé par l'ennemi, et qu'il fasse plusieurs ponts dessus, comme 3, 4 ou 5; c'est un signe évident qu'il a dessein d'y faire passer plusieurs colonnes à la fois ; de même, s'il se saisit de quelque château ou maison forte au-delà de cette rivière, qui ne lui soit nécessaire que pour l'aider à cacher son dessein.

Joignant toutes ces apparences ensemble, on pourra conjecturer que l'ennemi a dessein d'attaquer par le côté plus à portée de ces ponts, notamment si le bossillement du pays y convient, ou qu'il soit composé de plaines unies et non entrecoupées de rien qui puisse retarder sa marche, et qu'il ne fera que de fausses attaques vis-à-vis de son camp et partout ailleurs, ce qui arrivera infailliblement.

Une autre observation importante à faire, est si après avoir estimé la distance qu'il y a des autres côtés de la ligne au camp de l'ennemi, on trouve qu'il n'en puisse faire le chemin, ni arriver avant le jour par la marche d'une nuit d'été qui ne dure que cinq à six heures, et voir si le temps qu'il lui faut peut s'accorder avec ce que l'on aura appris des espions, des prisonniers et des rendus.

Par des espions ;

A propos d'espions, je dois dire ici qu'on n'en saurait trop avoir, et qu'il est à souhaiter qu'on en puisse recevoir tous les jours, plutôt deux fois qu'une, notamment quand l'ennemi se prépare à vous attaquer, et enfin quand il se mettra en marche pour venir aux lignes. C'est alors qu'ils peuvent, en observant de quel côté l'ennemi tourne la tête, voir sur quelle partie de la ligne il va tomber.

En envoyant des partis;

Si à tout ce que dessus, on ajoute encore la découverte des grands et petits partis qui doivent battre l'estrade pendant la nuit sous la portée du canon des lignes, il est presque impossible que l'ennemi puisse s'empêcher d'être découvert de fort bonne heure; auquel cas, il faudra achever de bien garnir les côtés de la ligne par où il peut aborder, aux dépens de ceux qui n'en sont pas à portée par leur trop d'éloignement.

Au moyen de bûchers allumés en avant des lignes.

Ne pas oublier aussi de la garnir de canon, quelques jours auparavant, et de le tenir en bon état; de faire garder les bûchers, s'il y en a, par deux ou trois soldats à chacun, qui auront ordre d'en allumer les feux au signal qui se fera par un certain nombre de coups de canon dont on sera convenu. Quoi fait, et quand on sera assuré du côté par où l'ennemi s'approche, donner ledit signal quand il sera aux deux tiers de la portée du canon près, et aussitôt allumer les bûchers et faire retirer les boute-feux dans la ligne par des endroits qui leur auront été marqués. Ces feux allumés suppléeront au défaut de la lumière qui pourrait encore manquer, et feront un jour artificiel d'autant plus dangereux pour l'ennemi, qu'on tire beaucoup mieux et plus droit à la lueur du feu pendant la nuit que de jour. Si toutes ces observations sont faites avec soin, je me persuade qu'on parviendra à corriger le malheur des lignes attaquées de nuit, par la raison que ne provenant que de l'incertitude où l'ennemi vous tient, elle sera levée sitôt qu'on sera averti de son dessein.

De tous les retranchemens, aucun n'est si mauvais que les lignes de circonvallation.

Après tout ce que dessus et ce que l'on y pourrait ajouter, il faut convenir de bonne foi que de tous les retranchemens que la guerre emploie pour attaquer et défendre, aucun n'est si mauvais que les lignes de circonvallation. La raison est que leur circuit est toujours de beaucoup trop grand pour le nombre des troupes qui doivent les défendre ; car supposé le diamètre d'une circonvallation de 3,200 toises, qui est le moins qu'il puisse avoir, la circonférence régulière sera de 10,057 toises, à laquelle ajoutant pour l'irrégularité et pour les redans 943 toises, qui est bien le moins que cela puisse avoir, le tout fera 11,000 toises, qui divisées en lieues communes de 2,500 toises chacune, vaudra 4 lieues 1/2 un peu moins. Que si, pour border une ligne de cette étendue, on donne seulement 3 pieds à chaque soldat, viendra 2,200 hommes pour un seul rang, et pour trois de hauteur 66,000 hommes de pied, sans rien compter pour la seconde ligne, ni pour les tranchées et les autres gardes qui demanderaient bien encore autant de monde pour que tout fût suffisamment garni : or, où trouver des armées de cette force, je crois qu'il est fort inutile d'en chercher, et quand on dégarnirait la moitié la moins exposée des lignes, pour renforcer celle qui le serait le plus, on ne parviendrait pas à les garnir suffisamment à beaucoup près, et ce d'autant plus que si les places assiégées sont un peu considérables, la circonvallation deviendra bien plus grande que celle qui est ici supposée, ce qui nous éloigne encore plus de la possibilité de les pouvoir bien garnir. Et partant, je conclus que de tous les retranchemens d'armée, la circonvallation des places est toujours le plus mauvais, quelque soin qu'on puisse prendre de la rendre bonne, et que le mieux qu'on puisse faire dans un siége réglé, est d'avoir recours aux armées d'observation.

Le mieux est d'avoir une armée d'observation.

Il me reste à éclaircir un doute, qui est de savoir quelle doit être la force d'une armée d'observation par rapport à celle de secours ; cela n'est pas fort aisé, mais je ne laisserai pas de dire ce que j'en pense. Il est certain qu'elle doit toujours être proportionnée aux forces de l'ennemi, mais comme ce dire n'éclaircit rien, il faut avoir recours à quelques exemples.

Je dis donc qu'il est absolument nécessaire d'être bien informé des forces que l'ennemi peut mettre en campagne, et c'est à quoi on ne saurait donner trop d'attention. Supposons après cela qu'il puisse y mettre 25,000 hommes, et nous 35,000 ; s'il s'agit d'un siége, on pourra faire une armée d'observation, et si on se peut donner quelques jours d'avance pour faire les lignes, la chose

Force de cette armée.

n'en sera que plus aisée. Que cela soit ou non, si l'ennemi se met en état de les approcher, on pourra lui opposer 18 à 20,000 hommes en observation, qui prenant un poste avantageux à portée des lignes, s'y doivent bien retrancher; car si une armée bien postée, ajoute un bon retranchement aux avantages de la situation qu'elle occupe, elle fera aisément tête à une qui sera d'un tiers plus forte qu'elle, et quand même elle le serait davantage, si l'armée d'observation sait bien se conduire, il est sûr que l'ennemi n'osera l'attaquer, attendu que quand elle se trouvera plus ou moins pressée, elle pourra encore tirer des secours de l'assiégeante, de même qu'elle pourra lui en donner de son côté. Or, ce qui est ici proposé par cet exemple, peut s'appliquer à de plus grandes armées, et se restreindre à de plus petites, selon la force de l'ennemi à qui l'on a affaire.

Une armée bien retranchée peut faire tête à une armée d'un tiers plus forte

Que s'il se présente à quelque côté des lignes éloigné de l'armée d'observation, il sera au choix de celle-ci d'entrer dans les circonvallations, et de se présenter en deux lignes du côté qu'il pourrait attaquer, ou de prendre poste à côté de lui pour le charger en flanc, pendant qu'il attaquera de front. Ce sont des pensées qui peuvent recevoir de l'accroissement et différentes rectifications selon que la situation des lieux le permettra.

MAXIMES GÉNÉRALES

POUR SERVIR A LA CONSTRUCTION DES LIGNES.

I.

Des lignes.

Les faire bonnes et avantagées de tout ce que l'on peut.

II.

Donner à leur circuit tout l'espace nécessaire, et rien plus.

III.

Des camps.

Ne point exposer les camps sous la portée du canon de la place.

IV.

Ne les point commettre aux commandemens extérieurs du dehors, qui puissent en incommoder les dedans du canon et du mousquet.

V.

Des commandemens à occuper.

Occuper tous les commandemens des environs qui pourraient nuire à la ligne et aux camps, soit par la ligne même ou par des forts et redoutes détachés, plutôt que de hasarder à les laisser occuper par une armée de secours.

VI.

L'observation de ces maximes présupposée, il

ne doit rester d'étendue au circuit des lignes que celle qu'elles doivent précisément occuper.

VII.

Si la ligne est coupée de rivières ou de canaux,
y faire le plus de ponts qu'on pourra, c'est-à-dire
plutôt deux qu'un, ou plutôt trois que deux,
même plutôt quatre que trois, afin de faciliter
le prompt transport des secours d'un côté à l'autre, et éviter la confusion où l'on se trouva à la
levée du premier siége de Valenciennes, où ce 1656.
défaut fit périr une partie de l'armée.

VIII.

Employer les bois, rivières, ruisseaux, étangs, marais, ravines, fossés, escarpemens, chemins creux, et généralement tout ce qui peut avantager la situation des lignes, et l'appliquer à leur fortification, savoir, les bois par les abatis; les rivières et ruisseaux, par en rompre les gués et les faire servir d'avant-fossés aux lignes; les étangs, par les mettre entre vous et l'ennemi; les marais, par augmenter leur marécage et les mettre devant les lignes; les ravines, grands fossés et escarpemens, par les y mettre à même fin; finalement, faire servir toutes ces diversités de terrain à leur fortification, comme autant d'avantages favorables que la nature nous présente, et qu'il ne faut pas négliger.

IX.

Les avant-fossés doivent être pleins d'eau.

Les avant-fossés des lignes ne sont raisonnables qu'autant qu'ils peuvent être remplis d'eau; de toute autre façon ils ne valent rien, parce qu'ils ne servent qu'à cacher l'ennemi quand il a tant fait que de s'avancer jusque là.

X.

Que la distance de la tête des camps à la ligne ne soit pas éloignée plus de 120 toises, ni plus près de 60.

XI.

Que l'éloignement de la pointe d'un redan à l'autre, ne soit guère plus de 120 toises, ni moins de 80 : à moins qu'on n'y soit contraint par les bossillemens du terrain.

XII.

Que les lignes de contrevallation puissent au besoin s'approcher de la place assiégée jusqu'à l'extrême portée du canon, et non plus.

RÈGLES OU MAXIMES GÉNÉRALES

QUI PEUVENT SERVIR A L'ATTAQUE DES PLACES.

I.

Etre toujours bien informé de la force des garnisons avant que de déterminer les attaques.

II.

Attaquer toujours par le plus faible des places et jamais par le plus fort, à moins qu'on n'y soit contraint par des raisons supérieures, qui, comparées aux particulières, font que ce qui est le plus fort dans les cas ordinaires, se trouve le plus faible dans les extraordinaires : ce qui dépend des lieux, des temps et des saisons que les places sont attaquées, et des différentes situations où on se trouve. Attaquer toujours par le plus faible. Exceptions ; exemples.

Quand le Roi assiégea Valenciennes, Sa Majesté n'ignorait pas que le front de la porte d'Anzin ne fût le plus fort de la place ; cependant il la fit attaquer par là : 1677.

1° A cause de la facilité des approches par la chaussée de Rhume*, qui, étant pavée, amenait toutes nos munitions depuis Dunkerque, Ypres, Lille, Douay et Tournay, jusqu'à la queue des tranchées, ce qui ne se pouvait partout ailleurs ;

2° De la facilité d'avoir des fascines, y ayant

* Raismes.

de grands bois près de là qui pouvaient abondamment fournir toutes celles dont on avait besoin;

Et 3° De pouvoir contrevaller, comme nous fîmes par la tranchée, toute cette partie qui s'étend depuis l'inondation au-dessous de la place jusqu'à celle au-dessus; ce qui étant répété par deux places d'armes, l'une devant l'autre, et par tous les plis et replis de la tranchée, l'ennemi fut enfermé dans sa place et réduit à ne pouvoir pas sortir quatre hommes hors de son chemin couvert, depuis la porte de Tournay jusqu'à la porte Notre-Dame; de sorte que s'il se fût présenté un grand secours, le roi aurait pu, en renforçant la tranchée de deux bataillons et de trois ou quatre escadrons, lever tous les quartiers de ce côté-là, qui faisaient les deux cinquièmes du circuit des lignes, pour en renforcer son armée et se présenter aux ennemis, sans que les attaques eussent cessé de faire leur chemin.

Ces raisons ou autres semblables prises hors-œuvre prévalent quelquefois sur les communes très-avantageusement; c'est pourquoi où cela se trouve, on ne doit pas hésiter à les faire valoir.

III.

Ne point ouvrir la tranchée que les lignes ne soient fort avancées, et les munitions et matériaux nécessaires en place, prêts et à portée; car il ne faut point languir par ce manquement, mais avoir toujours les besoins nécessaires sous la main.

IV.

Bien embrasser le front d'attaque.

Embrasser toujours tout le front des attaques, afin d'avoir l'espace nécessaire aux batteries et places d'armes.

V.

Faire toujours trois grandes lignes ou places d'armes; les bien situer et établir, leur donnant toute l'étendue nécessaire.

VI.

Les attaques liées sont préférables à toutes les autres.

VII.

Ne jamais faire par force ce que l'on peut par industrie.

Employer la sape dès que la tranchée deviendra dangereuse, et ne jamais faire à découvert ni par force, ce que l'on peut par industrie, attendu que l'industrie agit toujours sûrement, ce que la force qui est quelquefois sujette à manquer ne fait pas toujours, et hasarde pour l'ordinaire beaucoup.

VIII.

Ne jamais attaquer par des lieux serrés et étroits, ni par des marais, et encore moins par des chaussées, quand on le peut par des lieux secs et spacieux.

IX.

Ne jamais attaquer par des angles rentrans qui puissent donner lieu à l'ennemi d'envelopper ou croiser sur la tête des attaques, parce qu'au lieu d'embrasser, il se trouverait par les suites que la tranchée serait enveloppée.

X.

Laisser les chemineniens libres pour le service.

Ne point embarrasser la tranchée de troupes ni de travailleurs, ni de matériaux : mais ranger les uns et les autres dans les places d'armes de la droite et de la gauche, et laisser les chemins libres pour le service du travail et des allans et venans.

XI.

Le moyen le plus sûr de bien réussir à un siége, est d'avoir une armée d'observation.

XII.

Ne jamais porter un ouvrage en avant près de l'ennemi, que celui qui le doit soutenir ne soit en état de le faire.

XIII.

Que les batteries plongeantes dites ricochets, soient toujours situées sur les enfilades et revers des pièces attaquées et non autrement.

XIV.

Employer lesdites batteries à ricochet, et les cavaliers à la prise des chemins couverts, par préférence aux attaques forcées, dans tous les endroits où il y aurait possibilité de le faire.

XV.

Observer la même chose à celle de tous les dehors, et du corps de la place.

XVI.

Ne jamais tirer aux bâtimens des places, parce que c'est perdre temps et consommer des munitions mal à propos pour des choses qui ne contribuent en rien à leur reddition, et dont les réparations vous coûtent toujours beaucoup après la prise.

XVII.

La précipitation dans les siéges ne hâte point
la prise des places, la recule souvent et ensanglante
toujours la scène; témoin *Barcelone*, *Landau* 1697. 1703.
et plusieurs autres.

XVIII.

Il est des siéges et de l'attaque des places, comme de la plupart des affaires considérables de ce monde, qui demandent un point de maturité pour être résolues et bien conduites à leur fin.

XIX.

Sur la saison propre aux siéges.

La saison la moins propre à l'attaque des places est l'hiver, parce que c'est celle des mauvais temps et des grands froids qui font beaucoup souffrir les troupes.

XX.

Attaquer les places marécageuses, dont les environs sont humides et à demi-mouillés, dans les temps les plus secs de l'année; parce que vraisemblablement on y sera moins incommodé des eaux.

XXI.

A place régulière, régulière attaque : mais à place irrégulière, on doit attaquer comme on peut, sans toutefois s'éloigner de l'observation des règles que le moins qu'il est possible.

XXII.

Places qui ont château ou citadelle.

Aux places où il y a château et citadelle, attaquer tant qu'on pourra par la citadelle, si d'autres raisons ne prévalent; parce que celle-ci prise, la ville suit nécessairement : au lieu qu'attaquant la ville la première, on a deux siéges à faire pour un.

XXIII.

Ne jamais s'écarter ni s'éloigner de l'observation des règles sous prétexte qu'une place n'est pas bonne, de peur de donner lieu à une mauvaise de se défendre comme une bonne.

Ne jamais s'écarter des règles, sous prétexte qu'une place n'est pas bonne.

XXIV.

Les attaques par des lieux serrés et étroits sont toujours difficiles et sujettes à de grands inconvéniens, parce qu'on n'y peut pas toujours observer les règles.

XXV.

Toute fortification réglée par les maîtres de l'art, a toujours quelque chose de régulier ou fort approchant, à moins que la situation n'y répugne tout-à-fait; il en doit être ainsi de la conduite des attaques bien entendues.

XXVI.

Places entourées de marais.

Les pays de marais qu'on ne peut écouler ni épuiser, ne sont propres à l'attaque des places qu'autant que la faiblesse de leur fortification et de leur garnison s'y accorde, et que les digues par où l'on peut les aborder, donnent moyen par leur largeur et hauteur de pouvoir conduire une tranchée tout le long avec les retours nécessaires, sans être contraint de s'enfiler, et qu'il se trouve quelque terrain sec à côté plus élevé que la superficie du marais, pour y pouvoir utilement établir des batteries de toutes espèces qui suppléent en partie aux conditions demandées dans les cas ordinaires.

XXVII.

Cas où l'on doit attaquer de jour ou de nuit.

Attaquer de jour quand la tranchée a tellement pris ses avantages, qu'il n'y a plus d'endroits dans tout le front attaqué, qui se puissent dire exempts de la supériorité du canon, des bombes, des pierres, et de la mousqueterie. *Et de nuit,* quand une grande partie de ces endroits ne sont pas dans le cas.

XXVIII.

Nécessité d'un directeur des attaques.

Tout siége de quelque considération demande un homme d'expérience, de tête et de caractère, qui ait la principale direction des attaques, sous l'autorité du général; que cet homme dirige la tranchée et tout ce qui en dépend, place les batteries de toutes espèces, et montre aux officiers de l'artillerie ce qu'ils ont à faire; à quoi ceux-ci doivent obéir ponctuellement, sans y ajouter ni diminuer. Où cela ne s'est pas exécuté au pied de la lettre, tout a tourné à confusion, et jamais le canon n'a été bien placé ni bien servi, et n'a produit l'effet qu'on a dû en attendre.

XXIX.

La même raison fait encore que cet homme doit commander aux ingénieurs, mineurs, sapeurs, et à tout ce qui a rapport aux attaques, dont il est comptable au général seul : par la raison que quand il y a plusieurs têtes à qui il faut rendre compte, il est impossible que la confusion ne s'y mette ; après quoi, tout ou la plus grande partie va de travers, au grand détriment du siége et des troupes.

XXX.

Finalement, ne jamais s'éloigner de l'observation de ces maximes, parce qu'on ne le saurait faire sans manquer dans une chose ou dans l'autre, et souvent dans toutes.

DE L'ARTILLERIE.

AVERTISSEMENT.

Elle a tant de part dans les siéges, soit pour attaquer ou défendre, que j'ai cru devoir ajouter le Mémoire qui suit à ce Traité.

Nous le fîmes de concert, M. de la Frezelière
le père, Saint-Hilaire et moi, l'hiver qui sui- 1691
vit la mort de feu M. de Louvois; je ne l'aurais osé faire de son vivant, parce que s'étant emparé de la direction générale de ce corps, à la nomination des officiers près, qui n'avait même d'effet qu'autant qu'elle était approuvée de lui, il y disposait de toutes choses à son gré; et c'était pour cela que quand la charge de grand-maître était vacante, il avait soin de procurer de tout son pouvoir qu'elle fût remplie par des sujets agréables au Roi, mais qu'il pût gouverner; tels furent M. le duc du Lude et M. le maréchal d'Humières, deux seigneurs de la cour très-bien avec leur maître, l'un et l'autre de qualité distinguée et très-honnêtes gens, mais qui n'ayant aucune pratique de l'artillerie, la laissaient faire à M. de Louvois pour ne se point brouiller avec lui, et se contentaient d'en recevoir les appointemens, et de jouir des honneurs et prérogatives attachés à cette belle charge; il n'est pas possible aussi qu'un ministère comme celui-là

qui consiste en une infinité de détails pénibles qui demandent beaucoup de connaissances et d'application, puisse être bien exercé par ceux qui ne l'ont jamais pratiqué. Tels étaient les seigneurs dont je viens de parler, et M. de Louvois même n'en savait pas dans les commencemens plus qu'eux, outre qu'il était occupé d'une infinité d'autres affaires importantes, qui nécessairement lui causaient de grandes et fréquentes distractions; à la vérité, la grandeur de son génie suppléait à bien des choses qui auraient échappé à d'autres; mais cela ne suffit pas pour remplir une charge de cette conséquence qui demande un homme entier, très-intelligent et de grande expérience, car c'est un vrai ministère qui renfermerait plus d'affaires qu'aucun autre, s'il était exercé dans toute l'étendue qui lui convient, ce qui mérite véritablement un conseil particulier qui ait un jour de la semaine d'audience réglée pour rendre compte au Roi de ce qui le concerne.

PROPOSITION

POUR LA LEVÉE DE TROIS RÉGIMENS D'ARTILLERIE.

L'expérience nous apprend tous les jours que l'artillerie n'est pas moins nécessaire à la guerre que l'infanterie et la cavalerie, puisqu'elle entre dans toutes les grosses expéditions pour une part très-considérable; qu'elle triomphe dans tous les siéges, soit pour attaquer ou défendre, et dans toutes les actions de guerre où on la peut employer à propos; que dans les combats de plaine elle prime souvent sur l'infanterie, et dans ceux des postes et pays couverts, toujours sur la cavalerie, et quelquefois sur toutes les deux; mais il est encore plus vrai de dire que quand elle est jointe à ces deux corps, elle achève de leur donner la force et les moyens requis pour agir avec succès dans toutes les entreprises difficiles, et que ce n'est que par elle qu'on peut achever de vaincre quand l'ennemi prenant le parti de la retraite ou de la défensive, se retire dans ses places ou dans les lieux forts et avantageux de son pays.

On doit considérer l'artillerie par rapport à elle-même ou par les officiers qui l'exploitent : quand, par rapport à elle-même, on entend le canon, son usage, et tout ce qui en dépend; et par les officiers qui l'exploitent, le corps qui la sert et qui lui donne toute l'action et le mouvement qu'elle doit avoir; ce corps, depuis long-temps si considérable dans le royaume, est composé de tout ce qu'il y a de grands et petits officiers employés à son usage, et de tous les ouvriers qui en dépendent et qui y ont un attachement particulier; et c'est à proprement parler ce qu'on appelle *le corps de l'artillerie*. Ces officiers consistent en la personne du grand-maître et capitaine-général qui a sous lui un lieutenant-général et d'autres lieutenans particuliers; des commissaires provinciaux ordinaires et extraordinaires; capitaines de mineurs, bombardiers, artificiers, canonniers, capitaines de charrois, maîtres forgeurs, charpentiers et tous autres ouvriers en fer, en bois et en fonte qui ont rapport à l'artillerie et qui sont gagés par le Roi pour le servir.

Elle a de plus ses contrôleurs, secrétaires, trésoriers, etc., et sa justice particulière sur tout ce qui en dépend, qui a son siége à l'arsenal, et son ressort unique au parlement.

La facture des poudres et salpêtres; la fonte du canon, des mortiers, pétards, bombes, grenades et boulets, et leur usage, aussi bien que la façon des affûts, outils de toutes espèces, chariots, charrettes, ponts pour passer les rivières en corps d'armée, et toutes sortes d'armes offensives et défensives, sont de sa connaissance et de sa juridiction; comme aussi la fourniture de tous les magasins et arsenaux des places fortifiées, la levée et construction des équipages d'artillerie, soit pour l'attaque ou la défense des places, ou pour la guerre de campagne; enfin tout ce qui a quelque rapport, et qui peut être de sa dépendance, laquelle s'étend dans tout le royaume, et partout où les armées du Roi se peuvent porter.

C'est enfin un ministère particulier qui a ses relations immédiatement au Roi et à celui qui le représente à la tête de ses armées; ce serait ici le lieu de définir cette belle et grande charge, et ses attributs, mais mon intention n'étant que de proposer au Roi les moyens de rendre ce corps encore plus utile qu'il n'est; je me contenterai de dire que quand le grand-maître l'exerce dans toute son étendue, il commande et ordonne de tout ce que dessus, et que c'est aussi lui qui crée les officiers dépendant de cette charge, qui tous prennent commission de lui, et qui, sous le bon plaisir du Roi, les distribue dans les provinces par départemens, composés d'une certaine quantité de places où ils ont des commandemens subordinés sur l'artillerie, et inspection sur les magasins et arsenaux, soit de places ou de campagne: il y a de plus des commissaires provinciaux, dont quelques-uns ont aussi des départemens, et des commissaires ordinaires et extraordinaires dans toutes les villes de guerre où ils ont un commandement subordiné aux premiers. Il y avait autrefois un certain nombre d'officiers pointeurs ou maîtres canonniers, entretenus dans chacune, mais qui ont été supprimés à cause des abus qu'on en faisait.

Premier défaut.

Outre le nombre d'officiers qui composent l'ancien corps de l'artillerie (1), on y a ajouté depuis quelque temps un régiment de fusiliers et un de bombardiers; celui de bombardiers n'a point été

---

(1) Le corps de l'artillerie se composait en 1691 :

1° Du corps de l'artillerie proprement dit, corps d'officiers, le grand-maître, soixante lieutenans du grand-maître ayant le rang d'officiers généraux, brigadiers, colonels ou lieutenans-colonels, soixante commissaires provinciaux avec rang de capitaines en 1er, soixante commissaires extraordinaires, et quatre-vingts officiers pointeurs, avec rang de lieutenans;

2° Du régiment des fusiliers du Roi, créé en 1671 pour la garde et le service de l'artillerie, appelé plus tard, en 1693, *royal-artillerie*, et composé de six bataillons, chacun de treize compagnies de cinquante-cinq hommes;

3° De douze compagnies de canonniers, incorporées en 1695 dans *royal-artillerie ;*

4° Du régiment royal des bombardiers, créé en 1684, et fort de quatorze compagnies;

5° De deux compagnies de mineurs. Une troisième fut créée en 1695, et une quatrième en 1706.

En 1720, toutes les troupes destinées à servir l'artillerie ne formèrent qu'un seul régiment, *royal-artillerie*. (*Voy.* pour plus de détails sur les différentes organisations de l'artillerie, l'état militaire de cette arme pour 1786.)

assujéti à d'autre service que celui des bombes et mortiers dont il s'acquitte bien, mais il est trop fort des deux tiers pour n'avoir que cela à faire; celui des fusiliers, bien plus ancien que le précédent, a eté créé pour l'artillerie, mais ce régiment ayant voulu faire le service ordinaire de l'infanterie et celui de l'artillerie à même temps, et avec les mêmes gens, est tombé dans le cas du précepte de l'évangile, où il est dit, que nul ne peut servir à deux maîtres; et effectivement l'artillerie s'en trouve très-mal servie.

1° En ce que toutes les fois qu'il monte la tranchée, il ne fournit que de faibles détachemens aux batteries.

2° En ce que quand il se présente un jour de bataille, il abandonne le canon pour combattre en ligne, ou n'y laisse que les plus mauvais soldats, ce qui se prouve par l'exemple de la bataille de Fleurus où la moitié du canon devint inutile après la première décharge, faute de canonniers et de soldats pour le servir.

Second et plus considérable défant.

1690.

Et 3° en ce que les officiers de ce régiment ne se comptent point du corps de l'artillerie, et n'y prennent que le moins de part qu'ils peuvent, se contentant d'y employer simplement les soldats qu'on leur demande, et de les remettre aux commissaires qui, n'étant point connus d'eux pour leurs officiers naturels, en sont toujours mal obéis; à cela, joint que les officiers de ce régiment ne se mêlant point du canon ni des batteries, leurs soldats n'en sont nullement instruits; et comme le soldat suit son officier naturel et l'accompagne partout, il perd bientôt ceux d'artillerie de vue, d'où s'ensuit que ne les voyant que par des intervalles de plusieurs mois, et quelquefois de plusieurs années, il oublie facilement de les connaître dans l'occasion jusqu'à leur manquer de respect, même dans les affaires plus pressantes où l'officier d'artillerie n'étant pas en pouvoir de les châtier, est réduit à s'en plaindre dans le temps qu'il doit être le plus occupé à les faire agir.

Pour conclusion, il est certain que le service partagé de ce régiment produit un très-mauvais effet qui ne convient point à l'artillerie, où il faut nécessairement des hommes qui ne soient occupés que d'elle, et mieux instruits de ses mouvemens que ne le peuvent être les soldats des fusiliers.

Les quatre compagnies d'ouvriers du même régiment sont bien assujéties à l'artillerie pour les soldats, mais non quant aux officiers qui ne se mêlent que du détail de leurs compagnies, et qui n'étant pas capables de juger de l'habileté des ouvriers qu'ils ne mettent jamais en œuvre, il arrive que ces compagnies en sont toujours mal fournies et que le peu qu'il y en a sont très-mauvais, les capitaines prenant, de bien plus près, garde à les avoir bien faits et de bonne taille qu'à leur habileté, les aimant mieux propres au combat qu'au canon ; ce qui fait qu'ils ne s'en tiennent que très-faiblement à leur première institution.

On peut dire la même chose des douze compagnies de canonniers, dont les officiers ne font ni guet, ni garde, ni aucune autre fonction que d'avoir le soin ordinaire de leur compagnie, qui est un abus dont le service se trouve très-mal.

Il y a d'autres défauts dans l'artillerie, dont l'un des plus considérables consiste en la privation des honneurs et récompenses auxquels les troupes ordinaires parviennent par leurs services, en quoi on leur fait d'autant plus de tort, qu'outre les périls qu'ils ont communs avec la cavalerie et l'infanterie, et bien souvent plus grands, leurs emplois sont beaucoup plus pénibles et plus assujétis de corps et d'esprit, sans compter qu'il ne faut pas moins de vigueur à bien exploiter une pièce de canon qu'à marcher à la tête d'un détachement dans un jour d'occasion ; cette privation d'honneur et d'avantage, est même venue à tel point qu'on refuse des lettres d'état, depuis le commencement de la guerre, aux officiers d'artillerie qui sont actuellement dans le service, comme s'ils étaient moins utiles à Sa Majesté que par le passé, et moins recommandables que les autres officiers de ses troupes à qui on n'en refuse aucune ; on ne peut disconvenir que ces abaissemens qui passent chez eux pour de véritables marques du peu de cas qu'on en fait, n'aient rebuté et abattu le cœur à quantité d'honnêtes gens qui se sont retirés du service, ou sont tombés dans des relâchemens qui font grand tort à ce corps.

Quatrième défaut.

Ceux qui commandent les équipages d'artillerie dans les armées disent encore qu'ils ont toujours eu le rang des derniers maréchaux-de-camp, qu'ils ont été considérés comme tels sur l'état du logement, et qu'ils ont commandé les troupes attachées aux gardes et escortes d'artillerie, ou qui se sont trouvées dans les mêmes quartiers avec elle, quand il n'y a pas eu de maréchaux-de-camp à la tête, et qu'à présent, dans l'abaissement où est ce corps, ce commandement leur est presque universellement contesté, et l'officier des troupes, tel qu'il puisse être, croît être en droit de les commander, et de faire marcher l'artillerie comme il lui plaît; *ce qui est contraire* au bien du service et à l'ordre naturel des choses, attendu que l'artillerie étant la plus difficile à mouvoir, il faut par nécessité que la cavalerie et l'infanterie assujétissent leurs mouvemens aux siens, ou qu'elles l'abandonnent; or c'est ce que la plupart de nos officiers de cavalerie et d'infanterie n'entendent pas, et ne sont pas même autrement capables d'entendre.

Chez les Allemands, où la discipline est très-bien réglée, les corps plus pesans commandent toujours aux plus légers quand ils se trouvent ensemble, c'est-à-dire que les lieutenans-généraux d'artillerie commandent à ceux d'infanterie et de cavalerie, et ceux de l'infanterie à ceux de la cavalerie; car ils en ont de tous ces corps ou d'équivalens, et ainsi des autres officiers; hors de là, chacun d'eux fait son fait à part : *cette remarque n'est pas inutile.*

Pour venir au fait, il est du service du Roi que les officiers d'artillerie soient maintenus dans l'ancien usage; la première raison est que le commandant de l'artillerie est toujours un vieil officier qui doit savoir la guerre, et que celui des troupes se rencontre peu souvent tel, joint que n'étant pas accoutumé à de si lentes marches ni au maniement du canon, ni à la correction des mauvais chemins, il se donne ordinairement beaucoup de peine inutile qui ne l'avance guère et le retarde souvent.

La seconde, que personne ne doit mieux savoir que lui disposer de ses marches, escortes, campemens, gardes et sentinelles, contre les ennemis ou contre les accidens du feu.

De plus, il est nécessaire que les corps dont les maniemens sont plus légers et plus aisés, soient assujétis à celui dont le mouvement est plus pesant et difficile, lorsqu'ils sont ensemble, afin qu'ils en puissent recevoir les secours et la protection nécessaires dans les besoins.

Cinquième défaut.

Les semestres de quelques-uns des commissaires provinciaux ordinaires et extraordinaires sont encore un autre défaut qui mérite d'avoir place ici ; les premiers servent sept mois et touchent 800 liv. d'appointement, et les extraordinaires cinq mois, pour lesquels ils reçoivent 400 liv., ce qui les réduit à rien pour aller et venir chez eux, par la petitesse des appointemens.

Sixième défaut très-considérable.

L'établissement des gardes-magasins, dont la paie est très-modique, en est un très-considérable, en ce que le grand-maître ne les peut choisir aussi bons et aussi sûrs qu'il serait à désirer, la plupart étant gens de bas aloi, pauvres, et qui, n'ayant ni bien ni caution qui puisse répondre de leur fidélité, seraient faciles à séduire, vu qu'ils vont, viennent et demeurent souvent seuls aux magasins, où ils sont par conséquent en état de faire du mal s'il leur en prenait envie ; or, faire du mal pour un garde-magasin, n'est autre chose que mettre le feu aux poudres, comme je l'ai vu arriver à Saint-Guislain : je laisse juger de la conséquence, et si elle ne doit pas faire trembler.

Septième défaut.

C'est encore un défaut que le manquement d'artificiers, dont il n'y a presque plus dans le royaume ; cependant, la dépense de ces sortes d'officiers va à peu de chose, et on peut dire qu'ils ne sont guère moins nécessaires dans les places et en campagne, que les commissaires mêmes.

Il n'y a plus de canonniers que dans les bombardiers et fusiliers ; la moitié de ceux des douze compagnies n'en ont jamais eu aucune instruction, et n'ont point été en campagne, si ce n'est quelques compagnies qui se sont trouvées aux siéges de Luxembourg, Philisbourg, Manheim, Frankendal, Mons, etc.

Huitième défaut

Dans la plupart des équipages de campagne où il n'y a pas de canonniers, on est obligé de se servir de soldats maladroits qui ne savent par quel bout prendre un levier, ce qui fait qu'il est impossible que le canon soit bien servi dans un jour d'occasion.

Neuvième défaut.

L'abattement dans lequel sont la plupart des officiers du corps, à l'occasion de toutes ces défectuosités, peut encore être compté pour défaut de l'artillerie, dont elle ne se relèvera que par la correction des autres.

S'il s'en trouve quelques autres, ils sont peu considérables et aisés à corriger; mais, pour les contenus en ce Mémoire, il suffit de les faire connaître pour convenir de la nécessité de leur correction, qui ne sera pas difficile, si Sa Majesté a la bonté de faire attention à ce qui suit.

Eloge de l'organisation moderne des troupes.

Mais avant que de passer outre, il est bon de remarquer que, de tous les corps militaires, il n'y en a point de mieux composé que les régimens, ni où la subordination soit mieux réglée; et quelque chose qu'on nous dise des phalanges grecques, légions romaines et des janissaires, elles n'ont jamais rien eu qui leur soit comparable, et aucun corps ancien ni moderne n'a approché de la discipline ni du bon ordre des régimens; on n'en a point vu où les gradations du commandement soient mieux établies, et où tout ce qui peut convenir au service soit dans un arrangement plus parfait ni mieux disposé pour agir : jamais les sujets propres à tout ce qui peut convenir au service n'y manquent ; chaque officier a son emploi réglé ; ils savent tous à quoi consiste leur devoir, et jusqu'où il s'étend : depuis le simple soldat jusqu'au colonel, chacun entend sa subordination, et jamais le commandement ne périt, à moins que tout le régiment ne périsse, parce que la succession des chefs est tellement prévue, qu'il n'y a pas un seul officier qui ne sache à point nommé quand et en quel cas le commandement lui peut échoir ; on ferait un volume de l'excellence et du bon ordre de ces corps, si on voulait approfondir toutes les bonnes qualités des régimens ; aussi ont-ils été imités presque aussitôt qu'inventés par toutes les puissances de l'Europe, sans qu'aucune s'en soit rétractée ; l'usage leur en ayant continuellement prouvé le mérite et au-delà de celui des autres troupes dans les autres corps, ce qui me persuade que le Roi ne saurait mieux faire que de réduire toute son artillerie en trois régimens de 18 à 20 compagnies chacun, dans lesquels seraient compris et comme renfermés, tous les officiers, canonniers, soldats et ouvriers dépendans de ce corps, suivant le grade qu'ils occupent dans ladite artillerie. Il est encore bon d'observer avant de venir au fait :

1° Que le service des officiers devant être double, et doublement pénible à cause du détail des compagnies, gardes ordinaires, commandemens, et service de l'artillerie, il est juste que leur paie y soit proportionnée, ce qui n'ira cependant pas jusqu'à égaler la paie d'un capitaine de fusiliers et d'un commissaire ensemble.

2° Que les compagnies devant être composées de canonniers à différens étages, et des ouvriers nécessaires à l'artillerie, il y faut faire quantité d'appointés ou hautes-paies pour en égaler à peu près le nombre, ce qu'on leur donne dans les compagnies où ils sont présentement, et différencier les paies ordinaires des soldats canonniers par classes pour leur donner plus d'émulation.

3° Que les corps tout entiers doivent être considérés comme autant de canonniers et bombardiers, qui tous doivent savoir manier le canon en tous lieux et en tous pays; c'est de quoi il faudra très-soigneusement les instruire, et comme il faut des hommes forts et robustes qui seront sujets à une infinité de corvées pénibles et fâcheuses, il faudra aussi leur donner une paie qui les puisse un peu mieux faire subsister que le commun des soldats des autres troupes.

Pour composer les trois régimens d'artillerie proposés ci-dessus, il est premièrement nécessaire de partager la compagnie de Camelin en trois parties égales par le nombre et la capacité, pour faire les têtes des compagnies de mineurs des trois régimens.

2° Partager aussi deux compagnies de bombardiers du régiment de ce nom en trois, pour faire les têtes des trois compagnies de bombardiers des mêmes régimens.

3° Prendre trois compagnies d'ouvriers, laissant celles de la tête pour ce que nous proposerons ailleurs; les douze de canonniers, et trois bataillons des fusiliers, pour, avec le restant du régiment des bombardiers, faire le nombre complet de cinquante-quatre compagnies dont ces trois régimens devront être composés.

Donner à ces régimens, dont M. le grand-maître sera le colonel-général, pour officiers principaux, savoir : le lieutenant-général et deux lieutenans d'artillerie pour colonels, des lieutenans d'artillerie en second et des sous-lieutenans pour lieutenans-colonels, majors et capitaines de mineurs, des commissaires provinciaux pour capitaines, des commissaires ordinaires pour lieutenans, et des extraordinaires pour sous-lieutenans; le tout suivant le projet en table qui sera mis ci-après.

Quant aux officiers restant de ces bataillons, ils pourront suivre leurs compagnies et entrer dans les régimens d'artillerie sur le pied de capitaines et lieutenans en second, jusqu'à ce que le Roi les ait pourvus, Sa Majesté leur conservant les mêmes appointemens qu'ils avaient dans le corps, et le même rang, hors que les commissaires provinciaux doivent précéder dans les compagnies, à cause que les fonctions de ces régimens doivent toujours être dans l'usage de l'artillerie, et à mesure que les anciens seront pourvus, ou qu'ils viendront à mourir, leurs charges seront éteintes, les majors et aides-majors de fusiliers et bombardiers seront pris pour faire les mêmes fonctions dans les nouveaux régimens, sinon et au cas que celui des fusiliers aime mieux y demeurer, il faudra prendre dans ce nombre des capitaines en second.

Au reste, on ne saurait assez dire que la fonction de ces régimens doit être entièrement dans le service de l'artillerie, et pourvoir à sa garde et à ses escortes, sans jamais leur permettre de faire autre chose, si ce n'est quand ils se trouveraient en corps dans les places où ils ne seraient pas occupés; pour lors on pourrait leur faire monter la garde avec les autres troupes, suivant le rang de leur ancienneté.

PROJET DE SOLDE POUR UN RÉGIMENT D'ARTILLERIE.

COMPAGNIE DE BOMBARDIERS.

		Par jour.		Par mois.
Lieutenant d'artillerie ou commissaire provincial.	au capitaine.	5 liv.	»	150 liv.
Commissaires ordinaires.	2 lieutenans.	2	10 s.	150
Commissaires extraordinaires.	2 sous-lieutenans.	1	10	90
Maîtres charpentiers et artificiers.	4 sergens.	1	5	150
Maîtres bombardiers.	4 caporaux.	1	»	120
Chefs de mortiers.	12 appointés.	0	15	270
Bombardiers de la 1re, 2e et 3e classe.	15 hautes-paies.	0	10	225
	15 moyennes.	0	8	180
	15 basses.	0	6	135
	1 tambour.	0	8	12

TOTAL. . . . . . . 71, fait par mois 1,482 liv. et par an 17,784 liv.

COMPAGNIE DE MINEURS.

		Par jour.		Par mois.
Lieutenant d'artillerie ou commissaire provincial.	au capitaine.	5 liv.	»	150 liv.
Commissaires ordinaires.	2 lieutenans.	2	10 s.	150
Commissaires extraordinaires.	2 sous-lieutenans.	1	10	90
Charpentiers et artificiers.	4 sergens.	1	5	150
Chefs de mineurs.	4 caporaux.	1	»	120
Maîtres mineurs.	12 appointés.	0	15	270
Mineurs de la 1re, 2e et 3e classe.	15 hautes-paies.	0	10	225
	15 moyennes.	0	8	180
	15 basses.	0	6	135
	1 tambour.	0	8	12

TOTAL. . . . . . . 71, fait par mois 1,482 liv., et par an 17,784 liv.

COMPAGNIE DE CANONNIERS.

		Par jour.		Par mois.	
Commissaire provincial.	au capitaine.	3 liv.	»	90 liv.	»
Commissaires ordinaires.	1er lieutenant.	2	5 s.	67	10 s.
	2e lieutenant.	1	15	52	10
Commissaires extraordinaires et artificiers.	1er sous-lieuten.	1	10	45	»
	2e sous-lieuten.	1	»	30	»
Officiers pointeurs et chefs de batteries.	3 sergens.	0	15	67	10
Artificiers et maîtres charpentiers.	3 caporaux.	0	12	54	»
Ouvriers de toutes sortes.	12 appointés.	0	10	180	»
Canonniers de la 1re, 2e et 3e classe.	15 hautes-paies.	0	8	180	»
	15 moyennes.	0	7	157	10
	15 basses.	0	6	135	»
	1 tambour.	0	7	7	10

TOTAL. . . 69, fait par mois 1,069 liv. 10 s., et par an 12,834 liv.; pour seize compagnies, 205,344 liv.

ÉTAT-MAJOR.

Au colonel, lieutenant-général d'artillerie. .	300 l.	
Lieutenant-colonel, lieutenant en second d'artillerie.	150	
Major, sous-lieutenant d'artillerie.	150	
Aide-major.	75	
Aumônier.	75	
90 Places de gratification, à raison de cinq par compagnie, sur le pied de 6 sols. . . .	810	
Tambour-major, à 12 s.	18	
1 Fifre, à 12 s.	18	
Chirurgien-major.	100	
4 Fraters à 25 l.	100	
Prévôt, à 1 l.	30	
Greffier, à 15 s.	22	10
7 Archers.	63	
Par mois.	1,911 l. 10 s.	
Et par an.	22,938 l.	

Suivant ce détail, le total d'un régiment d'artillerie composé de 18 compagnies, compris les deux de mineurs et de bombardiers, toutes complètes, sera de 1265 hommes, qui coûteront par an. . . . . 263,850 l.

Et les trois nécessaires dans le royaume, sur le même pied, complets, seront de 3,795 hommes, et coûteront par an. . . . . 791,550 l.

Nota. Qu'on trouvera en la personne du colonel, dans chacun de ces régimens, un lieutenant d'artillerie;

Un lieutenant en second en celle du lieutenant-colonel;

Un sous-lieutenant en celle du major.

Plus, un capitaine de bombardiers, deux lieutenans et deux sous-lieutenans, dans la compagnie, qui seront aussi sous-lieutenans commissaires provinciaux, ordinaires et extraordinaires de l'artillerie, et des maîtres charpentiers, artificiers, etc., conducteurs, en la personne des sergens et caporaux, avec 57 bombardiers qui pourront servir au canon dans les besoins.

Les mêmes en égale quantité et qualité dans celle des mineurs, qui, outre les descentes et passages de fossés, mines et contre-mines, pourront servir de canonniers et bombardiers quand ils ne seront pas occupés de leur emploi.

Plus, 16 capitaines commissaires provinciaux, 32 lieutenans commissaires ordinaires, et 32 sous-lieutenans commissaires extraordinaires, 48 sergens, qui seront autant de conducteurs d'équipages, maîtres charpentiers, artificiers, gardes du parc, etc., capables d'exploiter des batteries et de les faire servir; 48 caporaux, qui seront comme autant de maîtres canonniers ou officiers pointeurs commis à la conduite d'autant de pièces; 84 appointés qui seront aussi maîtres canonniers, mais sous-ordonnés aux ci-dessus, à qui ils serviront de lieutenans; 720 soldats séparés en 1re, 2e et 3e classe, qui seront canonniers et soldats, gardant et exploitant le canon et les batteries, sans jamais faire autre fonction que celle du canon et du parc; ce sera dans les appointés de la 1re classe qu'on pourra entretenir nombre d'ouvriers, tous propres au service et à l'usage de l'artillerie, comme charpentiers, charrons, menuisiers, tourneurs, armuriers, serruriers, etc.

Il ne faut pas douter que tels régimens bien disciplinés, instruits et bien exercés, ne servissent très-bien l'artillerie, les bombes et le canon dans quelque siége que ce pût être, n'y en eut-il qu'un dans une grande armée, d'où on pourrait encore tirer des détachemens de deux ou trois cents hommes pour jeter dans les places plus menacées pendant la campagne; pour lors il ne tiendrait qu'à Sa Majesté que l'artillerie ne lui fût aussi utile dans les batailles, combats de postes, attaques de lignes, retranchemens, grands fourrages, grosses escortes, que dans les siéges, et on oserait bien se promettre qu'elle y pourrait, selon qu'elle serait employée à propos, en partager les avantages avec la cavalerie et l'infanterie, ou du moins en être pour son tiers, ou pour le quart, de même qu'elle est pour la belle moitié dans tous les siéges.

Voilà de quelle manière les trois premiers défauts de l'artillerie se peuvent corriger; le Roi remédiera facilement au quatrième, si Sa Majesté a la bonté de considérer que les emplois des officiers de ce corps les obligent à plus de peine et d'industrie que ceux des autres, et ne les exposent pas moins aux périls de la guerre, mais bien à de plus grandes blessures, et qu'enfin ce métier demande de l'honneur, de la probité et du courage, autant et plus qu'aucun des deux autres, ce qui les met en droit d'espérer que Sa Majesté les fera jouir à l'avenir des mêmes grades et récompenses dont elle honore les officiers des autres troupes.

Le cinquième se peut corriger avec autant de facilité, si Sa Majesté a pour agréable de régler le commandement sur l'exemple des Allemands, qui me paraît le plus juste, ou d'équivaler le commandement des colonels, lieutenans-commandans de l'artillerie qui ne sont pas généraux à celui des brigadiers, celui des commissaires provinciaux capitaines dans les régimens d'artillerie, à celui des lieutenans-colonels, en ce qui regarde les marches, escortes, gardes, services particuliers et logemens, afin qu'elle ne soit point assujétie à qui ne l'entend pas, ni abandonnée par impatience, et qu'enfin elle puisse être toujours secourue à propos dans ses besoins par ses propres officiers. Au moyen de ces régimens, il ne restera plus tant de commissaires à entretenir dans les places qu'il y en a, et le Roi pourra, en supprimant les semestres, ne laisser que les cent quarante-deux résidences ordinaires qui pourront pour lors être payées annuellement, comme il sera proposé ci-après; de cette façon on corrigera le sixième défaut.

Celui des gardes-magasins semble plus difficile; il y a cependant un expédient, qui serait de faire artificiers ceux qui s'en rendraient capables; après quoi au lieu de 360 liv. de gages, on pourrait leur en donner 600, savoir : 360 comme gardes-magasins, et 240 comme artificiers, moyennant quoi, on remédiera en quelque façon aux septième et huitième défauts, en prenant avec eux les précautions requises et réglées par l'ordonnance de..... qu'il faudrait renouveler.

Les neuvième et dixième seront suffisamment réparés par l'érection des régimens d'artillerie, puisque dans les commencemens de campagne, il n'y aura qu'à ordonner des régimens qui doivent composer les équipages des armées à proportion de leur force, observant qu'à celles qui ne seront pas assez considérables pour avoir des régimens entiers, on y pourra envoyer des détachemens de cinq ou six compagnies, et des escouades de mineurs et de bombardiers, les équipages commandés par des lieutenans-colonels ou lieutenans en second d'artillerie.

Il serait encore à désirer qu'il plût au Roi de mettre à la tête de chaque équipage un homme de naissance ou de capacité distinguée, afin que les gentilshommes et vieux officiers de ce corps eussent moins de répugnance à leur obéir; moyennant ce que dessus, et l'exécution sincère et non altérée de cette proposition, il est certain que l'artillerie se pourra mettre sur un pied excellent en moins de deux campagnes, que quantité d'honnêtes gens qui la méprisent présentement, s'y jetteront, et que le Roi en sera incomparablement mieux servi qu'il n'a jamais été.

COMPARAISON DES DÉPENSES PRÉSENTES

DE L'ARTILLERIE AVEC CELLE DES RÉGIMENS PROPOSÉS POUR LA SERVIR.

	Hommes.	Solde.
Les trois compagnies d'ouvriers du régiment des fusiliers étant complètes, doivent faire le nombre de 330 hommes, et leur solde d'une année, ci. .	330	81,858 l.
Les 12 de canonniers sur le même pied.	660	137,679
Les trois bataillons complets de fusiliers.	1,945	290,684
Le bataillon des bombardiers.	750	154,539
La compagnie de mineurs.	68	24,828
TOTAL.	3,753	689,588 l.

Le nombre des hommes ci-devant est de 3,753, et celui des trois régimens proposés sera 3,795, d'où ôtant 270, nombre des officiers, restera 3,525 pour celui des sergens et soldats, et partant celui des fusiliers, bombardiers et mineurs, etc., surpassera celui des régimens proposés de 228 hommes, qui tiendront lieu de recrue aux bataillons restans sur le pied des fusiliers, pour satisfaire à ce qui leur manquera du complet.

Les officiers présens des troupes qui doivent être employés à former les trois régimens, consistent à. . . .	65 capitaines. 73 lieutenans. 73 sous-lieutenans.
TOTAL.	211 officiers.

Il faut pour former les trois régimens proposés :

3 Colonels, qui doivent être autant de lieutenans d'artillerie.

3 Lieutenans-colonels, des lieutenans seconds de l'artillerie.
3 Majors, sous-lieutenans.
3 Aides-majors.
48 Capitaines, dont 21 pris dans l'artillerie, et 27 dans les fusiliers et bombardiers.
96 Lieutenans, dont 41 dans l'artillerie et le surplus dans les fusiliers, bombardiers et mineurs.
96 Sous-lieutenans, en ce non compris les capitaines de mineurs, de bombardiers et leurs officiers.

Il restera donc 38 capitaines, dont 3 seront pris pour majors des mêmes régimens, partant ne restera plus à pourvoir que 35 capitaines, que Sa Majesté pourra entretenir en second dans lesdits régimens, jusqu'à ce qu'ils soient employés ailleurs par préférence à tous autres. Tous les lieutenans et sous-lieutenans se trouveront placés dans ces trois régimens.

Voyons le rapport de la dépense des uns et des autres.

Le fonds fait pour cette année pour la subsistance des équipages d'artillerie, monte à. . . . . 168,000 l.

Savoir, pour l'équipage d'Allemagne.	60,000
pour celui de Flandre. . . .	66,000
pour celui de la Moselle. . .	42,000
Total.	168,000

Réduisant cette dépense du quart pour les appointemens extraordinaires des commandemens de l'artillerie, des contrôleurs, gardes du parc, leurs aides, conducteurs et capitaines des charrois, viendra pour revenant-bon les trois quarts de cette somme, montant à. . . . . 126,000 liv.

Le fonds pour l'équipage d'Italie est de. . .	54,000
Celui de Dauphiné.	9,000
Celui de Roussillon.	18,000
Total.	81,000 liv.

Sur lesquels Sa Majesté peut encore ménager la moitié, si elle juge à propos d'y envoyer des détachemens de ces régimens, montant à. . . . . 40,500 liv.

On fait état qu'il y a dans l'artillerie 245 commissaires, dont on tire 103 pour former les régimens proposés, partant restera 142.

Il y a dans le royaume 143 résidences de places; ainsi, ce restant sera tout employé dans les résidences.

Et comme on suppose les semestres abolis en laissant les résidences des commissaires provinciaux d'artillerie à 1800 l. sur ce même pied, et réduisant à 1000 celles qui sont à 1200 pour les deux semestres, on trouvera encore 25,200 de revenant-bon par an sur ces résidences, dans lesquelles on pourrait mettre les officiers d'artillerie que l'âge ou les blessures pourraient dispenser du service en campagne, et qui tiendraient lieu d'invalides à ladite artillerie.

Reprise.

La dépense des trois régimens proposés doit monter par chacune année à.	791,550 l.
Celle des troupes dont on prétend les former. . .	689,588
Le revenant-bon sur les équipages d'artillerie des armées d'Allemagne, Flandre et Moselle, à.	126,000
Revenant-bon des armées de Piémont, Dauphiné et Roussillon.	40,500
Celui des semestres des commissaires d'artillerie.	25,200
Total.	881,288 l.

Partant, l'artillerie réduite comme ci-dessus coûterait 89,738 f. par an de moins qu'elle ne fait, et serait incomparablement meilleure et bien servie.

Preuve que ces trois régimens pourront suffire au service de l'artillerie de campagne et à tous les détachemens nécessaires dans les places menacées.

Supposant 10 hommes pour le service de chaque pièce en tous lieux et en tous pays, si l'équipage de l'armée de Flandre était, par exemple, de 80 pièces de canon.

	Pièces.	Hommes.
Le nombre d'hommes pour le servir serait sur le pied de 800 hommes, non compris les officiers, ci.	80	800
Celui de la Moselle, de.	24	240
Celui du petit camp des lignes ou de la Lys.	12	120
Celui de l'armée d'Allemagne.	50	500
Celui de Piémont.	30	300
Celui de Roussillon.	24	240
Celui de Normandie.	20	200
TOTAL.	240	2,400

Le corps des sergens et soldats des trois régimens d'artillerie doit être de 3,525 ou 3,500 hommes, sans compter les officiers; ôtez donc 2,400 de 3,500, restera 1100 hommes pour fournir aux détachemens particuliers de vingt à vingt-deux places menacées de siége, qui est autant qu'il en faut.

Que si, par la suite, on trouvait qu'il n'y en eût pas assez, il n'y aurait qu'à augmenter de huit ou dix hommes par compagnie, plus ou moins selon les besoins.

Et si, en temps de paix, on trouvait qu'il y en eût trop, on pourrait en congédier pareil nombre des plus basses paies, voire davantage si on le jugeait nécessaire.

PROJET

POUR UNE COMPAGNIE DE SAPEURS.

AVERTISSEMENT.

Le travail des tranchées demande nécessairement des ouvriers plus adroits dans les sapes, mines, passages de fossés, logemens de mineurs, etc., que le commun des soldats, qui prennent de la crainte du péril, n'entendent que très-imparfaitement les ouvrages qu'on leur fait faire, et s'en acquittent toujours mal et à grands frais.

L'expérience désagréable que j'en ai faite à tous les siéges où je me suis trouvé m'aurait déterminé il y a long-temps à demander au Roi la levée d'une compagnie franche instruite à toutes les espèces d'ouvrages qui se pratiquent dans la fortification et dans les siéges, mais l'incertitude du temps que la guerre pouvait durer, et la quantité d'autres affaires dont j'étais occupé dans ces temps-là, me l'ayant fait considérer comme un surcroît de peines que je me serais attiré par la levée et l'instruction de cette compagnie, me firent long-temps abstenir de la proposer, ce qui alla jusqu'à la fin du siége de Mons; qu'ayant éprouvé plus que jamais les besoins que nous en avions, j'eus l'honneur d'en parler au Roi et de lui demander la permission d'en faire la levée; il me l'accorda sans difficulté, mais feu M. de Louvois, qui avait fort appuyé cette proposition, étant mort peu de temps après, et la principale direction des fortifications ayant changé par cette mort, j'abandonnai le dessein de cette compagnie; mais n'étant pas moins nécessaire qu'elle l'était pour lors, j'en rapporterai ici le projet, tel que j'eus l'honneur de le présenter au Roi. Il serait à désirer que Sa Majesté y voulût bien encore entendre, étant très-certain qu'on ne saurait rien faire de mieux pour la fortification et pour les siéges; comme cette compagnie peut être également utile en paix et en guerre, tous les temps sont bons pour cela, et on ne saurait manquer d'en mettre une ou plusieurs sur pied. 1691.

Après avoir proposé les moyens de corriger les défauts de l'artillerie de France, et de la mettre en état d'être la meilleure et mieux servie de l'univers, par le simple arrangement de ses parties, et d'une manière qui n'augmente point ses dépenses, j'ose, sous les mêmes conditions, faire une autre proposition non moins avantageuse au service du Roi, puisqu'elle a pour objet la conservation de ses meilleurs hommes, l'abrégé des siéges, et le ménagement de ses finances.

Ce moyen est la levée et l'entretien d'une compagnie franche d'infanterie qu'on pourra appeler la compagnie des sapeurs, composée d'un capitaine, de quatre lieutenans, autant de sous-lieutenans, douze sergens, autant de caporaux, et de cent quatre-vingt-huit soldats, divisés par égales parties en hautes, moyennes et basses paies; les officiers tirés du corps des ingénieurs, et les sergens et soldats de l'infanterie; plus, quatre tambours et une charrette pour porter les outils propres aux ouvriers de cette compagnie qui auront des métiers convenables à son usage, le tout ainsi qu'il sera expliqué ci-après, et ladite compagnie armée de fusils boucaniers et baïonnettes à douille, de gargouchers et bandouillères faites comme celles que j'ai eu l'honneur de montrer au Roi avec les épées à l'ordinaire; on se propose d'employer cette compagnie aux siéges, soit pour attaquer ou défendre, et dans les autres ouvrages de fortification, sans l'assujétir à aucune autre fonction, si ce n'est quand elle se trouvera n'avoir rien à faire, pour lors on pourra lui faire monter la garde comme les autres troupes, plutôt pour entretenir la discipline qu'autrement, car il lui arrivera très-rarement de se trouver ainsi.

Outre l'exercice commun de tout ce qu'on lui fera apprendre en perfection, on se propose de l'instruire sur tous les ouvrages appartenant aux siéges ; savoir, à tracer proprement et promptement les lignes et tranchées, et en conduire le travail, à faire des gabions, fascines, claies, paniers, etc., à faire et conduire les sapes doubles et simples, descentes et passages de fossés, secs et pleins d'eau, blindages et traverses, faire et monter les mantelets, remmancher les outils, les ramasser, paver les tranchées de fascines avec ordre en pays de marais, et les nettoyer de temps en temps, faire les banquettes, régler les élargissemens, poser et ranger les sacs à terre en leur place, faire les épuisemens et écoulemens d'eau, poser et établir les travailleurs à la tranchée, aux logemens de contrescarpe, et tous autres ouvrages où il en sera besoin; servir aux mines et au canon quand il sera nécessaire, et aider aux ingénieurs et les suivre partout dans les attaques; dans la fortification on leur apprendra à remuer des terres dans toutes sortes de terrains secs ou pleins d'eau, à roqueter, régler les talus et glacis, faire les épuisemens d'eau de toutes façons, la coupe et posage du gazon, le placage, fascinage et tunage, de même à poser les fraises, planter des palissades, les apointer, régler les relais, les rampes et les ponts, les portages des terres, et tout ce qui en dépend, on les rendra enfin capables d'être utiles au Roi tous les jours de l'année, paix ou guerre, ce qu'on ne peut dire de pas une autre troupe du royaume, y en ayant beaucoup des plus considérables qui n'ont pas eu occasion de se signaler une fois en dix ans, toutes les autres troupes montant par tour à la tranchée, quoi fait elles sont hors du péril, et en repos pour cinq ou six jours; mais celle-ci y sera toujours exposée depuis le commencement jusqu'à la fin, elle sera chargée de tout ce qu'il y a de plus dangereux dans un siége, et partagera elle seule la moitié des périls avec toute l'armée; étant bien employée, elle sauvera une infinité de monde qui se perd dans les siéges, faute de conduite et d'adresse. Dans les places assiégées où elle se trouvera, elle aura la plus grande part à la fabrique des retranchemens et traverses, elle raccommodera les palissades rompues, posera les chevaux de frise, relèvera les parapets abattus, reposera les paniers et sacs à terre que le canon aura renversés, raccommodera les communications interrompues, ponts à fleur d'eau, traverses, barrières, et pourra servir aux mines, au canon, aux transports des munitions, et à quantité d'autres manœuvres de confiance, où il faut nécessairement des ouvriers sûrs et adroits.

Il faut ajouter à ce que dessus, que cette compagnie devant être toute composée de vieux soldats bien armés, et commandés par de bons officiers, pourra être de très-bon usage quand l'occasion se présentera de les employer les armes à la main, comme il peut souvent arriver dans les siéges. Je sais sur cela une affaire d'assez fraîche date, où, s'il y avait eu une trentaine d'hommes faits comme je les suppose, elle ne serait pas tournée à notre désavantage, comme elle fit à beaucoup près. En un mot, il n'y a pas d'actions de guerre ni d'ouvrages à quoi on ne la puisse rendre très-propre en moins d'une année de temps.

Si le Roi a donc pour agréable d'en ordonner l'établissement et la levée, j'oserai hardiment assurer Sa Majesté de la certitude de tout ce qu'on avance ici en sa faveur, et qu'on en fera même plus que l'on n'en promet; la raison est que tout ce qu'on prétend lui faire apprendre est fort simple et ne consiste qu'à donner un peu d'adresse et de docilité à ses soldats, dont il est aisé de les instruire. Son utilité étant suffisamment prouvée, reste à examiner les moyens de la pouvoir mettre bientôt sur pied : l'un des plus prompts et plus faciles serait de prendre la compagnie d'ouvriers de Montigny, lieutenant-colonel des fusiliers, réservée exprès au projet des régimens d'artillerie. Cette compagnie est sur le pied de cent hommes, et contient nombre d'assez mauvais sapeurs, mais qu'on mettrait bientôt sur un meilleur pied quand ils seraient tout-à-fait sous la main de celui qui les doit employer.

Il faut prendre le surplus dans les bataillons qui doivent composer l'armée de Flandre, à raison de deux hommes par bataillon, jusqu'à ce qu'elle soit complète ; Sa Majesté l'ayant pour agréable, il n'y aurait qu'à faire écrire de sa part aux inspecteurs de les choisir forts et vigoureux, et de demander à la tête des bataillons ceux qui voudraient y entrer volontairement. Comme la paie serait plus forte que dans les troupes ordinaires, et qu'il y aurait à gaguer dans les siéges et dans la fortification, on ne manquerait pas d'en trouver quantité, à quoi la connaissance de mon nom ne nuirait peut-être pas.

Si le Roi ne juge pas à propos de prendre cette compagnie, je veux dire celle de Montigny, pour commencer le fond de celle de sapeurs, il faudrait la tirer tout entière de l'infanterie, en demandant trois ou quatre hommes par bataillon, jusque à la concurrence de 200 hommes, non compris les sergens, qu'il y faudrait aussi prendre par choix, hors ceux qu'on pourra trouver ailleurs qui auront quelque connaissance des ouvrages : c'est de quoi on aura soin de s'informer dans toutes les places où on travaille.

A l'égard des officiers, si Sa Majesté a pour agréable, on les tirera du corps des ingénieurs ; savoir : les quatre lieutenans de l'ordre des seconds, et les quatre sous-lieutenans des sous-ingénieurs qui ont servi ; et si, parmi les inspecteurs, il s'en trouve qui aient aussi servi, et qui soient munis de quelque intelligence dans les ouvrages, on les prendra pour en faire des sergens ;

quant au capitaine, celui qui fait cette proposition demande qu'il plaise à Sa Majesté de lui accorder le commandement de cette compagnie, et à même temps rang de colonel pour l'annexer à cette charge, parce que ladite compagnie sera comme un petit régiment composé de quatre brigades équivalant à autant de bonnes compagnies : c'est pourquoi il est aussi raisonnable que les lieutenans aient commission de capitaines, et les sous-lieutenans brevets de lieutenans, et que comme tels chacun puisse rouler avec les autres officiers de même grade et caractère, suivant leur ancienneté. On pourra aussi donner même rang à l'enseigne de la compagnie, ou seulement celui de sous-lieutenant.

Comme elle doit être composée d'ingénieurs qui sont employés depuis long-temps dans la fortification des places, et qui seront choisis entre les plus braves et intelligens, il ne serait pas juste que, parce qu'on les aurait pris comme tels pour leur faire faire le plus dangereux métier de la guerre, cela leur fît tort par la diminution de leurs appointemens, outre que, quand il n'y aura point de siéges, ils pourront fort bien être employés à la fortification des places où ils se trouveront, les sergens et soldats devant aussi être choisis entre les meilleurs ouvriers des fusiliers, il ne serait pas raisonnable de leur ôter ce que le Roi leur donne pour les exposer beaucoup plus que du passé.

POUR RÉGLER LA SOLDE DE CETTE COMPAGNIE.

	au capitaine, à raison de 10 liv. par jour, fait par mois.	300 liv.
Parce que ce sont ingénieurs choisis et entretenus sur le même pied dans les places.	aux 4 lieutenans, à raison de 5 liv. par jour chacun, fait par mois.	600
Deux ingénieurs aux mêmes appointemens ou approchant. .	aux 4 sous-lieutenans, à raison de 3 liv. 6 s. 8 den. par jour, chacun. . . .	400
Aussi un ingénieur.	à l'enseigne, à raison de 2 liv. 10 s.	75
Ceux-ci doivent être choisis entre les plus honnêtes et plus intelligens: il en faut tout au moins ce nombre pour pouvoir relever les sapeurs et avoir quelques jours de repos.	à 12 sergens, à raison de 15 s. par jour chacun, fait par mois pour les 12.	270
A trois escouades par brigade, il y faut douze caporaux.	aux 12 caporaux, à raison de 10 s. par jour, faisant par mois pour chacun 15 liv., et pour tous.	180
Nota. Que je n'en mets qu'un à chaque escouade pour servir de lieutenans aux caporaux en considération des hautes-paies ci-dessous.	à 12 appointés, à raison de 9 s. par jour, faisant par chacun d'eux 13 liv. 10 s, et pour tous.	162
Chefs de sapeurs de la première classe. . . .	à 59 hautes-paies à 8 s. par jour, faisant par mois pour chacun d'eux 12 liv., et pour tous.	708
Deuxième classe.	à 58 moyennes paies à 7 s. par jour, faisant par mois pour chacun d'eux 10 liv. 10 s., et pour tous.	609
Troisième classe.	à 58 basses paies à 6 s. par jour, et 9 liv. par mois, faisant pour tous. .	522

	Ci-contre.	3,826 liv.
Pour subvenir aux frais de la compagnie, habits des tambours, liard pour livre, drapeaux, etc. . .	12 places de gratification à 7 s. par jour, faisant par mois.	126
Pour les avoir bons.	4 tambours à 12 liv. chacun par mois, pour les 4.	48
C'est parce qu'il faudra du moins un cheval.	pour une place de major à faire exercer par le premier sergent.	50
Ce n'est qu'un pour cent hommes.	pour 2 chirurgiens à 20 liv chacun. .	40
Pour porter les outils particuliers de la compagnie comme louchets, haches, serpes, scies de charpentiers, tarières, ciseaux, marteaux, etc.	pour l'entretien d'une charrette. . . .	76 l. 13 s. 4 d.
	TOTAL par mois.	4,166 l. 13 s. 4 d
	et par an.	50,000 liv.

Dont il faut ôter 12,900 pour les appointemens de neuf officiers employés pour pareille somme dans la fortification, restera 37,100 liv. de dépense nouvelle, pour laquelle sauver au Roi, en sorte que cette compagnie ne lui coûte rien ; il n'y a qu'à supprimer la plus mauvaise compagnie suisse du royaume, dont la plus basse paie monte à 41,238 l., moyennant quoi restera 4,138 l. de revenant-bon, sur lequel on demande au Roi qu'il lui plaise d'accorder l'entretien de quatre hautsbois pour réjouir la tranchée, montant à 1500 l.

En ce cas, le reste dudit revenant-bon, réduit à 3,638 liv., tournera au profit du Roi, pour être appliqué à ce qu'il lui plaira.

Si cette compagnie ne devait produire au Roi que cette épargne, la chose d'elle-même ne mériterait pas qu'on en fît grand cas ; mais il est très-certain qu'elle en fera de très-considérables dans les siéges, tant pour les ouvrages inutiles qu'on évitera par son moyen, que par les sapes, logemens et passages de fossés qu'elle fera à beaucoup meilleur marché qu'ils ne se font présentement, et parce qu'il ne sera pas nécessaire d'y employer, à beaucoup près, tant d'ingénieurs, vu que tous ses officiers le seront, et que, dans fort peu de temps, les sergens se rendront capables de conduire ; elle épargnera encore très-considérablement dans tous les ouvrages de fortification où elle sera employée, par son adresse au remuement et transport des terres, coupe de gazons, gazonnage, épuisement d'eau, et sur une infinité d'autres ouvrages qui demandent des ouvriers adroits qui aient de l'expérience, et pour instruire en très-peu de temps les autres troupes qui ne sont pas accoutumées aux travaux, et je ne fais nul doute qu'elle n'épargne annuellement au Roi bien au-delà de sa solde, et si pour le combat on peut s'assurer qu'elle vaudra quatre compagnies suisses comme celle dont on demande la suppression. J'avance tout cela hardiment comme d'une chose dont je me tiens aussi assuré que si je l'avais vue, et je puis, avec la même assurance, ajouter que cette petite troupe, en diligentant la tranchée, sauvera une infinité de bons ingénieurs, officiers et braves soldats qui périssent dans les siéges, et par la dure nécessité où l'on est réduit de poser les travailleurs presque toujours à découvert, et de les soutenir de même, ce qui n'arrive que par le manquement d'avoir ensemble, et sous la main, une suffisante quantité de cette sorte d'ouvriers bien instruits et employés à propos.

Or, on espère pouvoir y satisfaire pleinement, si Sa Majesté a pour agréable de faire son affaire de l'établissement de cette compagnie, qui a de meilleures et plus fortes raisons pour justifier le besoin qu'on en a, et l'utilité dont elle sera à son service, qu'aucunes autres troupes du royaume, quelles qu'elles puissent être, les gardes de sa propre personne exceptés.

Au surplus, on la demande de 200 hommes, parce qu'il peut arriver deux ou trois siéges dans une année qui en consommeraient le tiers ou la moitié; l'exemple de ceux de Cambrai et de Valenciennes, où il y en eut 57 tués ou blessés de la compagnie seule de Maran, sans compter ceux du régiment Dauphin, où il y en eut pour lors une brigade, suffit pour prouver la nécessité de l'avoir à 200 hommes, sans compter sergens ni tambours.

J'ai tellement ressenti la nécessité des sapeurs
dans tous les siéges où je me suis trouvé, que j'ai
toujours eu lieu de me repentir de n'avoir pas
plus vivement sollicité la création de cette compagnie; et comme, selon toute apparence, il ne
se fera guère de siége considérable pendant un fort
long temps, où monseigneur le duc de Bourgogne
ne commande en personne, cela me donne lieu de
le supplier d'en vouloir faire son affaire; il y a
des moyens de la mettre sur pied promptement
plus faciles que du passé, parce qu'il y a deux
1704. compagnies de mineurs modernes qui ne sont pas
de l'ancien état; savoir, celle de Mesgrigni et celle
de Vallière. La première est sur le pied de cent
hommes, et la deuxième sur celui de soixante à
soixante-dix; il n'y a qu'à les joindre ensemble et
suppléer au surplus des hommes qui pourraient y
manquer, par en prendre dans les troupes à choisir, en donnant quatre pistoles au capitaine à qui
on en prendra un. Il ne manquera pas de s'en
trouver de bons qui y entreront volontairement,
à cause de la plus-value de la paie et du gain
qu'ils y feront. Et parce qu'il n'est pas impossible
qu'on fasse deux siéges à la fois, soit dans les
armées d'Allemagne, de Flandre ou d'Italie, on
en pourrait faire une deuxième de la vieille compagnie des mineurs; le métier des mineurs et sapeurs est à peu près la même chose, et il y a si
peu de chose à faire dans les siéges en qualité de

mineurs seuls, qu'on fera très-bien de remplir les vides de ces compagnies des autres ouvrages de la tranchée qui ne demandent pas moins d'adresse que la sape, très-utiles aux uns et aux autres, en les instruisant bien, chose à quoi je m'offre volontiers, et même de trouver le moyen de les rendre utiles, paix et guerre, tous les jours de l'année.

TABLE

DES CHAPITRES CONTENUS EN CE TRAITÉ.

FIN DU MANUSCRIT.

TABLE DES MATIÈRES

PAR ORDRE ALPHABÉTIQUE.

A.

B.

C.

D.

E.

F.

G.

H.

I.

J.

K.

L.

M.

N.

O.

P.

Q.

R.

S.

FIN DE LA TABLE DES MATIÈRES.

CORRECTIONS DE L'EDITEUR.

		MANUSCRIT.	ÉDITION.
Pag.	Lignes.		
9	dern.	s'assujétit	assujétit
10	16	le	ce
13	21	puisse mettre	se puisse mettre
15	14	écoupes	écopes
16	1	de chariots commandés des paysans	de chariots et de paysans commandés
ibid.	21	rien plus	rien de plus (1)
23	14	de ne pas se mettre.	de se mettre
ibid.	24	circuit qui	circuit et qui
24	22	taluant	talutant
ibid.	dern.	à ne se pas	à ne pas
26	5	10 0	10 1
ibid.	11	8 2	8 0
ibid.	17	5 7	6 1
ibid.	18	2 jours et demi	3 jours
29	5	les	la
33	13	travers	traverses
ibid.	3 en rem.	longues emmanchées	emmanchées long
35	2	de haut sur quatre	de haut sur cinq pieds de large et sur quatre
ibid.	7 et 11.	travers	traverses
36	5	lochets	louchets
37	17	et les pointes bien renforcées avec de bonnes	les pointes bien renforcées, et de bonnes
41	5	en partie	en des parties
42	2	d'eau et de marais qui ne se puissent dessécher, et en partie accessibles par des ter-	d'eau et de marais qui ne se puissent dessécher, et si elle est en partie accessible par des terrains secs qui bordent lesdits marais.

(1) Ailleurs on a laissé *rien plus*, locution de Vauban.

Pages.	Lignes.	MANUSCRIT.	ÉDITION.
		rains secs qui bordent ledit marais.	
48	16	sur leurs bords	sur l'un de leurs bords
55	6	11,667	10,686
ibid.	9	333	1,314
ibid.	22	proposition	proportion
56	10	et encore moins	et encore plus
59-61	9-14	nous	vous
64	1, 3	nous	vous
69	5	les attaques	l'attaque
74	25	ceux	les sacs
ibid.	6	un peu arrière	un peu en arrière
75	5	taluant	talutant
88	dern.	à couvert	à découvert
90	9	qu'elles fussent pour être bonnes	qu'ils fussent pour être bons
91	3	ralient	relient
96	6	s'il n'y est pas	s'il ne l'est pas
98	6 en rem.	il y aura encore plusieurs choses à faire qui seront de bien avertir tous les postes de ce qu'ils auront à faire, dont la première	il faudra encore bien avertir tous les postes des choses qu'ils auront à faire, dont la première
99	8	de leur faire faire	de faire faire
113	14	d'y toucher quand	d'y toucher. Quand
ibid.	15	battre.	battre,
115	1	la tranchée en battant.	la tranchée, en battant.
ibid.	8	les y (1)	l'y
119	7	*k*, *k*	*c*, *c*
124	7	et ne	et ils ne
125	18	ceux	celles
129	16 et 17	ils	elles
ibid	22	les 3 ou 4 derniers desquels	desquelles les 3 ou 4 dernières

(1) Il faudrait plutôt *les* ; l'*y* est de trop.

Pages.	Lignes.	MANUSCRIT.	ÉDITION.
128	7	tournemain	tour de main
130	10	ils	elles
137	10	les	la
ibid.	13	de la sape	à la sape
140	12	passer	faire un passage
142	13	de	à
144	5	*i*, *i*	*e*, *e*
147	9	faces	sapes
ibid.	11	les unes	les uns
ibid.	15	les autres	l'autre
152	14	était	est
154	6 en rem.	du bout	debout
161	4 en rem.	qu'ils opiniâtreront	que l'ennemi opiniâtrât
ibid.	2 en rem.	les y forcer	l'y forcer
ibid.	dern.	les faire	le faire
165	12	300 ans	400 ans
166	6	entre deux	entre les deux
176	1	960	1152
ibid.	2	12 pieds	14 pieds 2/5
181	10	chambre	charge
187	8 en rem.	On lui enfonce un trou....... où il se loge	On enfonce un trou..... où le mineur se loge
189	15	pieds	pièces
ibid.	17	l'un	l'une
190	5 en rem.	galerie ennemie	galerie de l'ennemi
194	19	le fond	le terrain
195	15	plancher.	planchéier
196	3 en rem.	sa longueur *à la portée*	sa longueur: *à la portée*
198	8 en rem.	ils	elles
212	7	elles sont	elle est
ibid.	22 et 28	eux, ils	elle
213	5	de	d'un
ibid.	8 et 11	les (1)	le
ibid.	15	de l'aborder	d'aborder la place
214	6 et 8	était—eût	est—ait
ibid.	16	n'en point	n'en

(1) Tous les éditeurs ont retouché cette phrase.

MANUSCRIT.			ÉDITION.
Pages.	Lignes.		
228	7 en rem.	opposé	exposé
241	2 en rem.	et penchée la pointe	penchée
244	18	il	l'ennemi
246	9	elle se retrancha	ils se retranchèrent
249	18	ils y feraient	il y fera
251	6 en rem.	qu'il serait	qu'il est
253	dern.	des lignes les moins exposées	la moins exposée des lignes
265	17	ne sont pas	ne sont
269	6	Fresillière	Frezelière
308	6 en rem.	qu'on ne fasse	qu'on fasse

NOTA. *Les corrections suivantes sont proposées, mais elles n'ont pas été faites :*

98	1	ne pût	pût.
134	5	araser le dessus... de fascines et de terre	araser de fascines et de terre le dessus.....
199	4	ces	ses
224	2	telle	tel
ibid.	3	telle était	tels étaient
ibid.	17 et 20	telles	tels

MOTS ÉQUIVALENS

DE L'ANCIENNE ÉDITION, RESTÉS DANS LA NOUVELLE.

Pages.	Lignes.	MANUSCRIT.	ÉDITION.
10	17	rois	souverains
23	dern.	des paysans	de paysans
24	12	tous	toujours
28	14	rendre	il faut rendre
35	18	présentées	présentées l'une à l'autre
37	6	des	les
41	11	nécessite	oblige
44	6 en rem.	si dormante (1)	si elle est dormante
47	5	si dur (1)	s'il est dur
48	6	auxquels	avec lesquels
51	7	pas d'espace	pas assez d'espace
58	9	le travail ordonné	le travail
69	9	trouvera	trouve
71	15	je compte	je suppose
77	6 en rem.	fait son chemin	avance
79	7 en rem.	être	rester
82	dern.	à quelques 300 toises	à 300 toises ou environ
85	3 en rem.	un peu moins	ou un peu moins
96	13	nuit et jour	de nuit et de jour
103	2 en rem.	soutenir par lui-même	soutenir lui-même
ibid.	5	qu'on la rebatte	bien qu'on la répète
112	12	il n'y a plus qu'à	il n'y a qu'à
130	22	des deux ou trois heures	deux ou trois heures
162	7	gagner terrain	gagner du terrain
168	20	c'est à-dire autant	autant
185	dern.	à la pose	pour poser
188	7	un fort bon office	un bon office
207	16	les attaques complètes	les attaques
237	5	il n'y a point	il n'y a point non plus
529	6 en rem.	abords	approches

(1) Ces tournures sont encore des locutions particulières à Vauban.

ERRATA.

Pages.	Lignes.	Fautes.	Corrections.
9	4	la.	à la
12	9	serez.	seriez
15	14	escoupes.	écopes
Ibid.	17	des madriers. . . .	de madriers
24	5	chaque homme. . .	pour chaque homme
28	10	de derrière.	du derrière
32	2	reliures.	liûres
49	dern.	les pousser.	en vue de les pousser
56	4	faire paraître. . . .	paraître
66	19	sont.	seront
70	8	ce qui est.	ce qu'il est
93	10	à tenir tête.	à lui tenir tête
97	12	puisse.	pût
99	22	ils se verront. . . .	ils les verront
107	12	je ne conseillerais .	je ne conseillerai
Ibid.	5 en rem.	n'empêche pas. . .	ne m'empêche pas
119	4	pl. 14	pl. 15
120	18	qu'on y fait peu . .	qu'on n'y fait pas
128	8	d'éviter.	de pouvoir éviter
144	4	biaisées.	biaises
159	4 en rem.	*ibid.*	*ibid.*
161	11	de la résistance. . .	de sa résistance
163	2	j'emploie.	si j'emploie
179	5 en rem.	3833.	3883
200	2	celles.	celle
233	18	presque toujours. .	toujours
238	7	comme il le devrait.	comme il devrait
239	3 en rem.	de la mousqueterie.	de sa mousqueterie
253	21	2200.	22,000

www.ingramcontent.com/pod-product-compliance
Lightning Source LLC
LaVergne TN
LVHW011943220826
846092LV00001B/70